KB131951

뇌, 마케팅의 비밀을 열다

Original German language edition: Hans-Georg Häusel
Emotional Boosting
Die hohe Kunst der Kaufverführung

3. Auflage (ISBN: 978-3-648-12721-6)
published by Haufe-Lexware GmbH & Co. KG Freiburg, Germany. Copyright © 2019.

뇌, 마케팅의
비밀을 열다

Emotional Boosting

인간의 구매 행동을 유발하는 뇌과학의 비밀

한스-게오르크 호이젤 지음 | 구소영 옮김

비전
북스

한국의 독자들에게

최신 뇌 연구에 따르면 세상에 가치와 의미를 부여하는 건 바로 감정입니다. 그래서 제품이나 서비스를 고객이 더 매력적으로 느끼게 하고 싶다면 감정의 가치를 높이고 강화해야 합니다. 아날로그 제품인지 디지털 제품인지는 중요하지 않습니다. 이 책에서는 감정을 활용해서 고객이 살 수밖에 없는 마케팅 방법을 독자 여러분께 보여드리고자 합니다.

『뇌, 마케팅의 비밀을 열다』는 먼저 감정이 단순히 마음이나 기분 이상임을 살펴봅니다. 감정이 무의식적으로 뇌에서 어떻게 처리되는지, 그리고 고객마다 다른 감정 성향이 선호도에 어떻게 영향을 미치는지 탐구하고 이 지식을 마케팅 실무에 실제로 적용해보는 연습을 할 것입니다. 마케팅의 거의 모든 영역을 아우르는 다양한 사례를 통해 여러분은 '감정 강화'가 작동하는 방식을 알게 됩니다.

이 책의 핵심은 뇌 연구자이자 심리학자인 제가 개발한 Limbic®
모델입니다. Limbic®은 오늘날 인간 두뇌의 동기 부여 및 감정 시
스템을 설명하고 성격 차이를 보여주는 데 탁월한 모델로 세계적
으로 인정받고 있습니다.

제 책을 한국에서 출간하게 되어 매우 기쁘게 생각하며 이 책이
독자 여러분께 흥미로운 통찰을 주는 즐거운 경험이 되기를 기원
합니다.

당신의 진실한 벗

한스-게오르크 호이젤

우리는 뇌가 좋아하는 걸 산다, 반드시

감정적인 뇌 사용법

지나왔던 모든 과거와 현재, 그리고 앞으로 다가올 미래까지 통틀어 인간을 움직였고, 움직이고 있으며, 움직일 거라 여기는 가장 큰 힘은 무엇일까? 명예, 권력, 돈 같은 것보다 더욱 큰 것, 그것은 바로 감정이다. 감정은 인간 행위의 가장 큰 동력원이자 목적이다. 인간은 합리적인 판단을 통해 행동을 결정한다고 생각하겠지만, 사실 우리가 얼마나 감정에 영향받는지 알면 놀랄 것이다. 나는 이 책에서 뇌과학을 통해 감정이 우리의 판단에 어떤 영향을 끼치는지 보여주고 이를 시장에 대입할 수 있는 마케팅 방법을 소개하려 한다. 이 기법은 심리학과 뇌과학, 경제학이 합쳐져 탄생한 것으로 신경마케팅이라 불린다. 소비자의 무의식 속에 있는 감정을 강화하는 마케팅이라 간단히 요약할 수 있다.

'감정을 강화하는 마케팅'이란 두뇌의 특성을 반영한 마케팅을 의미한다. 그렇다면 기존의 마케팅 방식과는 어떤 점이 다를까? 기존의 전통적인 마케팅 전략은 의식적이고 이성적인 고객이 자신의 욕구를 직접 표현하고, 우리는 그 욕구를 충족시켜 주는 방식에 중점을 뒀다. 그러나 이 접근법에는 문제가 있다. 뇌과학 연구에 따르면 소비자가 의식적이고 이성적일 것이라는 가정은 우리의 환상일 뿐이다. 고객의 구매 결정은 대부분 무의식적으로 이루어지며 여기엔 항상 감정이 개입한다. 세상의 모든 것은 감정을 통해서만 가치와 의미를 부여받는다. 두뇌 중심의 마케팅(신경마케팅)은 고객이 자신의 욕구를 말해주기까지 기다리는 대신 고객의 뇌에 존재하는 작지만 수많은 '구매 버튼'을 능동적으로 활성화하는 전략이다. 가치는 오직 감정이 개입할 때 창출되기 때문에 이 과정을 의도적으로 일어나게 한다면 제품이나 브랜드, 서비스의 가치를 상승시킬 수 있다.

이름만 생소하지 '이미 알고 있던 사실'이라고 생각하는 이도 있을 수 있다. 이들은 사랑에 빠진 커플이 애정 어린 눈으로 서로를 바라보며 피자나 에스프레소, 또는 무언가를 먹고 있는 예전 광고를 떠올릴 것이다. 그러나 감정을 강화하는 일은 그렇게 간단하지 않다. 웃기거나 감동적인 상황을 보여줬다고 해서 소비자의 지갑이 열리진 않는다. 진정으로 소비자의 감정을 활용하기 위해서는 먼저 고객의 두뇌에 단 하나의 거대한 '구매 버튼'이 숨어 있다는 오해를 버려야 한다. 감정을 강화하는 건 하나의 요건이 아니다. 제품, 서비스와 고객 사이에는 수많은 작은 접점이 존재한다. 이 접점들을 최대한 많이 활용할 때 고객의 마음을 움직여 상품을 사게 만들 수 있다. 감정 강화 마케팅은 뇌의 관점에서 고객과 상품 사이의 모든 세부 사항을 점검하여 감정적으로 강화하는 전략을 의미한다. 이 전략이 성공하기 위해서는 뇌에 존재하는 감정 시스템 및 상호 작용 원리를 이해해야 한다. 나는 전 세계 마케팅 실무에서 감정 및 동기 체계를 이해하는 데 가장 신뢰할 만한 도구로 불리는 'Limbic®' 접근법을 개발했다. 이 책에서 Limbic® 접근법은 감정 강화 마케팅을 알아가는 길라잡이 역할을 할 것이다. 이제 고객의 감정적인 두뇌로 흥미진진한 여행을 함께 떠나보자.

실무자에게 필요한 최고의 도구 상자

이 책은 실무 중심으로 쓰여 현장에 바로 대입할 수 있다. 뛰어난 실무 전문가라 하더라도 최고의 도구가 담긴 도구 상자가 필요하며, 도구의 작동법을 알아야 하듯이 고객의 뇌 속에 숨겨진 감정적 구매 버튼을 찾아 누르고자 한다면 뇌의 감정 시스템과 기능을 먼저 알아야 한다. 따라서 제1장에서는 '감정 강화'에 대한 개념을 소개하고, 제2장에서 Limbic® 접근법을 더 자세히 다룰 것이다. 제3장에서는 '제품과 브랜드의 내적 가치를 높이는 방법'이라는 주제로 제품과 브랜드의 '동기 구조'를 알아보고, 무의식 동기를 인식하여 고객에게 다가가는 방법을 살펴볼 것이다. 인간은 의미를 추구하는 존재로 99% 이상은 어떤 초월적인 힘이나 강력한 힘을 믿는다. 사람들이 찾는 의미와 안정감은 오늘날 더 이상 종교 단체에서만 찾을 수 있는 것이 아니다. 제품과 브랜드 역시 그러한 의미와 안정감을 제공할 수 있다. 따라서 제품과 브랜드의 감정적 의미 구조를 어떻게 강화하고 활용하는지도 함께 알아볼 것이다. 제4장에서는 제품을 감성적으로 연출하는 요령, 제5장에서는 감정을 능숙하게 다루는 방법이라는 주제로 감정 강화 마케팅이 소매업의 매출을 어떻게 신장시킬 수 있는지 살펴볼 것이다. 이후 제6장에서는 감정 강화 전략을 웹 쇼핑몰에 적용하는 방법, 제7장에서는 서비스 분야에서 경험할 수 있는 감정적 측면, 제8장에서는 금융 분야에서 목표 고객층을 중심으로 감정 강화 전략을 펼치는 방법을 다루고, 제9장에서는 한 공장의 예를 통해 겉으로는 합리적으로만 보이는 B2B 세계에도 감정 강화를 위한 다양한 기회와 접근법이 있다는 점을 자세히 알아볼 것이다. 그리고 마지막 제10장에서 지금까지 배운 내용을 모두 종합한다. 전략적 브랜드 경영에 대해 고민하고, 인간의 두뇌에 가장 중요한 감정적 신호를 보내는 얼굴과, 이 관점으로 분석한 직원의 역할에 대해서도 한 번 더 살펴볼 예정이다.

차례

제1장 | ## 오직 감정만이   **17**
가치를 창출할 수 있는 이유

제2장 | ## 감정적인 뇌가   **41**
기능하는 방식

제3장 | 브랜드, 고객이 인식하는 내적 가치와 동기　77

제4장 | 디자인, 작은 차이가 돋보이는 제품을 만든다　121

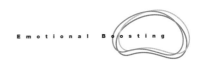

부록

제1장

Emotional Boosting

오직 감정만이 가치를
창출할 수 있는 이유

오래전 연금술사들은 물을 황금으로 바꾸려 했다. 수많은 노력에도 불구하고 결국 실패한 이 시도는 마케팅을 통해서 비로소 현실이 되었다. 시중에 판매되는 물을 보라. 소비자의 감성을 자극한 것만으로 마치 황금이 된 듯 가치가 몇천 몇만 배나 높아진 것을 볼 수 있다. 판매와 마케팅에서 성과를 내려는 사람이라면 이 방법을 반드시 알아야 한다. 고객이 항상 이성적이고 합리적인 선택을 할 것이라는 생각을 버리고, 고객의 무의식에 숨겨진 구매 유발 버튼을 찾아라.

누군가 당신에게 "어떤 제품을 제값보다 천 배 이상 주고 살 의향이 있으십니까?"라고 묻는다면 당신은 딱 잘라 "절대 없다"라고 단호하게 답할 것이다. 더 나아가 이토록 비합리적인 행동을 하겠느냐고 묻는 것 자체를 불쾌해 할 수도 있다. 당신은 자신이 스스로 합리적이고 의식적으로 행동하는 주체란 자아상을 갖고 있으며, 이성적으로 구매를 결정하는 소비자라고 믿고 있기 때문이다. 자신의 뛰어난 판단력으로 제품의 가치보다 돈을 더 지불하는 일은 결코 없으리라 장담할 테지만, 한번 일상에서 소비하는 품목을 살펴보라, 깜짝 놀랄 것이다!

가장 흔하게 소비하는 생수를 예로 들어보자. 뮌헨 남부에 있는 우리 집의 수돗물은 운 좋게도 바이에른에 걸쳐 있는 알프스 자락에서 흘러오는데, 이 고품질 수돗물 0.75 리터는 생활하수처리 세금을 포함하여 1.69원 남짓이다. 같은 양의 생수를 슈퍼마켓에서 산다면 공병 분리수거 보증금(독일에서는 유리병이나 플라스틱에 든 제품을 살 때 재활용 보증금이 포함된 가격을 지불하고, 재활용 쓰레기로 버릴 때 보증금을 돌려받는다 – 옮긴이)을 제외하고 1,100원 정도를 내야 한다. 식품 화학자들의 분석에 따르면 슈퍼마켓에서 판매하는 물과 우리 집 수돗물은 별 차이가 없다. 더 깨끗하지도, 특별하지도 않은 물인데 슈퍼마켓에서 판매하는 물은 수돗물보다 약 650배나 더 비싸다. 그런데 우리는 이에 대해 아무런 문제의식을 느끼지 못한다. 어떻게 이런 일이 벌어질 수 있는 것일까? 이 둘의 차이는 하나다. 하나는 그냥 물이고 다른 하나는 '브랜드 물'라는 것. 이 차이가 같은 성분을 가진 물의 가치를 상승시키고 더 비싼 가격임에도 소비자의 지갑을 열게 했다.

놀랄 만한 예시는 여기서 끝나지 않는다. 근사한 레스토랑에서 저녁 식사를 한다고 상상해 보자. 음식과 함께 브랜드 생수인 아폴리나리스Apollinaris나 펠레그리노Pellegrino, 또는 페리에Perrier를 주문하면 물값으로만 만 원에 가까운 돈이 든다. 수돗물과 비교했을 때 가격이 약 5900배나 올랐다! 이 큰돈을 물값으로 쓰는 이유는 무엇일까?

첫째로 슈퍼마켓의 예에서 말한 것처럼 '프리미엄' 브랜드이기 때문이고, 둘째는 이 생수를 고급스러운 분위기에서 고상하게 서빙 받기 때문이다. 여기까지만 해도 매우 당황스럽겠지만 이야기 하나 만 더 살펴보자. 식사를 마친 당신은 연인과 함께 요즘 제일 핫한 클럽에 도착했다. 상류층 사람들이 자주 찾는다는 이 클럽은 눈에 보이는 모든 것이 세련돼 보인다. 이제 바텐더가 당신에게 블링Bling H_2O와 보스워터Voss Water 중 무엇을 주문하겠냐고 묻는다. 둘 다 생전 처음 들어본 당신은 블링 H_2O의 인기가 요즘 타의 추종을 불허한다는 말을 듣고 한 병을 시킨다. 주문한 물을 가져온 바텐더가 마치 와인의 코르크를 뽑듯이 물병의 금속 뚜껑을 열고 잔에 물을 따른다. 은은한 무광 유리병의 모양새가 고급스러워 보인다. 병에는 스와로브스키 크리스털을 박아 넣은 상표가 반짝인다(〈그림 1-1〉 참

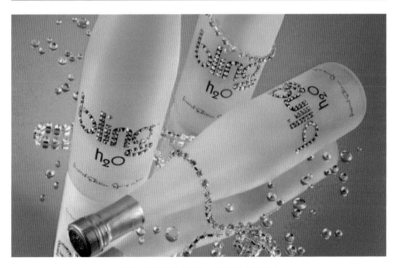

마치 금으로 만들기라도 한 듯한 블링 H_2O

고). 경건한 마음으로 물을 마셔보지만 솔직히 다른 물과 무슨 차이가 있는지는 느껴지지 않고 그 대신 옆자리 손님이 보내는 호기심 가득한 눈길만 느껴질 뿐이다.

이후 계산서를 보니 수돗물과 가격 차이가 어마어마하다. 물값이 무려 12만 원이라니! 맛 차이가 전혀 없는데도 가격이 약 7만 1,000배나 상승했다! 당신은 할 말을 잃었다. 이성적인 소비자인 당신에게 어떻게 이런 일이 일어날 수 있었을까? 슈퍼마켓에서 구매한 생수가 수돗물보다 650배 비싸다는 사실에도 놀란 당신은 어떻게 생수 한 병이 12만 원이나 할 수 있는지 절대 이해할 수 없다. 옆에서 바텐더가 패리스 힐턴의 개들도 매일 블링 H_2O를 마신다고 떠들지만 귀에 들어오지 않는다.

여기, 간단한 예시에서 우리의 흥미를 불러일으키는 대목은 미국의 블링 제조사가 어떻게 물값을 금값으로 만들 수 있었냐는 점이다. 결론부터 말하자면 비밀은 '감정 강화'에 있다. 감정 강화란 소비자의 감정적 반응을 증가시키고 강화한다는 뜻이다. 블링 생수뿐 아니라 여러 제품들이 이 방법을 활용해 상품의 가치를 높이고 있다. 이에 대한 구체적인 사례는 제3장과 제4장에서 더 자세히 소개하겠다.

손님이 끊이지 않는 택시 운전사가 되는 방법

상류사회 이야기는 여기까지 해두고 친근한 일상을 살펴보자. 몇 주 전 공항에 가기 위해 택시를 예약했다. 깔끔하게 관리한 벤츠 택시가 정확한 시각에 집 앞에 도착했다. 이란 출신 택시 운전사가 내 짐을 트렁크에 싣고, 뒷좌석 문을 열어주었다. 뒷좌석 한편에는 최신 신문과 잡지가 놓여 있었고 중앙 수납함에는 상쾌한 향이 나는 사탕이 담긴 통이 열려 있었다.

다른 때는 내가 미리 말해야만 했는데 이 택시 운전사는 내가 차에 타자마자 앞좌석 의자를 앞으로 당겼다. 내 몸집이 좀 큰 편이라 앞좌석 의자가 평소 위치에 있으면 뒷좌석이 너무 좁기 때문이다. 운전석에 탄 그는 뒤를 돌아보며 "신문은 손님을 위해 준비했습니다. 사탕도 하나 드시고 상쾌하게 하루를 시작해 보세요"라고 말을 건넸다. 잠시 후 대중음악과 클래식, 전통음악 중 듣고 싶은 음악이 있는지, 아니면 조용히 가고 싶은지 물었다.

이토록 상냥한 대접을 받으면 자연스럽게 대화를 나누고 싶어진다. 나는 그에게 요즘 택시 업계 사정은 좀 어떠냐고 물었다. 그는 일에 굉장히 만족하며, 손님도 늘 많다고 했다. 얼마 전 다른 택시 운전사에게 같은 질문을 했을 때 많이 힘들다고 들은 것과는 사뭇 달랐다. 친절한 택시 운전사에게 어떻게 다른 운전사와 달리 상황이 좋을 수 있는지 물었다. 그는 다른 동료들과 마찬가지로 미터당 받는 요금은 같지만 개인적으로 예약하는 손님이 끊이지 않고, 공항까지 장거리를 이동할 때 자신을 찾는 단골손님도 많아서 동료들보다 훨씬 바쁘다고 답했다.

다른 택시 운전사보다 그를 찾는 손님이 더 많은 이유가 무엇일까? 정답은 역시나 '감정 강화'다. 블링 제조사가 감정 강화를 통해 물의 가격을 수십, 수백 배로 끌어올린 것과 달리 친절한 택시 운전사는 미터당 요금을 올릴 수는 없다. 다만 감정 강화를 통해 손님과 운전사 사이의 유대감을 높였고, 이로 인해 손님이 늘었다. 즉, 감정 강화로 수익을 증가시킨 것이다!

대변인이 아닌 정부와 직접 협상하라

아마 당신은 점점 가치를 상승시키는 방법에 대한 흥미가 생기면서 '감정 강화'라는 새로운 개념이 궁금해지기 시작할 것이다. 감정 강화 마케팅을 아주 간단히 설명하자면, 고객의 뇌에서 일어나는 감정과 반응을 고려한 마케팅과 판매 전략을 의미한다. 그렇다면 우리가 흔히 알고 있는 고객 중심 마케팅과 감정 강화 마케팅의 차이점은 무엇일까? 답은 단순하다. 전통적 고객 중심 마케팅은 고객을 의식적이고 합리적인 존재로 생각하며 이들이 무엇을 원하는지 찾고 제공하는 것에 중심을 둔 판매 전략이다. 하지만 감정 강화 마케팅은 이와 완전히 다른 방향을 추구한다. 고객이 합리적인 이유에서가 아니라 감정을 좌우하는 뇌의 영향을 받아 무의식적으로 구매를 결정한다고 보기 때문이다. 그래서 감정 강화 마케터는 고객의 무의식 속에 있는 수천 개의 구매 유발 버튼(요인)을 누르는 게 목표이며, 이를 위해 소비자가 이성적이란 고정관념을 버리고 현대 뇌과학을 적극 활용한다.

일반적으로 고객은 자기 생각과 달리 자신이 왜 그렇게 결정했는지 잘 모르는 경우가 많다. 이러한 착각을 뇌과학에서는 '사용자 착각User Illusion'이라고 한다. 미국의 신경 철학자 대니엘 데닛Daniel Dennett의 연구를 인용하자면 고객(데닛은 '인간'이라고 표현함)은 마치 정부 대변인처럼 '본인이 참여하지 않았고 스스로 결정하지도 않은' 것을 발표만 할 뿐이기 때문에 왜 그런 결정을 했는지를 묻는 것은 무의미하다. 따라서 성과를 내려는 사람은 대변인이 아닌 정부와 직접 소통해야 한다. 그렇다면 과연 누가 정부인가? 바로 고객의 뇌 안에 있는 감정 시스템(체계)이다!

자, 이쯤 되면 슬슬 "감정을 통해 가치를 창출한다는 주장은 너무 진부하다", "광고업을 하는 사람이라면 출근 첫날부터 배우는 내용이다"'라고 비판하는 이들이 있을 것이다. 이들은 분명 시청자의 감정을 자극해 본 적 있거나 혹은 그런 방법을 안다고 생각할 것이다. 텔레비전 광고를 예로 들자면 커플이 사랑에 빠진 눈으로 서로를 바라보며 요구르트 먹는 장면을 연출하거나, 심장을 쿵쾅거리게 하는 베이스를 배경 음악으로 깔고, 최대한 밝은 조명을 쓰는 것들 말이다. 물론 이런 방법이 효과를 보일 때도 있다. 하지만 감정 강화는 이보다 훨씬 깊고 넓은 영역을 다룬다. 이제 감정 강화가 어떤 원칙을 담고 있는지를 통해서 이 마케팅의 특징과 장점을 보다 상세히 알아보겠다.

– 원칙 1 –
감정 강화는 실전에서 쓸 수 있는 전략적 접근 방식이다

창의적인 사람들은 감정을 고조하려면 '와우 효과Wow Effect(상황이나 경험 등을 통해 대상을 감동시키거나 감탄을 자아내게 하는 것)'를 사용해야 한다고 믿는 경향이 있다. 근시안적 관점에서 많은 사람이 말하는 와우 효과가 성과를 낼 때도 있다는 점을 나도 인정하긴 하지만, 이 효과는 대부분 우연히 발생하며 오래 지속되지 않는다는 문제점이 있다. 이 책을 읽어나가며 여러분은 기업이 소비자의 감정적 반응을 강화하려고 노력하는 것이 창의적인 광고를 만드는 일보다 훨씬 더 중요하다는 사실을 깨닫게 될 것이다. 즉, 감정 강화는 창의적인 사람이나 마케팅 부서만의 업무가 아니라 회사 전체가 집중해야 할 과제이다. 획기적인 아이디어보다는 고객의 감정적인 뇌 관점에서 꾸준히 소통하고, 감정을 최적화하는 것이 중요하다.

이 작업을 성공적으로 수행하기 위해서는 고객의 감정적인 뇌가 어떻게 작용하는지 자세히 알아야 한다. 다시 말해 고객의 뇌에서 어떤 감정 시스템이 운영되고 있는지, 또 구매 결정이 실제로 어떻게 이루어지는지 이해해야 한다. 나는 'Limbic®' 접근법(Limbic은 뇌에서 감정을 다루는 변연계를 지칭하는 단어다. 나는 이 단어를 소비자의 감정을 이해하는 모델에 이름으로 붙였다)을 기반으로 많은 전문가의 의견을 검토하여 현대 마케팅과 영업 실무를 위해 가장 우수하고 과학적인 '감정 모델'을 개발했다. 이 책을 통해 여러분은 감정 모델에 관한 흥미로운 지식을 실전에서 활용하는 방법을 배울 수 있을 것이다(자세한 기초 활용법은 제2장에서 다룰 것이다).

고객의 구매 결정에서 감정이 왜 그렇게 중요한지 묻는 독자들이 있을 것이다. 생수와 택시의 예에서 어느 정도 감을 잡았겠지만 이를 정확히 이해하기 위해서는 우선 고객의 뇌와 감정이 가진 힘을 알아야 한다. 감정 강화의 두 번째 원칙에서 자세히 살펴보자.

– 원칙 2 –
오직 감정만이 세상에 가치와 의미를 부여한다

두 번째 원칙은 뇌과학의 관점에서 봤을 때 '감정을 불러일으키지 못하는 브랜드, 제품, 서비스는 무가치하다'라고 표현할 수 있다. 세상에 어떤 제품도 제품 자체만으로는 가치를 갖지 못한다. 가치는 가장 먼저 고객의 인식 속에서 생겨난다. 이 주장을 쉽게 이해하기 위해서는 우선 고객의 뇌 구조와 인식 과정을 알아야 한다.

〈그림 1-2〉에서 볼 수 있듯 뇌는 일단 크게 세 구역으로 나눌 수 있다. 가장 아래쪽 뇌 구역은 진화사적으로 매우 초기에 형성된 뇌간이다. 뇌간 위에는 간뇌가 있고 그 위에 종뇌가 있는데, 종뇌에서 가장 중요한 부분은 소위 대뇌라고 부르는 신피질이다. 신피질은 가장 최근에서야 발달했지만 크기로 따지면 뇌에서 가장 많은 부분을 차지한다. 또한 이 책에서 가장 중요하게 다루는 부분인 변연계의 경우 간뇌와 종뇌 두 영역에 걸쳐 있다(〈그림 1-3〉 참고). 마지

〈그림 1-2〉 뇌의 구조

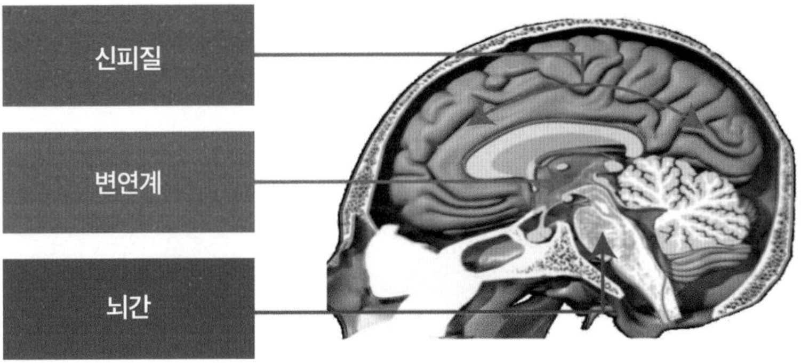

신피질

변연계

뇌간

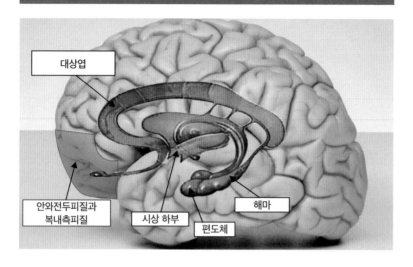

대상엽

안와전두피질과
복내측피질

시상 하부

편도체

해마

변연계는 감정 처리에 주로 관여하는 뇌 조직들의 집합적 명칭이다.

막으로 뇌의 뒷부분에는 소뇌가 있다.

변연계는 감정 처리에 중요한 역할을 하는 뇌 구조를 포괄적으로 일컫는 용어이다. 서로 연결되어 특정 기능을 수행하는 단일체가 아니기 때문에 이 용어 사용을 반대하는 뇌과학자들도 있다. 하지만 용어가 있으면 세상을 분류하고 간소화할 수 있다. 변연계라는 용어를 부정하는 뇌과학자의 논리로 따지면 지중해에 인접한 지역을 '지중해 지역'이라고 부를 수도 없다. 이 지역들은 서로 다른 대륙에 있으며, 문화적·종교적 배경이 저마다 다르기 때문이다. 하지만 아무리 서로 다른 특성을 가졌어도 지중해에 접한다는 공통점이 있다. 변연계에 포함되는 뇌의 다양한 영역들 역시 각자 다른 기능을 수행하면서 감정 처리에 관여한다는 공통점을 가진다. 뇌 연구가 발전하면서 대뇌 전면부(전두엽) 대부분도 감정 처리에 관여한다는 점이 밝혀짐에 따라 변연계가 포함하는 뇌의 범위가 확장되었고 변연계라는 개념에 대한 재평가가 이루어졌다.

뇌 연구에서 일어난 작은 혁명

1990년대 중반까지 뇌 연구 분야에서는 뇌의 각 부분이 어떤 기능을 수행하는지에 대해 모두 같은 의견이었다. 대뇌, 즉 신피질은 사고력과 이성을 주관한다고 생각했고 신피질 아래에 있는 변연계는 감정을 통제한다고 보았으며 가장 아래에 위치한 뇌간에서는 섹스나 축구와 같은 인간의 기본적인 본능이 발현된다고 생각했다.

과거 뇌 연구 모델에서는 각 뇌 영역이 양파 껍질처럼 겹쳐 있지만 서로가 거의 연결되어 있지는 않아 각자 독립적으로 작동하므로 신피질의 역할이 특히 중요하다고 여겼다. 인간의 뇌에서 의식적이고 합리적이며 컴퓨터처럼 이성적인 결정을 내리는 신피질이 실질적인 권력을 행사한다고 가정했기 때문이다. 하지만 뇌 손상을 입은 환자를 대상으로 한 연구에서 감정이 의사 결정 과정에 결코 지장을 주지 않는다는 사실이 밝혀졌다. 오히려 감정이 없이는 절대 좋은 결정을 내릴 수 없었다! 예를 들어 뇌의 감정 처리 영역이 손상된 환자들은 돈을 건 카드 게임에서 올바른 결정을 내리지 못했다.

현재는 뇌의 전방 영역이 감정에 많이 관여하고 대뇌의 후방 부분과 소뇌는 덜 개입한다는 차이가 있을 뿐 인간의 뇌 전체가 감정 처리와 연관되어 있다고 이해한다. 이러한 인식은 인간의 감정 시

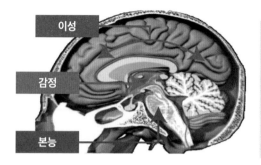

〈그림 1-4〉 뇌 연구의 고전 모델

이성

감정

본능

고전 모델

▶ 감정은 이성의 반대말이다.
▶ 이성이 결정을 내릴 때 감정은 방해가 된다.
▶ 즉 인간은 의식적으로 결정을 내린다.

스템을 주도하는 신경전달물질과 호르몬을 통해서도 뒷받침된다. 신경전달물질과 호르몬은 중추 신경계에서 시작하여 간뇌와 변연계를 거치고 대뇌 전체를 통과하여 인간의 사고방식에 영향을 끼친다. 그리고 이 과정에서 변연계가 가장 많이 관여한다.

따라서 뇌를 세 부분으로 나누는 구분법은 더 이상 유효하지 않다. 다시 말해 이성을 담당한다고 여겼던 대뇌도 감정 처리에 중요한 역할을 하는 것이다. 특히 대뇌의 전면부는 (감정적인) 계산 능력의 중심부로 소비자가 시간, 돈, 노력을 최소한으로 투입하여 최대의 쾌락을 얻을 방법과 가능성을 계산하는 데 관여한다. 구체적으로 설명해 보자. 대뇌의 전면부는 변연계에서 불러온 일화 기억episodic memory이나 자전적 기억autobiographical memory 속 감정적 경험과 이미지 신호를 평가하고 계산한다. 그러면 대뇌의 중간 영역과 그 아래에 있는 대뇌 기저핵이 구체적 행동으로 전환하는 행동 계획을 세우고 한편으로 대뇌 후면부(후두엽)와 측면부(측두엽)는 물체를 인식하고 움직임을 조절하는 기능을 담당한다. 〈그림 1-5〉가 뇌

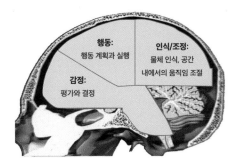

〈그림 1-5〉 뇌 연구의 현대 모델

행동:
행동 계획과 실행

인식/조정:
물체 인식, 공간 내에서의 움직임 조절

감정:
평가와 결정

현대 모델

▶ 감정이 결정한다.
▶ 뇌에서 감정을 조절하고 처리하는 가장 중요한 영역은 변연계다.
▶ 결정은 대부분 무의식적으로 이루어진다(약 70~80%).

의 구조와 기능에 대한 현대 모델을 간단하게 보여 준다.

20여 년 전 내가 연구 결과를 근거로 감정이 뇌에서 중추적 역할을 한다는 주장을 최초로 했을 때 아무도 관심을 보이지 않았다. 여러 출판사에 『변연계의 관점으로 생각하라!Think limbic!』 원고를 보냈지만 출판하기에 적합한 주제가 아니며 당시 과학 표준에 부합하지 않는다는 이유로 매번 거절당했다. 하지만 오늘날 세상은 완전히 변했다. 스스로 합리적이라고 여기는 철학계에서도 감정을 논제로 자주 다룬다. 현대 철학자들도 감정이 매우 합리적이라는 사실을 인지했기 때문이다. 실제로 감정은 인간의 생존을 보장한다.

감정이 중요하다는 인식은 사실 새로운 것이 아니다. 데이비드 흄David Hume, 바뤼흐 스피노자Baruch Spinoza, 아르투어 쇼펜하우어Arthur Schopenhauer, 프리드리히 니체Friedrich Nietzsche 등도 같은 주장을 했다. 단지 당시에는 이 주장을 증명할 방법이 없었고 현대에 이르러서야 뇌과학 연구를 통해 과학적으로 입증할 수 있게 되었을 뿐이다. 그렇다면 감정이란 정확히 무엇일까? 감정은 어떤 영향을 미치며, 어떻게 작용하는 것일까? 제2장에서 이러한 질문을 다루어볼 것이다. 지금은 우선 '감정을 헤아려야 지갑이 열린다!'라는 기본 개념만 알아두는 것으로 충분하다.

돈은 욕구의 집약체

제품, 서비스, 브랜드가 전달하는 긍정적 감정의 강도에 따라 뇌는 해당 제품, 서비스, 브랜드의 가치를 판단하고, 소비자는 구매를 위해 돈 쓸 준비를 한다. 심지어 합리적으로 사고하며 소비를 할 때도 뇌가 보내는 감정 신호를 외면할 수 없다. 돈이 왜 그렇게 매력적인지 스스로에게 질문해 보자. 답은 간단하다. 우리가 가진 소망 대부분을 돈으로 이룰 수 있기 때문이다. 여행을 떠날 수도 있고, 새 차를 살 수도 있으며, 노후를 더 편안하게 보낼 수도 있다. 이 모든 소망과 목표는 분명 감정에서 출발한다.

돈은 가치를 일반화, 물질화한 상징이다. 단순하게 표현하자면 돈은 미래를 위한 선택지로서 호주머니 속에 집약된 욕구와 같고, 돈이 많아지면 미래의 대안은 더욱 다양해진다. 이런 점에서 돈은 소망을 충족시키는 조커와 비슷하다. 뇌는 돈이 가진 일반적인 감정적 가치와 상품(제품)에 담긴 구체적인 감정적 가치를 함께 고려하는 간단한 논리를 따른다. 상품이 주는 감정이 약하면 상품보다 더 가치 있다고 여겨진 돈은 지갑에 머무를 것이고, 상품이 뇌의 감정 시스템을 활성화해서 상품의 가치가 돈보다 올라가면 지갑이 열릴 것이다.

돈의 효과는 뇌 영상에서도 분명하게 관찰할 수 있다. 경품에 당첨되거나 인기 상품을 보면 보상 회로의 중심부에서 쾌락의 중추 역할을 하는 측좌핵이 밝게 빛난다. 반면 내기에서 돈을 잃거나 인기 상품의 가격을 보면 뇌섬엽이 활성화된다. 뇌섬엽은 치통을 느낄 때도 활발해진다. 즉, 돈을 잃는 것은 뇌에 극도로 고통스럽고 불쾌한 과정이라는 것이다. 따라서 돈을 지불할 때 느끼는 고통을 사라지게 하려면 고통을 잊을 만큼 긍정적인 감정이 커야만 한다.

- 원칙 3 -
고객의 뇌는 대부분 무의식중에 감정적 평가를 내린다

자동차나 바지를 새로 사는 데 다양한 선택지가 있어서 고를 수 있다면 대부분은 자신의 이성적인 판단으로 구매 결정을 내린다고 생각할 것이다. 하지만 우리가 의식하기도 전에 감정 시스템은 이미 각 제품을 평가하는 긴 무의식 과정을 수행한다. 이 과정이 구체적으로 어떻게 흘러가는지는 다음 장에서 살펴볼 예정이다. 우리는 사실상 대변인과 같이 무의식이 내린 결과를 통보받을 뿐이다.

결정 과정 중 무의식이 얼마나 기여하는가에 관한 연구를 찾아보면 미국의 신경마케팅 연구자 제럴드 잘트먼Gerald Zaltman은 무의식의 기여를 95%라고 언급했고, 나는 70%에서 80%로 추정한다. 그러나 두 숫자는 결국 추정에 불과하고, 누구의 주장이 정확한지는 알 수 없다. 지금까지 의식에 대한 정확한 정의와 설명이 없기 때문에 의식을 양적으로 측정할 수도 없다. 하지만 철학, 뇌과학 및 심리학은 의식이 무의식에 의해 결정되며, 반대로 의식이 무의식을 결정할 수는 없다는 점에 합의하고 있다.

이는 새로운 인식이 아니다. 이미 17세기 말 단자론을 이야기한 라이프니츠Leibniz, 쇼펜하우어와 니체, 그리고 이 둘을 기반으로 프로이트가 무의식의 우월성을 주장했다. 이후 컴퓨터가 개발되고, 인본주의 사상이 정착하며 합리적 이성에 대한 믿음, 더 정확히 말하자면 인간의 이성이 새로운 세계를 열어주리란 희망이 생겼지만 그럼에도 학계는 다시금 감정과 무의식으로 시선을 돌린 상태다. 오직 인지심리학자와 신경학자만이 아직도 무의식과 거리를 둔다. 이들은 '의식', '무의식'이라는 단어보다 '명시적(의식적)', '내재적 (무의식적)' 처리라는 용어를 선호한다. 전문적이고 현대적으로 들리긴 하지만 궁극적으로 의식 또는 무의식과 같은 의미다.

그렇다면 인간의 '명시적 체계/의식'은 이성적이며 '내재적 체계/무의식'은 감정적이라고 간단히 이해해도 될까? 아니, 그렇지 않다. 의식적 과정은 대뇌 전방부에서 주로 발생하는데 앞서 살펴보았다시피 대뇌는 '감정'을 극대화하는 '감정 계산기'이기 때문이다. 그래도 대뇌에서 일어나는 일은 의식적이기도 하다고 이의를 제기하는 이들이 있을 수 있는데, 맞는 말이다. 그러나 정확히 말하면 의식적 처리 과정 뒤에는 의식이 접근할 수 없는 감정의 구성 원리가 숨어 있다(앞서 얘기한 '대변인이 아닌 정부와 직접 협상하라'고 한 것을 참조하라). 인간이 의식적으로 일을 처리하고 최적화하기에 앞서 사실상 무의식의 지시를 미리 받는다는 뜻이다.

이 인식을 바탕으로 하면 우리는 중요하면서도 간단한 결론에 도달한다. 지금까지 살펴본 바와 같이 제품의 가치가 고객의 감정에서 창출되고, 무의식에서 평가받는다. 이 과정에서 고객의 의식이 아주 조금밖에 관여하지 않는다면, 무의식이 가치를 평가하는 원리와 고객의 뇌 속 감정 시스템의 특징을 바탕으로 제품과 서비스를 매우 세부적으로 분석해야 한다. 더욱이 마케팅을 위해 어떻게 고객의 긍정적 감정을 강화하고, 부정적 감정은 약화할 수 있는지 고민해야 한다. 이 부분은 네 번째 원칙에서 자세히 살펴보자.

– 원칙 4 –
기적을 꿈꾸지 말고 철저하게 세부 사항을 관리하라

많은 마케팅 서적은 완전히 새로운 제품을 시장에 내놓는 혁신가가 시장에서 승리하며 황금 트로피를 차지한다고 주장한다. 혁신적인 아이디어가 있으면 큰돈을 벌 수도 있다는 말에는 의심할 여지가 없다. 하지만 반대로 아예 망할 수도 있다. 마케팅의 무덤에는 부적절한 시기에 출시되었거나 공감받지 못한 독창적인 제품과 아이디어가 가득하다. 운 좋게 시장에서 살아남은 소수의 용감한 혁신가들은 경영 서적에서 당연히 주인공으로 주목받는다. 이에 반해 운이 따르지 않았던 혁신가들은 주인공보다 수십 배 이상 많지만 시장에서 잊힌 채 마케팅의 무덤에 묻혀버린다.

획기적인 발상을 기다리고 희망하는 기업은 많다. 그러나 그들은 시장에서의 성공을 위해 '감정 강화'라는 훨씬 더 확실한 길이 존재한다는 사실을 완전히 간과하고 있다.

이 장의 앞부분에서 언급했던 택시 기사를 다시 떠올려 보자. 승합 마차나 택시 같은 운송업은 수백 년 전부터 있었다. 우리의 친절한 택시 운전사는 거리를 날아다니며 승객을 운송할 수 있는 혁신적인 자기 부상 헬리콥터를 발명하는 데 시간을 낭비하는 대신 승객의 감성을 세밀하게 자극해 경쟁력을 갖추는 방법을 고민했다.

감정 강화 마케팅의 핵심 개념은 '시장 지배력'이다. 이 개념을 이해하기 위해 자동차 경주로 예를 들어보겠다. 다음 질문에 대한 답을 생각해 보자.

"어떻게 하면 F1 세계 선수권 대회에서 우승할 수 있을까?"

흔히들 '운전을 잘해야 한다'라고 답할 것이다. 하지만 정말 이것으로 충분할까? 절대 그렇지 않다. 운전을 잘하는 선수는 많다. 세계 챔피언이 되기 위해서는 출중한 운전 실력 외에도 레이싱 카와 트랙의 세세한 사항까지 이해해야 하며, 타이어 교환이나 정비를 하기 위해 피트에 정확히 차를 정지하는 과정을 숙지하고 개선하려 노력해야 한다. 하나의 작은 세부 사항으로는 경기의 결과를 좌우할 수 없지만 수천 가지 세부 사항을 꾸준히 개선하고 조금씩 향상하면 결국 우승자의 자리에 서게 될 것이다. 작은 개선이라도 수천 번 반복하면 놀라울 정도로 앞서 나갈 수 있기 때문이다. 감정 강화 마케팅도 이 원리를 따라 고객의 뇌에 숨어 있는 수천 개의 작은 구매 유발 버튼을 꾸준히 누르는 방식을 지향한다.

고객의 뇌에서 큰 구매 유발 버튼을 찾으려는 사람은 결국 실망하게 될 것이다. 그런 것은 실제로 존재하지 않기 때문이다. 대신 우리는 수천 개에 이르는 작은 버튼을 함께 살펴볼 것이다. 따라서 이 책은 '성공을 위한 마법 주문'이 담긴 특별한 참고서가 아니라 판매와 고객 유치에 있어 세계 챔피언이 되기를 원하는 사람들을 위한 훈련 안내서라고 할 수 있다. 하지만 실제 경쟁 상황에서는 이러한 훈련이 대부분 보이지 않는다.

– 원칙 5 –
감정 강화는 매우 효과적인 비밀 전략이다

다섯 번째 원칙을 이해하기 위해 세계 선수권 대회 우승자의 예시에 좀 더 머물러 보자. 축구, 스키, F1, 요트 대회는 우승자가 영예로운 단상에 서는 장면으로 끝이 난다. 시청자에게 세계 선수권 대회는 텔레비전으로 보는 아주 짧은 순간의 이벤트지만, 세계 챔피언에게는 전혀 다른 의미를 지닌다. 챔피언은 대회를 위해 몇 달, 몇 년을 집중적으로 훈련하며 장비를 개선하고 전략을 세운다. 최상의 결과를 위해 관객과 경쟁자가 보지 않는 곳에서 오랜 시간 실력을 최대한으로 끌어올리는 과정을 거쳤기 때문에 실전에서 관객(고객)의 시선을 끌 수 있다.

경쟁 선수는 어떻게 우승자가 경기에서 훨씬 우수한 성적을 냈으며 관객의 더 큰 호응을 받았는지 궁금할 것이다. 큰 전략 변화는 일반적으로 빠르게 알아차릴 수 있고 따라 하기도 쉽지만, 수천 번의 작은 개선은 눈에 띄지 않는다. 고객의 호감은 보통 서서히 변하지만, 그 변화는 오래 지속된다. 다시 말해 감정 강화가 효과를 내기까지는 시간이 걸린다. 이로써 우리는 마지막, 여섯 번째 원칙에 도착했다.

- 원칙 6 -
고객이 단번에 늘지는 않는다

대체로 인간(고객)은 자신의 습관대로 살아간다. 습관은 단번에 달라지지 않고 행동에 따른 보상과 처벌이 있을 때만 바뀔 수 있다. 심리학에서 '조작적 조건화'라고 부르는 이 과정은 생명체의 중요한 학습·재학습 원리 중 하나다. 조작적 조건화 이론에 따르면 특정 행동 뒤에 큰 보상을 하거나 작은 처벌을 가하여 행동이나 선호도를 무의식적으로 강화할 수 있다. 조작적 조건부 학습 형태에 관한 지식은 영장류와 같은 포유류를 통해 얻었다. 침팬지의 뇌 구조는 인간과 매우 유사하기 때문에 이들을 통해 얻은 지식을 인간에게도 문제없이 적용할 수 있을뿐더러 이미 인간을 대상으로 한 실험에서도 충분히 입증되었다.

침팬지를 대상으로 한 실험을 자세히 살펴보자. 침팬지 우리에 손잡이 두 개를 설치했다. 호기심이 많은 침팬지는 손잡이를 다양한 방법으로 눌러본다. 이 실험에서 침팬지는 '1번 손잡이'를 누를 때마다 간식을 받는다. 음식은 뇌에서 보상으로 작용하며 감정을 자극 및 강화한다. 침팬지는 놀이를 계속하며 두 손잡이를 다 눌러보지만 '1번 손잡이'를 누를 때만 간식을 받는다. 이런 행동과 보상이 반복되면 처음에 두 손잡이를 동일한 빈도로 눌렀던 침팬지가 점점 '1번 손잡이'만 자주 누르는 행동 패턴을 보이게 된다. 실험을 약 10번 반복한 후 침팬지는 '1번 손잡이'만 누르게 된다. 즉, 침팬지의 뇌가 '1번 손잡이 = 더 큰 보상'이라는 공식을 배운 것이다. 이러한 행동 변화는 한 번에 일어나지 않았다. 모든 뇌는 변화를 학습

하기까지 시간이 필요하다.

고객의 뇌도 다르지 않다. 고객들은 종종 비슷한 제품을 여러 개 구매하거나 다양한 회사의 비슷한 제품을 구매한다. 이때 특정 제품이나 회사가 감정 강화를 통해 감정적 가치를 크게 높이면 고객은 해당 제품이나 회사에 관심을 가지게 된다. 감정 강화는 마치 난방 장치와 비슷하다. 방의 난방 온도를 한 번에 올려도 한순간에 따뜻해지지 않고, 시간이 필요하다. 따라서 감정 강화 마케팅을 선택했다면 인내심을 가져야 한다.

지금까지 감정 강화의 여섯 원칙을 살펴보았다. 이제 Limbic® 접근법과 감정 시스템을 자세히 알아볼 차례다. 다음 장을 통해서 여러분은 감정이 구체적으로 우리에게 어떻게 작용하는지 알게 될 것이다.

제2장

Emotional Boosting

감정적인 뇌가
기능하는 방식

감정을 깨우려면 뇌의 감정 시스템이 어떻게 구성되어 있는지 이해
해야 한다. 이 장에서는 고객의 뇌에 존재하는 감정 시스템의 구조와
기능 방식을 다루며, 고객들 사이에서 선호도 차이가 발생하는 이유
를 살펴볼 것이다.

제1장에서 우리는 인간의 뇌에서 실제로 의사 결정을 내리고 가치
를 정하는 주요 요인이 감정이라는 사실을 배웠다. 또한 무의식의
작동 원리 및 방식도 살펴보았다.

이제 감정을 불러일으키는 방법을 알아볼 차례다. 어떤 버튼을 눌
러야 감정을 활성화할 수 있을까? 이 질문에 답하기 위해서는 우선
뇌의 감정 시스템을 이해해야 하고, 감정 시스템을 이해하려면 그
전에 감정이란 무엇인지 명확히 정의해야 한다. 간단히 정의하자
면, 감정은 우리에게 무엇이 중요하고 의미 있는지 알려 주는 '중요
성 감지기'이다. 그렇다면 감정은 어떻게 중요성을 파악할 수 있게
되었을까?

그 답은 진화 과정에서 찾을 수 있다. 인간의 감정 시스템에는 인류의 생존과 번식을 보장했던 수십만 년의 경험이 저장되어 있다. 일상에서는 '감정'과 '기분'을 종종 혼용하지만 이는 감정을 잘못 이해해서 생긴 일이다. '감정'이라는 단순한 용어 뒤에는 복잡하고 다양한 특징들이 숨어 있다. 감정의 주요 특징은 다음과 같다.

주관적 경험과 기분

우리는 사랑에 빠지거나 행복을 느끼거나 슬퍼질 때처럼 주로 '기분'을 느낄 때 뇌와 신체에 영향을 끼치는 감정 시스템을 깨닫게 된다. 기분이란 감정이 신체와 신경에서 일어날 때 생기는 복잡한 과정 중 하나로, 감정 시스템이 만든 결과물 중 빙산의 일각에 불과하다. 우리는 기분을 통해서만 느끼고 의식할 수 있기 때문에 실제로 자각하기 어렵거나 모를 뿐이지 감정은 우리가 직접 의식하지 못하는 상황에서도 우리에게 영향을 미칠 수 있다.

표정

인간은 사회적 동물로서 의사소통이 중요하기 때문에 언어를 사용하게 된 것이라고 자신 있게 주장하는 사람들이 있지만 이는 착각이다. 언어는 발달사의 관점으로 봤을 때 최근에 나타난 의사소통의 도구이기 때문이다(약 20만 년 전). 원시 인류는 언어가 없어도 이미 몸동작과 표정을 통해 서로를 이해하고 소통했다. 특히 포유류가 영장류로 진화하며 표정이 다양해지고 점점 더 중요해졌다. 이는 인간에게도 해당한다. 우리는 상대방에게 화가 났는지, 상대방 덕분에 행복한지 표정으로 보여주며 사회적 유대 관계를 강화한다.

뇌와 신체에서 일어나는 신경생리학적 과정

감정은 우리의 뇌와 신체에 내장된 기능으로 생존에 중요한 역할을 한다. 예를 들어 불안하거나 두려운 감정이 들었을 때 신체는 신경전달물질을 통해 경계 태세를 갖춘다. 두려움은 생명이 위험에 처했음을 의미하기 때문이다. 이 상태를 끝내기 위해서는 특정 행동을 취해야 한다. 대부분 도망가는 선택을 하지만 그럴 수 없을 때는 싸우거나 움직이지 않는 상태로 머물기도 한다. 겉으로는 보이지 않지만 심장은 격하게 뛰어서 근육에 산소를 공급하여 힘을 낼 수 있게 돕고, 위는 수축하여 근육이 더 많은 혈액을 공급받게 한다. 이러한 생리적 조절은 대부분 뇌에서 시작된다. 이처럼 감정은 신체를 전체적으로 변화시킨다.

진화적 기능성

진화적 관점에서 보면 감정은 그저 주관적으로 무규칙하게 발생하는 것이 아니라 특정한 목적과 목표가 있다. 첫째로 생명을 보호해야 하고, 둘째로 가능한 한 많은 유전자를 다음 세대로 전달해야 하는 것이다.

유의성(보상, 쾌락, 불쾌)

유의성(어떤 자극이 개인에게 긍정적 경험 또는 부정적 경험을 일으키는지 나타내는 심리학 용어 - 옮긴이)이란 감정 시스템이 우리를 올바른 방향으로 안내하고 잘못된 방향으로 가지 않도록 최대한 보호하는 '자동 조종 장치'와 같다. 올바른 방향으로 가면 긍정적 감정으로 보상받고, 그릇된 방향으로 가면 부정적 감정으로 처벌받는다. 즉, 뇌의 감정 시스템은 쾌락적인 측면과 불쾌한 측면이라는 양면을 가지고 있다. 보상은 쾌락적인 측면을 활성화하고, 고통·혐오는 불쾌한 측면을 활성화한다. 이에 대해서는 뒤에서 더 자세히 다룰 것이다.

자극의 강도

자극(감정)은 다양한 강도로 나타난다. 단순한 편안함이 깊은 만족감으로 상승할 수도 있고, 뇌에서 행복 호르몬이 소용돌이치면 기쁨에 겨워 춤을 출 수도 있다. 부정적인 감정도 마찬가지다. 조금 불안했던 감정이 극도의 공포로 상승할 수도 있고, 상대방에 대한 가벼운 짜증이 불타는 분노로 변할 수도 있다.

뇌에는 어떤 감정 시스템이 있을까?

감정의 기본 개념을 이해했다면, 이제 감정의 종류를 살펴보도록 하자. 전문 학술서에서는 기본 감정으로 슬픔, 놀라움, 기쁨, 분노, 두려움, 혐오를 주로 다룬다. 그러나 이 분류는 감정을 논하기에 정확하지 않다. 전 세계에서 비슷한 표정으로 표현되는 '기분'만을 지칭하는 것에 지나지 않기 때문이다. 감정은 단순한 기분만을 뜻하는 것이 아니라 더 넓은 의미를 가진다. 게다가 이 여섯 가지 기본 감정에는 다른 중요한 기분들이 포함되어 있지 않다. 이 중에는 표정으로는 드러나지 않는 기분도 매우 많다. 첫사랑을 떠올려 보자. 강한 그리움으로 속을 태웠지만 얼굴에는 잘 드러나지 않았을 것이다. 요약하자면 기본 감정을 여섯 가지로 나눈 주장이 완전히 틀리지는 않았어도 분명히 불완전하다.

그렇다면 실제로 어떤 감정 시스템이 존재하는 것일까? 이 질문에 답을 찾기 위해 수년 동안 다음의 질문들을 나 자신에게 던져보았다.

- 감정 시스템과 연관된 특정 유전자가 있는가?
- 어떤 호르몬이나 신경전달물질이 어떤 감정 시스템과 연결되어 있는가?
- 어떤 뇌 영역이 어떤 감정을 처리하는 데 특별히 관여하는가?
- 심리학의 어떤 구조와 모델이 뇌 연구의 발견과 일치하는가?
- 심리학의 구조와 모델이 위에서 설명한 감정의 여섯 가지 특징을 만족시키는가?

나는 광범위한 연구 작업을 통해 뇌 연구의 다양한 발견과 심리학의 기존 지식, 폭넓은 자체 조사를 조합하여 세계적으로 독특한 'Limbic®'이라는 '종합 감정 모델'을 정립했다. 목표는 신뢰할 수 있는 최신 과학적 근거에 기반을 두면서 이해하기 쉽고 보편적으로 적용할 수 있는 모델을 구축하는 것이었으며, 여전히 이 목표를 추구하고 있다. 이 모델에 대한 더 자세한 과학적 근거는 님펜부르크 그룹 웹사이트(www.nymphenburg.de 또는 www.haeusel.com)에서 확인할 수 있다. 〈그림 2-1〉은 소비자의 뇌에서 감정이 어떻게 동하는지 보여준다.

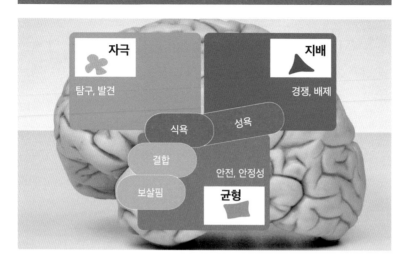

감정 시스템의 중심에는 섭취(식욕이나 역겨움을 포함), 수면, 호흡과 같은 기본적 생리 욕구가 있다. 이 욕구는 너무나 기본적이라 더 자세히 다루지는 않을 것이다. 대신 기본 욕구 외에 매우 중요한 세 가지 감정 시스템이 있다.

- 균형 시스템(안전, 위험 회피, 외부의 변화에 대한 저항력)
- 지배 시스템(자기주장, 경쟁, 자주성)
- 자극 시스템(새로운 것을 발견, 새로운 기술 습득)

균형과 지배, 자극 시스템(체계)만큼 중요하지는 않지만 이 세 감정 외에 우리에게 영향을 끼치는, 알아두어야 할 감정 시스템도 있다.

- 결합 시스템(긍정적-안전감 / 부정적-고독감)
- 보살핌 시스템(긍정적-애정 / 부정적-무가치하다는 기분)

결합 시스템과 보살핌 시스템은 '조화 시스템'으로 묶어서 생각할 수 있다. 조화 시스템은 균형 시스템과 깊이 연관되어 있지만 목표가 부분적으로 다르다. 균형 시스템에서는 성욕이 특별한 역할을 한다. 성욕은 '성적인 욕망'이라는 본래의 욕구 이외에도 다른 감정 시스템과 상호작용하여 기능을 수행한다. 예를 들어 성호르몬인 테스토스테론은 성적인 기능을 수행하지만 다른 한편으로는 지배 체계의 주요 원료로도 쓰인다.

보상과 처벌이라는 감정 시스템의 양면성

인간의 감정 시스템은 본래의 목표 외에도 진화에 도움이 되도록 기능한다. 이를 진화적 기능성이라고 한다. 하지만 진화적 관점에서 인간은 감정 시스템만으로는 삶을 성공적으로 꾸려나갈 수 없다. 삶을 올바른 방향으로 이끌기 위해서는 '옳다', '틀렸다', '더 많이, 자주 해야 한다', '그만해야 한다'와 같은 추가적인 명령이 필요하다. 이러한 이유로 감정 시스템은 쾌락을 유발하는 긍정적인 면과 고통과 혐오감을 유발하는 부정적인 면을 가지고 있으며 (긍정적인) 보상 체계와 (부정적인) 회피 체계로 뇌에서 운영된다.

보상 체계부터 살펴보자. 과학적으로 정확하게 따져보면 보상 체계는 두 가지 기능으로 구성되어 있다. 하나는 '보상 예측·기대

체계'로 즐거운 기대감을 주어 보상을 찾도록 동기를 부여하는 기능이고, 다른 하나는 '실제 보상 체계'로 간절히 원하는 대상을 소비하여 우리에게 기쁨을 주는 기능이다. 보상 기대 체계는 도파민이라는 신경전달물질에 의존하며, 실제 보상 체계는 행복 호르몬인 엔도르핀에 의해 작동한다. 두 보상 체계를 관리하는 기관은 측좌핵이다. 이 책에서는 앞으로 이 두 가지 하위 기능을 구분하지 않고 보상 체계란 이름으로 통합해 언급할 것이다.

한편 감정 시스템의 부정적인 면인 회피 체계에도 유사한 구조가 존재한다. 회피 체계는 처벌을 예상하는 체계와 실제 처벌 체계로 나누어지고, 편도체와 뇌섬엽이 이에 관여한다.

감정의 양면에 대해 알아보았으므로 이제 〈그림 2-2〉를 보면서 우리 감정이 어떻게 기분으로 드러나는지 살펴보자.

우리는 자극 시스템에서는 긍정적인 면을 흥분되는 기쁨으로 경험하고 부정적인 면은 짜증나는 지루함으로 느낀다. 지배 시스템은

〈그림 2-2〉 감정의 양면성

	보상/쾌락	회피/불쾌
지배	자신감, 성취감	분노, 짜증, 무력함
자극	흥분, 놀람	권태
균형	안락함, 안전감	두려움, 스트레스, 불안정

자신감과 성취감으로 보상하고 무력감과 분노로 처벌한다. 마지막으로 균형 시스템은 안전감으로 보상하거나 두려움과 불안으로 경고한다. 사회적 감정인 보살핌 시스템과 결합 시스템의 긍정적인 면은 인간관계에서의 애정과 안전감이고, 부정적인 면은 슬픔과 고독이다. 성욕에서는 성적 욕구(기대)와 성적 만족(오르가슴)이 긍정적인 면이며 성적 공허함이 부정적인 면이다.

부정적 감정을 차단하는 것도 감정 강화의 기술이다!

감정 강화를 논할 때 짚고 넘어가야 하는 부분이 있다.

"감정 강화는 긍정적인 감정을 최대화하는 데서 끝나지 않는다."

더 나아가 판매자는 부정적 감정을 강화하는 요인을 최소화하여 고객의 실망을 막기 위해 항상 노력해야 한다. 때때로 부정적 감정을 차단하는 일이 긍정적 감정을 강화하는 일보다 더 중요할 수도 있다.

그 이유는 무엇일까? 우리 뇌는 긍정적 감정보다 부정적 감정에 더 주목하기 때문이다. 노벨 경제학상 수상자인 미국 심리학자 대니얼 카너먼Daniel Kahnemann이 입증한 바에 따르면 돈을 잃었을 때 뇌에서 일어나는 부정적인 작용이 같은 금액을 획득했을 때 일어나는 긍정적 작용보다 두 배로 강하다.

여기에 덧붙여 우리가 알아야 할 뇌의 작동 원리가 몇 가지 더 있다. 그중 하나인 '부정적 강화'를 설명해 보겠다. 철학자 미셸 드 몽테뉴Michel de Montaigne는 계속 재발하는 신장 결석으로 자주 통증을 겪었다. 작아진 결석을 배출하고 나면 몇 시간씩 지속되던 통증이 단번에 멈추었다. 그는 이 느낌을 회고록에서 인생의 가장 황홀한 느낌으로 묘사했다. 이처럼 우리 뇌는 종종 고통과 불행의 해소를 보상으로 여기기도 한다.

인간의 감정과 가치가 탄생하는 공간, 변연계

애착·보살핌, 성욕 및 세 가지 주요 감정 시스템은 주로 동시다발로 운영되기 때문에 한 감정은 다른 감정과 혼합되어 활성화된다. 지배와 자극이 섞이면 모험심이 되고, 자극과 균형이 만나면 개방성과 상상력이 커진다. 또, 균형과 지배가 결합하면 조절력과 통제력으로 나타난다. 〈그림 2-3〉의 Limbic® 맵은 변연계의 감정 시스템 전체 구조를 보여준다. 그뿐만 아니라 '가치'도 포함하고 있는데 그 이유는 마케팅에서 감정과 더불어 가치가 중요한 역할을 하며, 항상 감정과 연결되어 있기 때문이다.

감정 시스템 내에 존재하는 대립 지역

주요 감정 시스템 사이에 존재하는 대립 지역은 종종 내적 갈등으로 드러난다. 괴테는 『파우스트』에서 이 현상을 "아! 내 가슴에는 두 영혼이 살고 있다!"라고 표현했다. 각각의 감정은 서로 다른 뇌 영역에서 처리되고 다른 신경전달물질에 의해 촉진되지만 고도

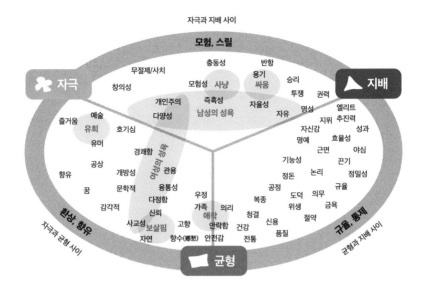

〈그림 2-3〉 Limbic® 맵: 감정 시스템과 가치 구조

로 지능적인 전체 시스템에 연결되어 있다. 지배 시스템과 자극 시스템이 고객의 머릿속에서 '낙관적이고 활동적인 동기부여 체계'의 역할을 하는 동안 균형 시스템은 억제적이고 보수적인 기능을 수행한다. 또, 지배 시스템과 자극 시스템이 고객에게 구매라는 위험을 감수하도록 격려하는 동안 균형 시스템은 모든 위험을 피하려고 노력한다. 실제로 균형 체계는 우리 뇌의 강력한 감정 시스템 중하나이며, 다른 감정 시스템과 부딪치는 부분이 많다.

쾌락과 금욕의 대립

저녁에 들른 식당은 훌륭했고, 술도 거하게 마셨다. 모든 것이 완벽했다. 자극 체계는 환희로 차 있었다. 그런데 집으로 돌아가는 길에 양심의 가책을 느끼며 생각했다.

'다음 주부터는 다이어트해야지, 과식은 끝이다. 금욕과 규칙이 필요해!'

누구나 이런 경험을 한 번쯤 해보았을 것이다. Limbic® 맵을 보면 자극 체계의 쾌락과 '규칙 준수와 통제' 영역에 속한 금욕이 서로 반대편에 위치하며 대립하는 것을 확실히 알 수 있다. 또 다른 대립 지역을 살펴보자.

이기심과 이타심의 대립

인간은 원래 이기적이며 오로지 자신의 이익만을 추구한다고들 말한다. 실제로 일상에서 이 주장을 뒷받침하는 사례를 자주 볼 수 있다. 부패한 정치인이나 거리낌 없이 수백억 원을 횡령하는 기업인을 떠올리면 된다. 지위나 명성을 상징하는 제품 또한 소비 세계 안에 이기적인 힘이 분명 존재한다는 것을 보여준다. 하지만 낮에는 자신의 이익을 위해서 무엇이든 할 기업인도 퇴근 후 교회에서 자선을 위한 기부를 하거나 저녁에는 사랑으로 가족을 돌볼 것이다. Limbic® 맵으로 이 현상을 설명해 보자면 '지배 체계'의 정반대에 주요 사회적 감정인 '애착 및 보살핌=조화 체계'가 위치하기 때문이다.

쾌락의 쳇바퀴인가, 결승선 없는 달리기 경주인가

모든 감정 시스템 중에서도 특히 우리에게 활력을 불어넣는 보상 체계는 본래 발전을 추구하도록 설계되었다. 독일 작가 빌헬름 부쉬Wilhelm Busch의 명언처럼 '모든 소원은 이루어지는 순간 다음 소원을 낳는다'. 즉 소원이 이루어지거나, 소망하던 상태에 이르거나, 원하는 물건을 갖게 되면 인간은 곧 새로운 것을 원하고 갈망하기 시작한다. 여기서 문제는 새로운 소원이 이전 소원보다 항상 크고 화려하다는 것이다.

예를 들어 한 젊은 남성이 80킬로와트 차를 구매하고 나면 곧바로 '120킬로와트 차는 얼마나 더 좋을까?'라고 생각하기 시작한다. 여성은 어떨까? H&M에서 새 원피스를 산 젊은 여성의 눈에는 곧 프라다나 구찌 옷이 눈에 들어오기 시작한다. 이러한 '점점 더 많이' 원칙은 자본주의의 추진력이자, 소비의 원동력이다.

철학자들은 이 비극적 생활의 순환을 '쾌락의 쳇바퀴'라고 부른다. 그 이유는 더 많은 것을 희망하지만 결코 목표에 도달하지 못하기 때문이다. 이 현상은 감정 강화 전략에 어떤 영향을 미칠까? 답은 간단하다. 고객의 감정적인 뇌에서 VIP 자리 경쟁이 절대 끝나지 않게 한다. 어떤 제품이나 서비스가 고객의 감정을 자극하여 고객이 기분 좋게 구매하더라도 시간이 지나 제품에 익숙해지면 뇌는 더 이상 행복 호르몬을 분비하지 않고, 구매했던 제품은 다른 제품과의 경쟁에서 결국 따라잡힌다. 1년 전만 해도 고객의 구매 결정에 감정적으로 영향을 미쳤던 요소가 어느샌가 시장의 표준이 된다.

지금까지 고객의 뇌에 있는 감정 시스템의 목표와 기능 방법을 살펴보았다. 이제는 '모든 고객의 감정 시스템이 같은 방식으로 작동하는지', 더 나아가 '우리가 도입하고 시도할 감정 강화 전략이 모든 사람에게 똑같은 효과와 중요도를 가지는지' 자세히 알아볼 것이다.

목표 그룹, 있다? 없다?

이제 마케팅과 판매에서 중요한 주제 중 하나인 '목표 그룹'에 대한 내용을 살펴보자. 마케팅 현장에서 종종 만나는 '전문가'들은 목표 그룹의 종말을 선언한다. 그들은 현재 기분에 따라 상황에 맞게 결정하거나 일상 속 다양한 역할을 수행하는 '다중 선택 고객'을 설명하며 고객에 대한 모든 표준화를 금지하고, 고전적인 사회인구학 관점의 목표 그룹은 무의미하다는 것을 대중의 웃음을 자아내는 방식으로 증명하려고 한다. 예를 들어 일부 사회인구학적 특징을 프레젠테이션으로 만들어 "오늘날 목표 그룹은 이렇게 설명할 수 있습니다"라고 비꼬며 발표한다. 그들이 말하는 특징은 다음과 같다.

- 남성
- 60세 이상
- 평균 이상의 소득

발표자는 의뭉스럽게 웃으며 발표를 더욱 극적으로 만든 후 사회인구학적 특징에 맞는 사진 두 장을 보여 준다. 〈그림 2-4〉 왼쪽

70대 남성
백만 유로 이상 자산 소유

70대 남성
백만 유로 이상 자산 소유

사회인구학적 특성은 같지만 다른 세계에 사는 찰스 3세와 영국 록스타 오지 오즈번.

인물은 영연방의 왕 찰스 3세Charles III이고, 오른쪽은 영국 록스타 오지 오즈번Ozzy Osbourne이다.

사진 속 두 남자는 같은 사회인구통계적 특성을 가졌음에도 불구하고 서로 다른 세계에 살고 있다는 사실을 누구나 알 수 있다. 사회인구학적 특성을 기반으로 한 목표 그룹 분류 방식과 함께 목표 그룹 자체가 완전히 사라졌다는 주장을 뒷받침하는 확실한 증거처럼 보인다.

하지만 '전문가'들이 놓친 사실이 있다. 바로 사회인구학적 목표 그룹을 비판하기 위해 제시한 반증이 사실상 세분화된 신경심리학적 목표 그룹, 즉 Limbic® 모델 기반의 목표 그룹을 찬성하는 증거로 작용했다는 점이다(자세한 설명은 조금 뒤에 할 예정이다).

다시 가장 처음 질문으로 돌아가 보자. 고객의 소망과 구매 결정은 단지 순간의 기분이나 상황에만 의존하는 것일까? 고객의 전체 소비와 결정 행위를 꿰뚫는 확고한 '감정적 성격 특성'이 존재하는 것은 아닐까?

심리학과 뇌 연구에서는 이미 오래전에 이 질문에 대한 답을 구했다. 지속적이고 고정적인 성격을 의미하는 '특성Trait'과 현재 상황 및 경험에 따라 달라지는 일시적 기분을 뜻하는 '상태State'의 차이를 알아야 한다. 두 요소 모두 결정 행위에 큰 영향을 끼친다. 특히 과학에 기반한 심리학적 목표 그룹 마케팅에서 고정적 성격은 큰 의미를 가진다. 최신 연구들은 포괄적인 감정 구조가 인간의 의사 결정에 상당한 영향을 미친다고 이야기한다. 감정 시스템은 모든 사람의 뇌에 존재하지만 강도와 특성은 다양하다.

이제는 Limbic® 모델의 접근 방식으로 분석한 〈그림 2-5〉의 고객 프로필을 살펴보자. 고객 A는 자극 체계가 약한 대신 균형 체계가 강한 것이 특징이다. 그의 뇌는 안전을 추구하는 균형 체계가 지배적이기 때문에 특별히 안전에 가치를 두고 구매 결정을 할 것이다. 완전히 다른 양상을 보이는 고객 B의 뇌에서는 자극 체계가 강하고, 균형 체계는 약하게 나타난다. 따라서 고객 B의 전체 결정 과정에서는 즉흥적이고 탐구적인 성향이 드러날 것으로 예상할 수 있다. 그는 새로움과 변화를 기대하게 하는 감정 강화와 자극에 강하게 반응할 것이다.

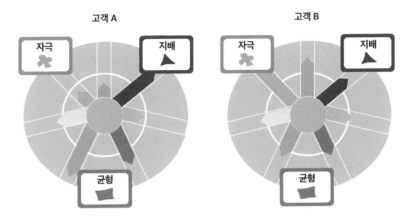

소비자 간의 성향 차이는 구매 행위에 큰 영향을 미친다.

Limbic® 유형:
신경심리학 관점에서 본 7가지 목표 그룹

소비자의 감정 시스템에는 주로 한 가지 중점 체계가 있다. 〈그림 2-5〉에서 봤듯이 고객 A는 균형 체계, 고객 B는 자극 체계의 비중이 크다. 이 방식으로 고객을 실제에 가깝게 분류할 수 있다. 고객의 감정적 중점 체계는 고객 유형을 결정한다. 그러나 어떤 유형이든 간에 분류는 단순화되었다는 점을 명심해야 한다. Limbic® 맵에서 볼 수 있는 감정에 따라 Limbic® 유형도 일곱 개로 구분할 수 있다(〈그림 2-6〉 참고).

Limbic® 유형을 자세히 살펴보았으니 찰스 3세와 오즈번을 비

1. 조화형	사교 및 가족 지향성 높음, 승진 및 지위 지향성 낮음, 안락함 추구
2. 개방형	새로운 것에 대한 개방성, 편안함, 관용, 온화함 향유
3. 쾌락형	새로운 것을 적극적으로 찾음, 개인주의 성향 강함, 즉흥성 높음
4. 모험형	위험 감수성 높음, 충동 통제력 약함
5. 성과형	성과 지향성 높음, 야심적, 지위 지향성 높음
6. 규율형	책임감 강함, 소비욕 낮음, 세부 사항에 대한 집착
7. 전통형	미래 지향성 낮음, 질서와 안전 추구

〈그림 2-6〉 Limbic® 유형

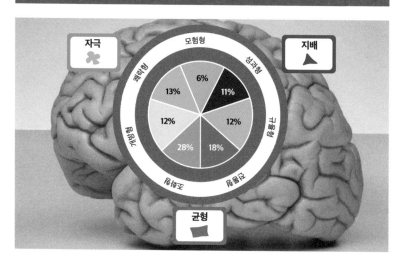

고객의 뇌에서 강하게 작용하는 감정 특성이 Limbic® 유형을 결정한다.

교하는데 Limbic® 유형이 중요한 역할을 한다는 것을 알게 되었을 것이다. 직접 테스트해 보지는 않았지만 찰스 3세는 전통형에 가

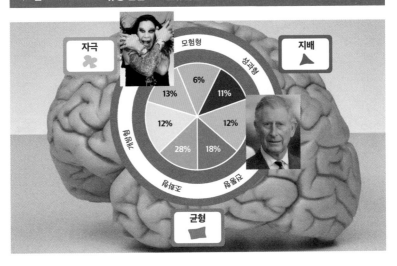

〈그림 2-7〉 Limbic® 유형 관점으로 분류한 찰스 3세와 오즈번

까울 것이고 오즈본은 쾌락형 또는 모험형에 가까울 것이다. 〈그림 2-7〉은 이 두 유형이 어디에 놓여 있는지 보여준다.

Limbic® 유형을 정하는 데는 당연히 사회적 역할 기대가 함께 작용하며 특성에도 영향을 미친다. 록 문화에서는 쾌락 영역이 강조되는 반면 버킹엄 궁전에서는 귀족적인 품위가 우세할 것이다. 감정적 특성 구조가 인간의 가장 안정된 특성을 보여준다는 사실이 많은 연구를 통해 증명되었다. 이 주제에 대해 브레멘대학교의 뇌과학자 게르하르트 로트Gerhard Roth가 쓴 『성격이 구매와 행동에 미치는 영향Persönlichkiet, Entscheidung und Verhalten』을 강력 추천한다.

감정 특성 구조와 제품 관심도

고객이 제품을 구매하게 하려면 제일 먼저 해당 제품에 관심을 갖게 해야 한다. 고객의 관심 분야는 고객의 감정 특성에 따라 확연히 달라진다. 〈그림 2-8〉과 〈그림 2-9〉는 Limbic® 유형에 따라 제품에 대한 관심이 달라진다는 사실을 명확하게 보여준다.

두 그림에서 지수 100은 평균을 나타낸다. 예를 들어 조화형 소비자의 '자동차 관심 지수'가 59라면, 전체 인구 평균에 비해 41% 더 적은 조화형 소비자가 자동차에 관심을 보인다는 의미다. 자동차에 매우 높은 관심을 갖는 성과형 소비자와 달리 조화형 소비자는 자동차보다 건강이라는 카테고리와 연관된 건강 제품에 큰 관심을 가진다. 따라서 건강 제품에 감정 강화 전략을 활용할 때 조화형 소비자가 모험형 소비자보다 훨씬 더 강하게 반응한다. 이와 대조적으로 모험형 소비자는 건강 제품에 큰 관심이 없다.

감정 특성 구조와 품질 기대

구매 결정을 할 때 제품에 대한 관심과 밀접하게 연관된 것은 품질에 대한 기대이다. 일반적으로 고객은 관심 있는 제품 분야에서만 높은 품질을 요구한다. 특히 모험형·쾌락형·성과형 소비자는 가전제품에 대해 높은 품질을 기대한다. 그에 비해 모험형 소비자에게 식료품의 품질은 별로 중요하지 않다.

감정 특성 구조와 브랜드 결정

소비자의 감정적 특성에 따라 그들의 관심을 끄는 브랜드의 감성적 메시지가 크게 달라진다. 예를 들어 균형 체계가 두드러지는 소비자는 특히 안전과 편안함을 약속하는 제품이나 브랜드에 민감하게 반응한다. 반면 소비자의 뇌에서 지배 체계가 독보적이면 '권

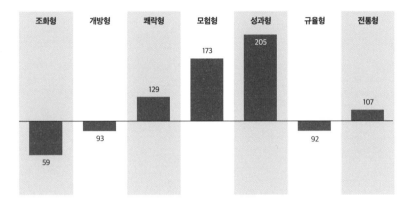

〈그림 2-8〉 자동차 관심도

조화형	개방형	쾌락형	모험형	성과형	규율형	전통형
59	93	129	173	205	92	107

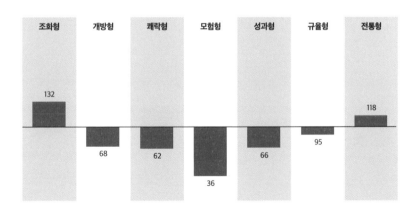

〈그림 2-9〉 건강 제품 관심도

조화형	개방형	쾌락형	모험형	성과형	규율형	전통형
132	68	62	36	66	95	118

력', '지위', '성과'라는 감성을 자극하는 브랜드를 더 주목하고 관
심을 갖는다. 소비자는 자신의 뇌에서 '감정 시스템'이 어떻게 운영

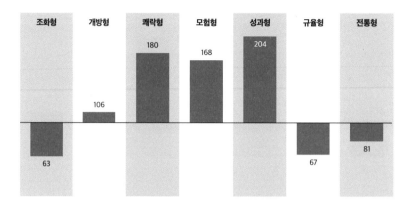

〈그림 2-10〉 가전 제품에 대한 품질 기대도

조화형 · 개방형 · 쾌락형 · 모험형 · 성과형 · 규율형 · 전통형
180 · 168 · 204 · 106
63 · 67 · 81

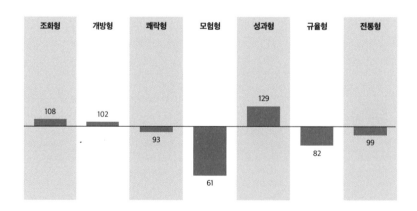

〈그림 2-11〉 식료품에 대한 품질 기대도

조화형 · 개방형 · 쾌락형 · 모험형 · 성과형 · 규율형 · 전통형
108 · 102 · 129
93 · 61 · 82 · 99

되는지 정확히 알지 못하거나 아예 인식하지 못하기 때문에 특정
브랜드에 대한 관심이나 구매 결정은 대부분 무의식적으로 이루어

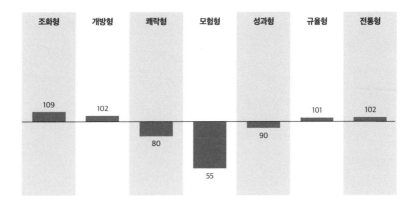

〈그림 2-12〉 포드 운전자

조화형 109
개방형 102
쾌락형 80
모험형 55
성과형 90
규율형 101
전통형 102

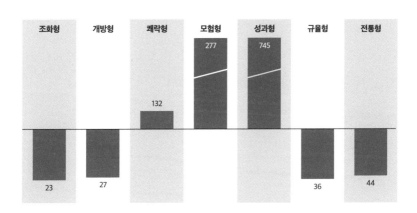

〈그림 2-13〉 포르쉐 운전자

조화형 23
개방형 27
쾌락형 132
모험형 277
성과형 745
규율형 36
전통형 44

진다. 특히 자동차 브랜드에서 이러한 차이가 매우 두드러지게 나
타나며, 이는 〈그림 2-12, 2-13〉을 통해 확인할 수 있다.

감정 특성 구조와 음악 선호도

제4장에서 더 자세히 다루겠지만, 음악은 감정을 강화하는 중요한 요소이며, 어떤 장르인지에 따라 다양한 감정을 불러일으킬 수 있다. 그러므로 Limbic® 유형마다 서로 다른 음악 장르에 반응하는 것은 당연한 일이다(〈그림 2-14, 2-15〉 참고). 자극 체계의 영향을 크게 받는 Limbic® 유형은 음악을 들을 때도 새롭고 강렬한 자극을 찾지만, 조심성이 많은 Limbic® 유형은 익숙하면서 조화로운 음악을 찾는다.

감정 특성 구조와 디자인 선호도

음악 취향뿐만 아니라 형태와 디자인에 대한 인식 역시 감정의 영향을 크게 받는다. 이때 작용하는 문화적 요인의 영향도 무시할 수 없다. 동양과 서양은 형태에 대해 서로 다른 감각을 갖지만 일정한 특성을 공유한다. 예를 들어 쾌락형 소비자와 모험형 소비자는 독특하고 참신한 디자인을 선호한다. 반면 조화형 소비자는 조화롭고 균형 잡힌 디자인을 좋아하고, 전통형 소비자는 평온과 전통을 상징하는 디자인에 더 관심을 가진다(이 내용 역시 제4장에서 다시 다룰 예정이다).

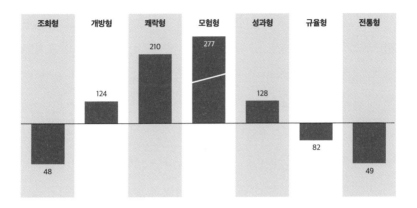

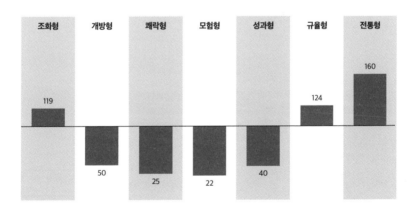

나이에 따라 달라지는 감정적 두뇌

신경심리학을 기반으로 목표 소비자 그룹을 분석할 때 나이, 성별, 문화를 간과해서는 안 된다. 특히 호르몬이나 신경전달물질과 같은 신경 화학적 차이 및 변화는 인지 구조와 각 개인의 감정 특성을 변화시킨다. 예를 들면 지배 체계에 영향을 주는 호르몬인 테스토스테론과 자극 신경전달물질인 도파민이 나이가 들면서 현저하게 감소하면 호기심이나 위기를 감수하는 모험심이 줄어들고, 지위는 크게 중요하지 않게 된다. 또한 나이가 들면서 스트레스 호르몬인 코르티솔 농도가 뇌 안에서 증가하면 불확실한 상황을 피하려는 경향이 생긴다.

나이의 영향을 받아 호르몬 농도가 변하면 감정 특성 역시 달라진다(〈그림 2-17〉 참고). 18세에서 25세 사이에서는 뇌 속 도파민과 테스토스테론 농도가 높기 때문에 쾌락형 소비자와 모험형 소비자

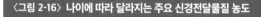

〈그림 2-16〉 나이에 따라 달라지는 주요 신경전달물질 농도

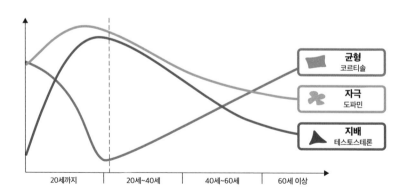

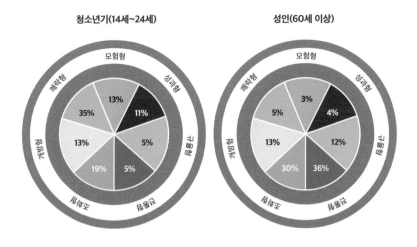

청소년기(14세~24세)

성인(60세 이상)

가 많이 분포되어 있다. 25세 이후부터는 도파민과 테스토스테론이 줄어들고 스트레스 호르몬이자 공포에 맞서 분비되는 호르몬인 코르티솔의 영향력이 증가한다. 즉, 낮은 연령대의 소비자를 얻으려면 '자극 강화' 전략이 효과적이고 높은 연령대의 소비자를 대상으로는 '균형 강화' 전략이 더 적절하다.

성별에 따라 달라지는 감정적 두뇌

이제 성별이 감정적 뇌에 어떤 영향을 미치는지 자세히 알아보자. 성별에 따른 사회적·문화적·생물학적 차이를 다루는 것은 이 책의 주제를 벗어난다. 특히 여성 호르몬 및 남성 호르몬의 다양한 조합은 뇌의 동기 및 감정 시스템에 엄청난 영향을 미친다. 평균적으로 남성의 뇌에서는 테스토스테론과 바소프레신과 같은 성호르몬의 농도가 높으며 여성의 뇌에서는 에스트로겐, 에스트라디올, 프로락틴, 옥시토신의 농도가 더 높다.

예를 들어 테스토스테론은 뇌의 지배 시스템과 지배 시스템에 인접한 '모험 영역', '규율·조절 영역'을 강화한다. 반면 에스트로겐과 다른 여성 호르몬은 균형 시스템을 강화하며 특히 '보살핌'과 '애착'과 같은 사회 감정을 강조한다. 이런 영향은 Limbic® 유형 분포도에서도 확인할 수 있다. 에스트로겐 및 기타 여성 호르몬은 여성 중 조화형 소비자의 비율을 현저히 증가시키고, 테스토스테론 및 기타 남성 호르몬은 남성 중 모험형 소비자와 성과형 소비자의

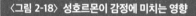

〈그림 2-18〉 성호르몬이 감정에 미치는 영향

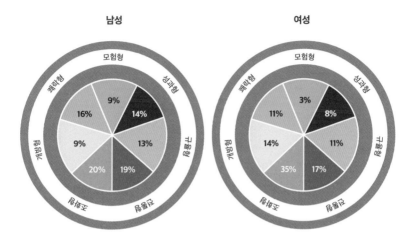

비율을 증가시킨다.

성별이 Limbic® 유형에 미치는 영향은 측정할 수 있는 수준을 넘어선다. 여성은 모든 감각을 남성과는 다른 방식으로 더욱 강렬하게 느낀다. 〈그림 2-20, 2-21〉에서 볼 수 있는 것처럼 남성과 여성은 시각적으로 미를 느끼는 기준도 다르다. 이러한 차이는 특히 감정 강화 마케팅에서 세밀하게 고려되어야 한다. 남성의 뇌에서 '대박'이라는 반응을 일으키는 제품이 여성의 뇌에서는 하품을 자아낼 수도 있다.

남성 지수

54

여성 지수

148

남성 지수

161

여성 지수

48

문화에 따라 달라지는 감정적 두뇌

세계화는 경제 분야에서도 예외 없이 진행되었는데, 지금까지 살펴본 감정 시스템을 다양한 문화를 가진 사람들에 똑같이 적용할 수 있는가 하는 궁금증이 자연스레 생긴다. 대답은 역시 '그렇다'이다. 물론 정도의 차이는 있다.

유럽부터 시작해 보자. 오스트리아, 독일, 스위스 사이에는 큰 차이가 없다. 예를 들어 개방형 소비자 비율은 오스트리아와 스위스가 독일보다 1~2% 더 높고, 독일에는 규율형 소비자의 비율이 1~2% 더 높다. 이 비율을 이탈리아와 비교하면 차이가 더욱 뚜렷해진다. 이탈리아에는 쾌락형 소비자와 개방형 소비자가 약 8~10% 더 많고, 조화형·전통형·규율형·성과형 소비자는 약간 더 적다.

이제 대서양을 건너 미국으로 가보자. 미국은 다양한 인종으로 구성되어 있어 정확한 분류가 어렵지만 미국의 백인 인구에서 몇 가지 단서를 얻을 수 있다. 독일의 Limbic® 유형 분포와 비교해 보면 미국에는 쾌락형·모험형·성과형 소비자가 약 12% 더 많고, 조화형·전통형·규율형 소비자는 12% 더 적다.

문화별 감정 시스템의 차이는 '생물학적 사회문화 상호구성주의'에서 비롯했다. 거창한 단어에 놀랄 필요 없다. 미국의 건국 역사를 들여다보면 간단하게 이해할 수 있을 것이다. 누가 미국을 세웠나? 그렇다, 바로 이민자들이다. 위험을 두려워하지 않고 익숙한 환경을 쉽게 떠나는 이민자는 대체로 어떤 Limbic® 유형에 속할까? 모험가 유형이다. 인간의 성격은 약 50% 정도가 유전적으로 결정된다. 뮌헨대학교 심리학 교수 귄터 보임러Günther Bäumler는 유전적 차이가 15세대에서 20세대까지도 지속될 수 있다는 연구 결과를 발표했다. 여기까지가 '생물학적 사회문화 상호구성주의'에서 '생물학적'의 의미이다.

이제 '사회문화'의 뜻을 살펴보자. 미국을 세운 모험가들은 당시 '자유', '자본주의 정신', '무한한 가능성', '개인의 책임'이라는 문화적 가치와 행동규범을 정립했는데, 이 가치관은 오늘날까지 미국인에게 여전히 영향을 미치고 있다. 더 사소한 예를 통해서도 미국인의 정신을 엿볼 수 있다. 서유럽인은 암 진단을 받으면 '나는 암에 걸렸다'라고 말하지만 미국인은 '나는 암과 싸우고 있다'라고 완전히 다른 방식으로 병을 설명한다.

마지막으로 아시아를 간단히 살펴보자. 아시아의 모든 나라를 다루기는 어려우므로 중국을 예로 들겠다. 중국 인구의 Limbic® 유형을 분석한 데이터는 아직 없지만 문화와 종교의 차이로 인해 일상생활에 감정 시스템을 적용하는 방식이 다를 것으로 추측해 볼 수 있다. 예를 들어 독일에서는 성공한 기업가가 길가에 벤틀리를 밤새 주차해 놓으면 다음 날 아침 차에 흠집이 나 있을 확률이 높다(사회적 시기). 이는 기독교 윤리에서 비롯한 경제적 평등 사상 때문이다. 반면 중국의 상황은 완전히 다르다. 사업가가 롤스로이스 열 대를 집 앞에 세워둔다 해도 시기는커녕 사람들은 오히려 감탄할 것이다. 이유는 성과와 노력을 강조하며(눈에 보이는) 경제적 성공을 추구하는 유교에 있다. 따라서 아시아인에게도 동일한 감정 시스템이 있지만 이를 해석하고 적용하는 방식이 매우 다르다고 이해해야 한다. 이 주제에 관심이 있는 독자에게는 내 책 『뉴로마케팅Neuromarketing』에 실린 하네 젤만Hanne Seelmann 박사가 쓴 글을 추천한다. 하네 젤만 박사의 홈페이지(www.seelmann-consultants.de)에서도 자세한 내용을 찾아볼 수 있다.

이제 우리는 감정 강화 전략을 다룰 때 항상 중요한 두 가지 주제를 고려해야 함을 알게 되었다. 첫째, 누구를 대상으로 하는가?, 둘째, 제품과 서비스를 통해 누구에게서 목표한 결과를 얻어야 하는가? 목표 그룹 간의 차이가 거의 없거나 미비할 때도 이 차이는 대체로 상상을 초월할 만큼 중요하다.

　지금까지 우리 뇌가 감정적으로 어떻게 작동하는지 살펴보았다. 다음 장에서는 이러한 지식을 실제 현장에서 적용해 볼 것이다.

제3장

Emotional Boosting

브랜드, 고객이 인식하는
내적 가치와 동기

제품과 브랜드에는 '내적 가치 구조'와 '동기 구조'가 있다. 내적 가치와 동기가 감정 강화 전략의 특성인 기능성, 독창성, 신화성, 신비성으로 구성된다는 점을 이해하면 감정적인 부가가치를 창출할 수 있다.

제2장에서 뇌의 구조와 작동 원리에 대해 알게 되었다면 제3장부터는 다음 단계로 넘어가 이 지식을 현장에서 실천하는 방법을 알아볼 예정이다.

먼저 제3장과 제4장의 연관성을 더 쉽게 이해하기 위해 잠시 상상력을 발휘해보자. 연극을 보기 위해 극장에 가려고 한다. 무엇을 기대하고 극장으로 향하는가? 크게 두 가지 차원의 기대가 있을 것이다. 하나는 등장인물, 줄거리, 극 주제와 같이 작가가 쓴 극 작품 자체에 대한 기대이고, 다른 하나는 연출에 대한 기대일 것이다. 연극을 좋아하는 사람이라면 알겠지만 같은 작품이라도 연출가에 따라 매우 다른 방식으로 극을 연출할 수 있다. 이 관점으로 제3장에서는 감정 강화 전략을 통해 제품이나 브랜드의 내적 감정적 특성과 구조를 강화하는 방법을 다룰 것이다.

이후 극을 연출하는 법, 즉 제품의 최고 품질을 보여주기 위해 제품을 어떻게 연출할 수 있는지를 논의할 것이다. 이러한 구분은 예술 이론에서도 볼 수 있다. 예술 작품은 항상 '인벤티오Inventio'와 '디세뇨disegno'로 구성된다. 인벤티오는 작품에서 중심이 되는 사상을 뜻하고 디세뇨는 이를 예술적으로 표현하는 방식을 의미한다. 즉 제4장에서 다루고자 하는 주제는 제품이나 브랜드의 인벤티오에 해당한다. 이미 알아차렸겠지만 나는 제품과 브랜드라는 용어를 구분하지 않고 사용한다. 물론 두 용어에는 분명한 차이가 있다. 제품 이미지는 소비자의 머리에 인식된 감정적·인지적 구조로 제품을 직접 경험하거나 광고를 통해 만들어지는 한편 브랜드는 제품 이상의 의미를 지니고, 한 브랜드에 여러 제품이 있을 수 있다. 그래도 모든 제품 이미지는 고급스러운, 핫한, 개성 있는 등의 특정한 감정을 제공하는데, 이를 제4장에서 다룰 것이다.

기능성 강화:
눈에 보이는 이익을 강조하여 강렬한 감정을 끌어내라

소파, 생명 보험, 전동 드릴, 스노보드, 고급 승용차, 디오더런트와 같은 특정 제품을 구매하는 이유가 무엇일까? 정답은 간단하다. 이 제품들은 항상 소비자에게 감정적 이점, 즉 '감정적 기본 가치'를 제공하기 때문이다. 소파는 편안함을 주고, 전동 드릴은 자기효능감을 높여주며 고급 승용차로는 권력과 지위를 과시할 수 있다.

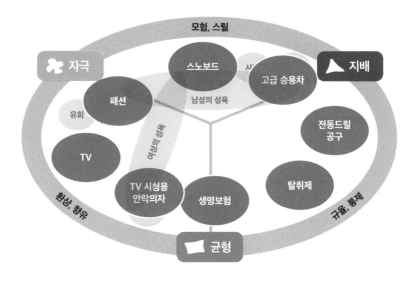

〈그림 3-1〉을 통해 쉽게 알 수 있듯 모든 제품은 제품에 내재된 기본 가치를 근거로 하여 Limbic® 맵에서 일정한 감정적 위치를 차지한다.

제품을 이용하는 이유가 일반적인 주요 이점 때문이라고 해서 제품을 '이성적'으로 이용한다고 볼 수는 없다. 제품의 기본 이점 역시 항상 감정적 근원을 갖기 때문이다. 우리는 '이성'과 '감정'을 서로 대립하는 개념으로 생각하는 경향이 있지만 실제로 우리 뇌에서 작동하는 이성의 궁극적인 목표는 '긍정적인 감정을 최대화하고 부정적인 감정은 최소화하며, 단기적, 중기적, 장기적으로 최상의 감정적 결과를 얻는 것'이다.

물론 기능적 목적에는 분명한 차이가 있다. 예를 들어 사용자의 자기효능감을 높이며, Limbic® 맵의 효율성 영역에 위치하는 망치와 톱은 각기 다른 방식으로 작동하며 서로 다른 상황에서 사용된다. 그렇지만 두 도구 모두 '효능감 증대'라는 공통된 기능을 통해 의미와 가치를 갖는다.

이제 여러분은 감성 강화 전략을 이렇게 기능성 차원에서 세울 수 있는지 관심이 생겼을 것이다.

동기와 감정은 어떻게 연결되어 있을까?

앞에서 우리는 제품 대부분이 특정 감정 영역과 연결되어 있다는 사실을 알게 되었다. 제품이라는 개념의 의미를 정확히 이해하기 위해 꼭 알아야 할 중요한 점이 하나 더 있다. 바로 한 제품이 다양한 감정 영역을 동시에 활성화할 수 있다는 사실이다. 이 점을 고려하며 '동기'라는 주제로 넘어가 보자. 동기는 정확히 무엇을 의미할까? 동기는 항상 감정 시스템에서 출발하여 제품에 도달한다. 감정 시스템에서 비롯한 생물학적 목표나 욕구를 제품이 충족시켜 줄 것이라고 기대하기 때문이다. 다시 말해 동기는 제품에 대해 감정 시스템에서 발생한 감정적 기대와 바람이다.

제품에 대한 주요 동기

제품에 대한 '주요 동기'를 이해하기 위해 일상에서 예시를 들어 보겠다. 제1장에서 언급한 '블링 H$_2$O'를 떠올려 보자. 이 브랜드는 일상에서 쉽게 접할 수 있는 물의 가치를 수만 배나 상승시켰다. 우리는 왜 생수를 구매할까? 생리학적 기본 욕구인 갈증을 해소하기 위해서다. 몸의 체액과 염분 균형이 맞지 않을 때 우리는 갈증을 느

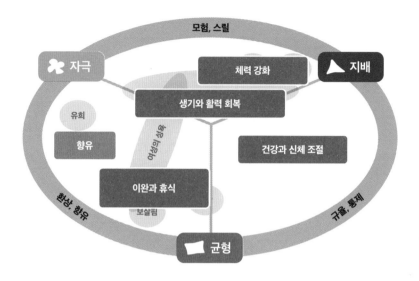

〈그림 3-2〉 생수에 대한 주요 동기

끈다. 하지만 모든 물이 갈증을 해소할 수 있으므로 이 이유만으로
는 생수의 가치 차이를 설명할 수 없다. 차이는 생리학적 동기에서
감정적 동기로 바뀔 때 발생한다. 생수에 대한 다양한 주요 동기는
주로 직접적인 기능에서 생겨났다. 물은 대부분 무난한 맛이 나기
때문에 물이 주는 쾌락의 욕구는 상대적으로 약하다(쾌락 동기). 우
리는 물을 마심으로써 마음과 몸을 조화롭게 하고 이완하기를 원
하며(이완 및 조화 동기), 생기와 활력을 얻고자 하고(활력 동기), 건
강을 챙기려고 노력한다(건강 동기). 또한 물을 통해 신체가 최고의
성능을 발휘하길 바란다(자양 강장 동기). 〈그림 3-2〉는 이러한 주요
동기가 Limbic® 맵에서 차지하는 특정한 자리를 보여준다.

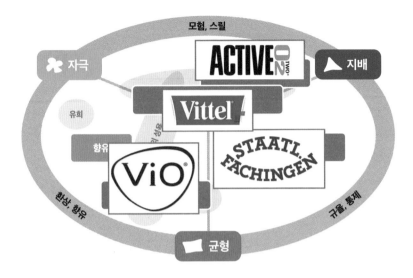

<그림 3-3> 생수 브랜드마다 다른 주요 동기

모험, 스릴

자극

지배

유희

향유

환상, 향유

규율, 통제

균형

사실상 물이라면 무엇이든 앞서 살펴본 여러 동기를 모두 충족시킬 수 있다. 이제 감정 강화 전략의 첫 단계가 등장할 차례다. 물에 대한 주요 동기 중 하나를 선택하고, 우리 회사가 특히 이 동기를 월등하게 충족시킨다고 광고하는 것이다.

이를 과학적으로 증명할 수 있다면 좋겠지만, 그렇지 않아도 크게 중요하지는 않다. 분명하게 능력을 주장하는 것만으로도 충분하다. 이는 모든 '브랜드 포지셔닝Brand Positioning'의 기초다. <그림 3-3>을 참고하여 유명 생수 브랜드가 어떤 주요 동기에 초점을 맞춰 소비자에게 브랜드를 각인시키는지(브랜드 포지셔닝) 살펴보자. 단지 물을 판매하면서도 각 생수 브랜드는 특별히 자신 있게 충족시킬 수 있는 주요 동기가 있다고 주장하며 감정 강화를 시도한다. 예를 들어 비오Vio는 '조화로움'과 부드러운 활력'을 약속하고 슈타틀리히 파힝엔Staatlich Fachingen은 '건강'을 보장한다. 비텔Vittel은 '생기/활력'에 초점을 맞추고, 액티브 O2Active O2는 '힘의 원천'으로서 신체의 최고 성능을 끌어낼 수 있다고 메시지를 전달한다.

〈그림 3-3〉에서 소개한 생수 브랜드들은 모두 비슷한 물을 판매하며 이 물들 중 어느 것에도 특별한 추가 성분이 들어 있지 않다는 점이 흥미롭다. 예를 들어 액티브 O2에 산소가 약간 함유되어 있긴 하지만 효과를 내기에는 미미한 양이다.

플라세보의 무의식적인 효과

이와 같은 마케팅은 허위 주장을 하는 것이니 사기라고 생각할 수도 있다. 방금 마신 물이 슈타틀리히 파힝엔인지 비오인지 모르면 수백 리터를 마셔도 건강이나 이완 상태에 차이를 느끼지 못할 것이다. 그러나 브랜드의 약속을 의식하며 마신다면 전반적인 인식이 변하게 된다. 예를 들어 슈타틀리히 파힝엔 덕분에 건강이 개선되었다고 느끼거나, 비오를 마시며 조화롭고 활기찬 생활을 할 수 있다고 느낄 것이다.

이 현상은 의학적으로 '플라세보 효과'라고 한다. 그리스어에서 유래한 '플라세보'라는 단어는 '내가 기쁘게 할 것이다' 또는 '내가 이롭게 할 것이다'라는 뜻이다. 플라세보는 실제로 아무런 작용 성분이 들어 있지 않지만 의사가 환자에게 치유를 약속하며 처방하는 약물이다. 그동안 수많은 실험에서 플라세보의 놀라운 효과를 입증했고, 그중에서도 환자의 의식뿐만 아니라 생리학적 변화까지 측정할 수 있었다는 사실이 매우 흥미롭다.

호흡량이 제한된 폐환자를 두 그룹을 나누어 수행한 실험이 있다. 한 그룹에는 호흡량 증가가 의학적으로 검증된 약물을 제공했고 한 그룹에는 작용 성분이 들지 않은 플라세보만 제공했다. 결과는 놀라웠다. 검증된 약물을 처방받은 환자들의 호흡량이 39% 증가했고 플라세보를 처방받은 환자들의 호흡량도 16%까지 증가했다. 고혈압이 있는 심장병 환자를 대상으로 한 비슷한 실험에서도 혈압약을 복용한 그룹은 혈압이 8% 감소했고 플라세보를 복용한 그룹은 4% 감소했다. 그 밖에도 많은 연구가 비슷한 결과를 도출했다. 이런 이유로 의료 윤리에서는 환자를 '속여도' 괜찮은지에 대한 논쟁이 끊이지 않는다. 플라세보 약물이 암시 효과를 통해서라도 긍정적인 경과를 낸다면, 그래도 거짓말이라고 봐야 할까?

실제로 두 제품 사이에 이미 객관적인 기능 차이가 있을 때, 한 제품의 기능을 추가로 강조하면 해당 제품에 대한 감정이 더욱 강화되곤 한다. 이에 대한 예를 함께 살펴보자.

기능을 강조한 예: 코어 비누

생필품 코너에서 비누를 고를 때 3천 원이면 모두가 알 만한 상표의 비누를 구매하여 손과 얼굴을 충분히 깨끗하게 씻을 수 있다. 그런데 같은 크기의 비누가 12만 원이나 하는 것을 상상할 수 있겠는가? 그저 평범한 비누 하나에 12만 원을 지불한다? 미국의 한 비누 회사가 출시한 '코어 비누'을 들어본 적이 없다면 이해하기 어려울 것이다. 이 비누 하나를 사려면 무려 12만 원을 지불해야 한다

(〈그림 3-4〉 참고).

이 제품이 미국에서 큰 인기를 끌고 비싸게 팔리는 이유가 궁금할 것이다. 그 이유는 '청결'이라는 기능적 관점의 주요 동기를 매우 강화하기 때문이다. 물론 일반 비누로도 청결을 유지할 수 있지만 광고에 따르면 최신 나노 기술을 기반으로 한 하이테크 제품인 코어 비누를 사용하면 더욱 근본적으로 씻을 수 있는데, 비누의 은 나노입자가 피부 깊숙이 침투하여 모공 내 노폐물을 씻어내고 모든 박테리아를 제거한다고 한다.

이 예시에서 볼 수 있듯 비누처럼 평범한 제품조차도 '청결'이라는 기능적 차원의 주요 동기를 최대로 강화하여 제품의 가격과 가치를 완전히 다른 차원으로 끌어올릴 수 있다. 제4장에서 자세히 다루겠지만, 제품을 적절히 연출하는 포장 등을 통해서도 기능적 주요 동기를 성공적으로 강화할 수 있다. 예를 들어 고객의 뇌에서 기능적 주요 동기는 항상 중요한 역할을 하기 때문에 "제품 X를 사용하면 새 옷처럼 하얘집니다!"와 같은 세제 제조업체의 기능 강화 전략은 진부해 보여도 여전히 통한다. 세탁 효능을 높이기 위해 사용한 성분이나 기술이 무엇이든 간에 제품의 기능을 강조하여 감정을 강화하는 방법은 무궁무진하다.

부가가치로 기능 강화하기 1: 니베아 디오더런트

기능적 동기를 좀 더 자세히 살펴보자. 기능을 강화하는 또 다른 전략은 부가가치를 통해 기능적 이점을 확장하는 것이다. 예를 들어 '남성용 체취 제거제'의 주요 기능적 이점은 불쾌한 냄새를 방지하고 조절하는 것이다. 이 동기는 Limbic® 맵의 '균형·조절' 영역

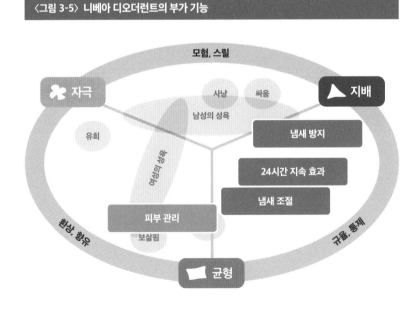

〈그림 3-5〉 니베아 디오더런트의 부가 기능

에 속한다. 24시간 동안 지속되는 효과나 효과를 기대하기 어려운 상황에서도 제품의 품질을 보장한다는 점을 강조함으로써 냄새 방지라는 제품의 주요 기능 강화 전략을 펼칠 수 있다. 그러나 주요 기능을 강조하는 데는 한계가 있기 때문에 주요 이점과 상관없는 기능적 부가가치를 제공해야 한다. 니베아의 남성용 디오더런트가 성공을 거둔 이유도 '불쾌한 냄새 방지'라는 기능뿐만 아니라 '민감한 겨드랑이 피부 관리'를 약속했기 때문이다. 니베아는 피부 관리라는 부가적 이점을 체취 제거제 카테고리에 도입함으로써 엄청난 감정적 가치를 창출했다. 〈그림 3-5〉는 니베아의 동기 구조를 보여준다.

부가가치로 기능 강화하기 2: 제옥스

개인위생을 충분히 다루었으니 이제는 신발 시장을 살펴보자. 여기서도 범주를 혁신적으로 결합하여 성공적으로 기능을 강화한 사례를 찾을 수 있다. 제옥스Geox 신발은 1995년 이탈리아에서 설립되어 오늘날 매출이 8억 유로를 넘어섰다. 대체로 신발은 두 가지 동기 구조에 기반한다. 하나는 이 장에서 나중에 살펴볼 유행에 관한 것이고, 다른 하나는 편안함, 착용감, 보호 및 스포츠 활동의 효율성 증대와 같은 기능적 동기다.

제옥스의 전략이 궁금해졌을 것이다. 제옥스의 창립자 마리오 모레티 폴레가토Mario Moretti Polegato는 신발 밑창에 작은 구멍을 내면 신발의 통기성을 개선하여 발의 체온을 적정 수준으로 유지할 수 있다는 사실을 우연히 발견하고는 여러 신발 제조업체에 이 아이

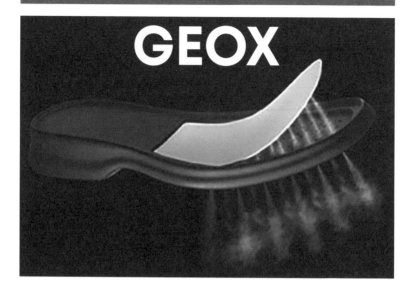

디어를 제안했지만 번번히 거절당해 결국에는 직접 신발을 만들기로 했다. 이후 제옥스 회사의 성장세를 봤을 때 이는 탁월한 결정이었다. 제옥스는 신발 밑창에서 '증기'가 뿜어져 나오는 생생한 이미지와 그 위에 "숨 쉬는 제옥스"라는 표어를 결합한 광고를 통해 제품의 기능을 명확하게 전달했다(〈그림 3-6〉 참고).

〈그림 3-6〉의 광고는 제품에 대한 두 가지 동기를 약속한다. 하나는 산뜻함과 편안함이고, 또 하나는 위생이다. "제옥스와 함께라면 땀 걱정은 이제 그만"이라는 문구가 조절·통제 및 안전에 대한 기대를 불러일으키기 때문이다. 이런 관점에서 제옥스는 단순한 패션 아이템이 아니라 발을 위한 위생 제품으로도 볼 수 있다. 이 예시는 혁신적인 부가가치가 종종 우연히 발생할 수도 있다는 것을

증명하는 동시에 사람이 이러한 우연에 조금 더 힘을 실을 수도 있음을 보여준다. 예를 들어 나는 워크숍에서 직원들이 제품 개발 과정에 직접 참여하면서 다양한 제품군의 다양한 동기를 체계적으로 연결해 보도록 독려한다.

휴대전화의 성공

코어 비누가 주요 이점을 기막히게 강조하여 성공한 것처럼 부가가치를 강조하는 상상력에도 한계가 없다. 휴대전화의 성공은 끝없이 펼쳐지는 부가가치의 무한한 가능성을 보여준다. 휴대폰의 주요 이점은 시간과 장소에 구애받지 않고 소통할 수 있다는 것이며, 이 사실은 지금도 마찬가지다. 이에 내재된 동기는 사회적 결속과

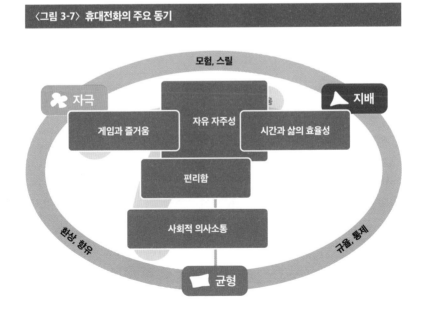

〈그림 3-7〉 휴대전화의 주요 동기

보살핌, 자주성, 편리함이다. 이 동기들만 결합해도 제품의 가치는 어마어마하게 상승한다. 오늘날 휴대전화의 다양한 기능을 살펴보자면 이점이 Limbic® 맵 전체를 덮고, 더 나아가 모든 기능이 대단히 강조되고 있다는 사실을 알 수 있다.

이미지 전송 속도는 더욱 빨라졌고 게임은 더 정교해졌으며 인터넷으로 누릴 수 있는 기능은 더 다양해졌다. 오늘날 휴대전화는 단순히 전화기의 기능만 수행하는 것이 아니라 카메라, 게임기, 노트북, 이동 사무실, 텔레비전 등의 역할을 하며 수많은 동기가 내재된 물체가 되었다. 이는 휴대폰의 높은 보급률과 중독적 의존도를 설명해 준다.

통제 동기를 강조하여 기능 강화하기

우리는 식품을 먹거나 몸에 바른다. 몸을 안전하고 건강하게 보호하는 일은 균형 체계의 중요한 과제 중 하나다. 생수 역시 식품 범주에 포함된다. 따라서 식품뿐만 아니라 색조 화장품이나 스킨케어 제품을 구매할 때 중요한 역할을 하는 동기는 생수를 구매할 때도 활성화된다. 식품에서, 특히 매일같이 먹는 주식에 대한 중요한 동기는 깨끗함과 안전이다. 아무도 몸에 해로운 음식을 원하지 않으며(회피 동기), 누구나 식품의 출처를 정확히 알고 싶어 한다. 두 가지 동기의 조합은 건강이라는 주요 동기와 밀접한 연관이 있지만 '나는 건강을 위해 무언가를 적극적으로 합니다'보다는 '나는 유해한 것을 섭취하지 않으려고 합니다' 또는 '나는 모든 불확실함을 피하고 싶습니다'라는 생각에 가깝다. 이러한 통제와 위생 동기는 〈그림 3-8〉과 같이 다양한 형태로 나타난다.

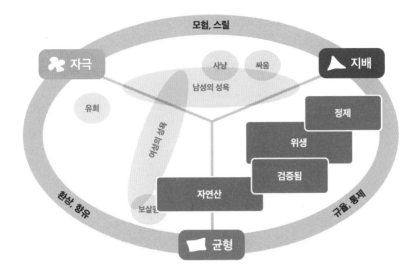

위생에도 여러 가지 형태가 있다. '자연적 깨끗함'은 예를 들어 '천 년 넘게 지하에서 보존된 알프스 산맥의 정수'를 의미하며, '검증된 깨끗함'은 'X 연구소에서 정기적으로 검사한 제품'을 가리킨다. 마지막으로 '정제된 깨끗함'은 말하자면 '인위적으로 정제'되었다는 뜻이며 예를 들어 '최첨단 방법으로 정제하고 정수한 물'을 말한다. 탄산수 세계에도 각 위생을 대표하는 주요 제품이 있다.

- 게롤슈타이너Gerolsteiner는 불칸아이펠Vulkan-Eiffel의 깊은 지하에서 추출한다: 자연적 순도
- 슈타틀리히 파힝엔은 정기적으로 수질 검사를 받는다: 검증된 순도
- 정확한 원산지가 없는 일반 생수인 코카콜라사의 보나카Bonaqa는 특

Bling H2O is bottled at the source in Dandridge, Tennessee. Our award winning natural spring water has won the gold medal for best tasting at the Berkeley Springs International Water Tasting Festival. We use a nine step purification process that includes ozone, ultraviolet, and micro-filtration. Our source is NSF certified to ensure quality.

NSF International, an independent, not-for-profit organization, helps protect you by certifying products and writing standards for food, water, air and consumer goods (www.nsf.org).

수 제조 및 처리 과정을 거친다: 정제된 순도

블링 H₂O의 광고 문구는 다양한 순도를 결합하여 부가적인 감정 가치를 최대치로 끌어올리는 방법을 보여준다. 이 문안에서 블링 H₂O는 테네시 산맥 깊은 곳에서 발원하고(자연적 순도), 더 나아가 아홉 단계의 추가 여과 과정을 거치며 오존과 자외선 처리를 받는다(〈그림 3-9〉 참고).

유기농 제품, '양의 탈을 쓴 늑대'

동기 심리학적으로 봤을 때 제품의 순도와 통제를 보장하는 것은 서로 밀접한 관련이 있다. 유기농 제품은 '자연적 순도'와 '검증된 순도'라는 두 가지 차원을 연결하고, '이상적이며 안전한 세상에 대한 소망'을 유발하는 보살핌 체계와 균형 체계를 활성화하며 감정을 더욱 강화한다. 유기농 제품의 감정 강화는 식품뿐만 아니라

'프로바이오틱(적당량을 섭취했을 때 이로움을 주는 균) 탐폰'과 같은 생활용품에서도 통한다(〈그림 3-10〉 참고). 이 탐폰은 '유기농'과 '통제'라는 동기를 통해 제품의 가치를 눈에 띄게 높였다.

　유기농 제품을 구매하는 사람은 사실상 "다른 사람이 독을 먹든 말든 나는 내 건강을 지킬 것이다"라는 신조를 따라 자신의 생존을 위한 이익을 추구한다. 하지만 유기농 제품에는 환경을 보호하고자 하는 이타적인 가치도 내재되어 있다. 유기농 제품의 주요 구매자로 꼽히는 로하스Lifestyles of Health and Sustainability, LOHAS(지속 가능하고 친환경적인 생활양식을 추구하는 것 – 옮긴이)족은 사실 이기적인 사람들일 수 있지만 유기농 제품의 이타주의적 가치를 통해 이기주의를 완벽히 숨길 수 있다.

혁신적 범주 결합으로 기능 강화하기

니베아의 디오더런트에서 '관리'라는 부가가치는 주요 동기와 상당한 관련이 있었다. 하지만 주요 동기와 '발 위생'이라는 부가가치가 서로 연관이 없었던 제옥스 신발처럼 주요 동기를 완전히 다른 부가가치 영역과 연결하는 방법으로도 큰 가치를 만들어 낼 수 있다. 평범한 부가가치 영역과 혁신적인 부가가치 영역 사이의 경계는 명확하지 않고 주관적이다. 제옥스 신발의 예가 여기에 해당한다.

지난 몇 년 사이 큰 성공을 거둔 유제품인 다논Danone의 악티멜 Actimel 또한 혁신적인 범주 조합의 대표적인 사례이다. 유제품은 일

〈그림 3-11〉 악티멜의 동기 구조

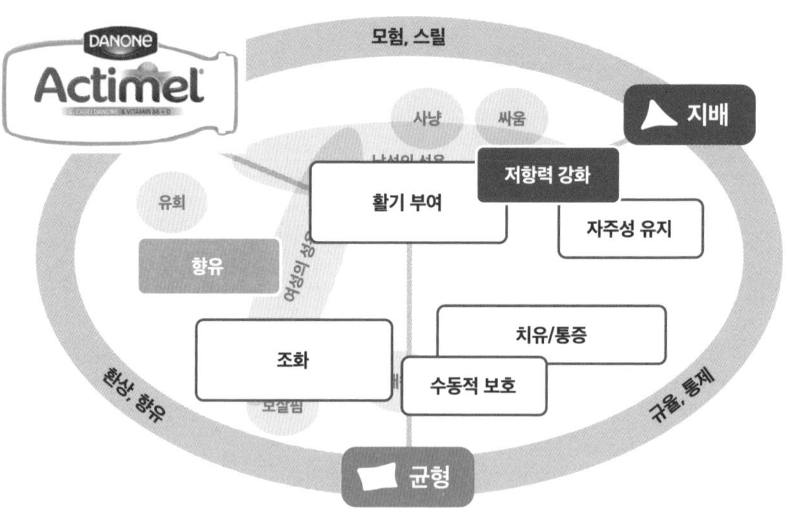

향유적 동기와 건강 동기의 결합

반적으로 주식으로 분류되며 생리적 에너지 공급 외에도 특별히 향유적 동기의 역할을 한다. 그렇다면 다논은 어떤 가치를 서로 결합했을까? 다논은 우유의 중요성 및 향유적 동기를 건강이라는 새로운 동기와 결합했고, 건강 범주 안에서도 특별히 '내면의 힘'를 강조했다. 〈그림 3-11〉에서 건강 동기의 전반적인 구조와 악티멜이 선택한 동기를 확인할 수 있다.

이후 악티멜은 건강 동기의 고전적 범주를 벗어나 더 이상 단순한 질병 예방이 아니라 스트레스를 받는 상황에서 발휘하는 '내면의 힘'을 내세워 제품의 이미지를 "견뎌내자Stay Strong"라는 구호로 표현했다.

최근에는 동기를 혁신적으로 조합한 제품이 많이 출시되고 있다. 그중 대표적으로 새로 등장한 '뉴트리코스메틱스Nutricosmetics'라는 새로운 제품 범주가 주목받고 있다. 전통적인 미용 제품이 피부에 직접 바르는 형태였다면 뉴트리코스메틱스 제품은 경구로 섭취하는 것이 특징이다. 그 예로는 오에비놀Oenobinol의 영양 보충제인 보디 셰이퍼Body Shaper가 있는데, 이 제품은 헬스장에서 힘들게 운동하지 않아도 늘어진 몸을 탄력 있는 완벽한 몸으로 바꿔주는 효과를 낸다고 광고한다.

지금까지 제품의 기능을 강조하여 감정적 주요 동기 구조를 강화하거나 확장하면 감정적 가치를 창출할 수 있다는 점을 살펴보았다. 그러나 소비자가 제품을 구매하는 이유는 단순히 제품이 필요하거나 감정적 이점 때문만은 아니다. 소비자에게는 제품이 가지는 사회적 소통의 매개체 역할도 중요하다. 특정 제품을 사용함으로써 사회적으로 메시지를 전달하거나 선언할 수 있기 때문이다. 제품의 가치를 높이는 사회적 상징 기능의 원리를 자세히 살펴보자.

독창성 강화:
지위와 개성에 대한 욕구를 충족시켜라

사회적 동물인 인간은 혼자서는 살아남을 수 없고, 타인과의 상호작용을 통해 '나'라는 정체성을 형성해 나가며 사회 규범에 순응하고 도덕적으로 행동하여 가족이나 관계 집단에서 안락함과 유대감을 찾는다. 이러한 공동체는 우리의 피난처 역할을 하기도 하는데, 공동체의 보호를 받기 위해서는 우리가 공동체의 일원이라는 점을 증명하고 보여줄 수 있어야 한다. 이때 뇌의 결합 시스템과 보살핌 시스템, 균형 시스템이 중요한 역할을 한다. 이와 동시에 사회적 공동체는 생물학에 기인한 또 다른 동력을 가진다. 바로 권력과 계층이다. 지위가 높으면 더 많은 자원과 성적 파트너에 접근하기 쉬워진다. 이러한 동력은 우리 뇌에도 지배 시스템 형태로 확실하게 존재한다. 세 번째로 중요한 사회적 동력은 타인과 구별되고 무리 안에서 눈에 띄는 독특한 개인이고자 하는 욕구다. 이는 우리 뇌가 새로운 것, 독특한 것을 찾으려고 하는 자극 시스템과 관련이 있다.

이 세 가지 사회적 목표이자 동력은 제2장에서 살펴본 감정 시스템 내에서 상호 대립하는 관계에 있다. 즉, 개인주의를 과도하게 추구하면 공동체의 화합을 방해하게 되고, 내면의 자아를 제멋대로

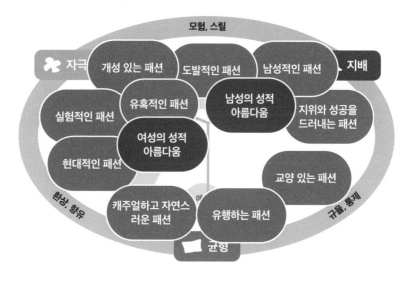

내버려두어 지위와 권력을 휘두르면 공동체의 조화를 깨뜨릴 수 있다. 소비재는 생활의 중요한 요소로써 사회적 메시지를 전달하는 수단이다. 우리는 소비재를 통해 자신의 태도나 가치관 등을 사회적으로 전달할 수 있고, 사회의 요구를 반영하기도 하며 본인이 원하거나 현재 속한 사회적 지위를 보여줄 수 있다.

특히 의복은 매우 중요한 의미를 지닌다. 의복을 통해 소속된 집단의 사회적 역할을 명확하게 나타낼 수 있기 때문이다. '일치·순응'과 '개성·지위' 사이의 긴장 관계는 그 어느 분야보다 패션에서 가장 뚜렷하게 관찰된다. 이 현상은 이미 백여 년 전 철학자이자 사회학자인 게오르크 지멜Georg Simmel이 『패션의 철학Die Philosophie der Mode』이라는 글에서 매우 상세하고 재미있게 묘사했다. 패션에서 드러나는 사회 현상을 가장 쉽게 이해하기 위해 Limbic® 맵을 함께 살펴보자. 패션의 주된 동력은 본질적으로 성적 욕망에 있다. 결국 우리는 패션을 통해 잠재적 성 파트너를 유혹하고, 타인에게 더 매력적으로 보이고자 한다. 〈그림 3-12〉는 주요 패션 스타일이 Limbic® 맵에서 어느 영역에 위치하는지 보여준다.

균형 시스템의 패션부터 알아보자. '유행하는 패션'이라는 개념이 보일 것이다. 어떤 패션을 의미할까? 의류 할인점에 대량으로 진열되어 있고, 거리에서도 쉽게 볼 수 있는 스타일이다. 깔끔하게 입고 싶지만 남의 눈에 띄고 싶지는 않은 소비자가 주로 찾는 패션이다.

다음으로 자극 체계를 따라가면 '현대적인 패션'이 등장한다. 이는 파리나 런던의 런웨이에서 영감을 받아 일상에 적용한 것으로, 새롭긴 하지만 완전히 생소한 패션은 아니다. 개성이 드러나고 독특하면서도 일반 대중에게 어느 정도 받아들여지는 스타일을 찾는 소비자가 선택하는 패션이다.

자극 시스템에는 주로 '평범하지 않은 패션'이 자리 잡고 있다. 이는 최신 유행 중이며 독특한 개성으로 주목받는 패션이다. 하지만 대중에게 외면받는 일이 흔해서 이러한 패션을 소화하려면 용기가 필요하다. 눈에 띄고 싶은 사람은 한 단계 더 나아가 모험 영역에 놓인 '도발적인 패션'을 시도해 볼 수 있다.

다음으로 지배 시스템의 패션은 '성공과 지위의 아름다움'이 특징이다. 남성이라면 비싼 정장과 명품 넥타이, 여성이라면 고급스러운 디자인의 명품 액세서리가 이에 해당한다. 이 영역의 패션은 '지위가 높고 권력 있는 사람으로 인정받고 싶은 욕구'를 사회적

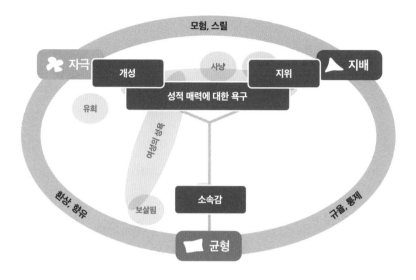

〈그림 3-13〉사회적으로 구별되고자 하는 동기

모험, 스릴

자극

개성

사냥

지위

지배

성적 매력에 대한 욕구

유희

성적 매력

소속감

환상, 향유

보살핌

규율, 통제

균형

으로 표현한다. 또한 이 패션을 선호하는 사람은 패션에 대한 지식이 깊고, 세세한 부분에 주의를 기울여 자신의 지위를 드러내기도 한다.

마지막으로 '품위 있는 아름다움'이 남았다. 이 패션은 자신의 지위를 표현하면서도 사회 규범에 순응하는 면을 동시에 보여준다. 주로 교회나 결혼식 같은 행사에서 볼 수 있고 복장에는 특정한 규정이 있다.

유행하는 패션은 대체로 어디에서든 쉽게 구매할 수 있기 때문에 유행을 따르면서도 개성과 지위를 드러내는 제품이 높은 가치를 가진다. 당연히 경쟁력 있고 독특한 제품일수록 가격이 상승한다. 패션을 예로 들어 동기의 미묘한 차이를 살펴보았는데 동기는 더 넓은 범위에서 차별화될 수도 있다. 또한 〈그림 3-13〉을 보면 패션의 주요 동력인 성적 매력에 대한 욕구 외에도 다른 중요한 사회적 동기들이 있음을 확인할 수 있다.

지위와 독점에 대한 약속

지위와 명성에 대한 욕구는 우리의 지배 시스템에서 비롯하며 다른 감정 시스템이 그렇듯 만족 상태에 이를 수 없다. 지위와 명성을 추구하는 전략에 특히 민감한 Limbic® 유형은 당연히 성과형 소비자다. 이들은 한 계단 올라가면 이미 다음 단계를 생각하기 시작한다. 보스Boss 정장에 익숙해지면 곧 브리오니Brioni 맞춤 정장이 눈에 들어오고, 이후에는 맞춤 재단사를 찾게 된다. 더 높이 올라가고 싶은 사람일수록 자신만 누릴 수 있는 독특함을 추구하고, 독특함에 대한 기대가 높아질수록 더 많은 비용을 지불하려고 한다(〈그림 3-14〉 참고).

시계 시장이 이에 대한 좋은 예다. 기본 기능을 모두 갖춘 일반 시계, 또는 '컴플리케이션' 시계는 7만 원에도 구매할 수 있다(시계 장인이 말하는 컴플리케이션complication은 어려움이나 문제가 아니라 시계의 가치를 높이는 추가 기능을 의미한다!). 하지만 기능에 큰 차이가 없는데도 약 11억 원에 이르는 시계가 있다. 7만 원짜리 시계는 백화점에 대량으로 진열되어 소비자가 마음껏 구경하고 구매할 수 있다면, 고급 시계를 얻는 과정은 길고 까다롭다. 오직 까다로운 자격 기준을 통과한 보석상만이 고급 시계 브랜드를 취급할 수 있다. 이것이 독점성이 높은 제품의 첫 번째 장벽이다. 엄선된 보석상은 해당 브랜드에서 철저히 제한된 수량만 할당받는다. 3,000만 원짜리

상태·지위 강화의 등급

소시민을 위한 최하위 등급: 아폴리나리스, 페리에, 산펠레그리노, 달마이어Dallmayr 커피, 린트Lindt 초콜릿

중간 등급: 보스 생수, 보스 양복, 아우디, 메르세데스 벤츠

상위 등급: 브리오니, 포르쉐, 페라리, 롤렉스

슈퍼 프리미엄 클래스: 롤스로이스, 벤틀리, 개인용 비행기, 초대형·초호화 요트

〈그림 3-14〉 지위와 독점성을 강조하는 독창성 강화

'입문자용 시계'의 수량도 계획적으로 제한되어 있는데 11억 원이나 하는 시계는 어떻게 손에 넣을 수 있을까? 돈이 있다고 구매할 수 있을까?

절대 그렇지 않다. 이렇게 비싼 '슈퍼 시계'를 얻기 위해서는 우선 시계 제조사에 직접 지원해야 한다. 그러면 시계 제조사는 미래의 시계 소유자의 계층이 시계를 소유하기에 합당한지 확인한다.

돈이 많아도 교양이 없는 소시민은 시계를 구매할 기회를 얻지 못한다. 검증에 통과하더라도 주문 후 오랜 기간 기다려야 한다. 독점성은 제작 과정에서도 엄격하게 지켜진다. 기계(대량)가 아닌 최고의 시계 장인이 수작업으로 제작(독점성)하기 때문이다.

그렇다면 초호화 명품을 위해서는 기능 강화 전략이 필요 없을까? 당연히 필요하다. 시계 제작에 들어가는 재료는 최상의 품질을 자랑하며 여러 세대를 거쳐도 신뢰할 수 있는 내구성을 갖췄다(최상의 기능 강화). 정밀한 부품들은 독특하게 조화를 이루고 시계 장인이 열정과 경험을 모두 담아 수작업으로 제작한다.

제품의 상태를 강화함으로써 가치를 향상시킬 수도 있지만 기본적으로 기능 차원의 강화가 밑바탕이 되어야 한다. 지위 강화는 전문 지식과 깊은 관련이 있다. 초호화 제품의 소유자는 자신에게 어울리는 수준이라고 주장하거나 자랑할 수 있는 특별한 지식을 원한다. 따라서 회사나 서비스 제공자는 소비자에게 브랜드나 서비스와 관련한 넓은 지식을 자랑스럽게 전달해야 한다.

예를 들어 비싼 와인을 제공할 때 '어떤 양조사가 어디서 어떤 포도로 어떻게 재배했는지' 소개하며 와인을 더 값지게 연출할 수 있듯 시계 마케팅에도 '어떤 부품을 사용하여 어떤 기계적 원리로 얼마나 정확하게 시계를 만들었는지' 보여줘야 한다. 이때 제품의 기능이나 상태를 신화적 요소를 포함한 이야기 사연으로 소개하는 것이 중요하다(이 원칙에 대해서는 곧 다룰 예정이다). 제품의 상태·지위 강화는 다양한 방식으로 진행될 수 있다.

〈그림 3-15〉 독창성 강화

450그램에 약 23만 원

개성과 비순응성에 대한 약속

인간은 공동체의 일원으로 존재하면서도 동시에 그 안에서 존재감을 유지하고 싶어 한다. 조화형·전통형·규율형 소비자가 사회 규범에 쉽게 순응하는 것에 비해 쾌락형·모험형 소비자는 자신만의 독특한 방식을 추구한다. 이들은 다른 사람, 특히 대중과 차별되는 존재감을 갖고자 하며, 평범함에서 벗어나 신제품을 제일 먼저 발견하고 사용하길 원한다. 그들이 사용하는 독창적이고 이색적인 제품을 통해 개성과 비순응성이 드러난다. 대다수가 윈도 노트북을 사용할 때 그들은 애플 컴퓨터로 자신의 독특함을 표현하고, 대중이 평범한 생수를 마실 때 그들은 이국적인 브랜드의 피지 워터 Fiji Water를 마시며 개성을 추구하는 욕구를 보여 준다. 개성을 드러내는 도발적인 방식은 끝이 아니다. 대부분의 사람들이 네스 카페 커피를 마실 때 실험적인 개성파들은 루왁 커피Kopi Luwak로 자신의 독특함을 드러낸다(〈그림 3-15〉 참고). 가격도 만만치 않다. 이 이국적인 커피는 450그램에 약 23만 원이나 한다. 도대체 어떤 커피길래 이렇게 비싼 것일까?

'무상 루왁Musang Luwak'(현지어로는 '무상 빤단Musang Pandan')은 루왁 커피 제조 과정에 참여하는 아시아 사향 고양이를 가리킨다.

'루왁'은 인도네시아어로 '아시아 사향고양이'를 뜻하는 단어다. 루왁 커피는 '식욕을 돋우는' 방식으로 만들어진다. 진정한 미식가인 루왁 고양이가 밤에 커피 농장을 살금살금 돌면서 가장 잘 익은 최고의 커피 열매만 골라 먹는다. 이 열매는 루왁의 위장에서 발효된 후 배설된다. 이렇게 자연의 과정을 거쳐 생산된 커피는 매우 번거로운 과정을 거쳐 채집되며, 전 세계의 개성주의자에게 판매된다. 개성주의자들은 특별하고 신선한 경험을 높이 평가하며, 이러한 경험을 위해 높은 금액을 지불하는 것을 마다하지 않는다.

블링 H_2O의 가치가 어마어마하게 상승한 것도 대부분 개성을 추구하는 욕구에서 기인한다. 이 브랜드는 한 할리우드 관계자가 만들었고 할리우드 스타들을 통해 시장에 소개되었다(대개 연예인은 확실한 개성주의자다). 이후 스타를 모방하는 개성주의자들이 흔쾌히 이 생수를 소비했다. 지위를 나타내는 제품에도 등급이 있는 것처럼 개성을 표현하는 제품에도 등급이 존재한다.

개성을 드러내는 제품이 지위를 드러내는 제품과 달리 극단적으로 비싸지 않은 이유가 궁금할 것이다. 그 이유는 간단하다. 개성주

개성주의 제품의 등급
소시민을 위한 최하위 등급: 아프리콜라Afri-Cola, 비오네이드Bionade, 골루아즈Gauloises 담배, 럭키 스트라이크Lucky Strike 담배, 이케아Ikea
중간 등급: 알레시Alessi 생활용품 브랜드, 애플의 아이폰, 피지 워터, 몰스킨Moleskine
상위 등급: 돌체 앤 가바나Dolce & Gabbana, 베르사체Versace, 미니Mini
최상위 등급: 블링 H_2O, 루왁 커피

의는 빠르게 변한다는 특성이 있기 때문이다. 소비자의 지위를 보여주는 제품들은 오랫동안 인기를 유지하지만, 개성을 표현하는 제품들은 유행의 흐름에 따라 빠르게 가치를 잃어버린다. 다시 말해 지위를 나타내는 제품들은 오랫동안 감정적 가치를 지니는 반면 개성주의 제품은 매우 짧은 유효기간을 가진다.

성적 매력에 대한 욕구

개성과 지위에 대한 욕구의 공통점은 둘 다 항상 성적 요소를 포함한다는 점이다. 여성에게는 지위가 높은 남성이 더 매력적으로 느껴지고 남성에게는 '특별한 스타일'의 여성이 관심을 끈다. 특히 의류나 화장품 광고가 성적 매력을 매우 강조한다. 어떤 방식일까? 또 성적 매력을 강조하는 제품이 잘 팔린다는 사람도 있고 그렇지 않다는 사람도 있다. 누구의 말이 맞을까?

나는 둘 다 옳다고 생각한다. 어떤 제품이, 특히 어떤 목표 그룹을 대상으로 성적 매력을 암시하냐에 따라 답이 달라진다. 예를 들

다른 남자들이 노력할 때 진정한 남자는 즐길 뿐이라는 문안을 내세웠다.

어 류머티즘 연고를 광고하면서 성적 매력을 약속한다면 큰 효과
를 기대하기 어렵지만 젊은 남성용 디오더런트라면 결과가 완전히
달라질 것이다. 테스토스테론이 많이 분비되는 젊은 남성 소비자는
성을 다르게 인식하기 때문이다. 한 연구에 따르면 젊은 남성은 52
초마다 성관계를 생각한다고 한다. 그래서 이들에게는 성에 관한
기대감을 이용한 마케팅 전략이 잘 통할 수밖에 없다. 브루노 바나
니Bruno Banani의 남성 향수 광고가 그 예시다.

　젊은 남성에게는 비교적 쉽고 간단한 방법이 통하지만 젊은 여
성의 경우는 조금 다르다. 여성에게 성적 매력은 외모와 더 깊은 연
관이 있다. 예를 들어 여성 향수 광고에는 남성이 거의 등장하지 않
는다. 대신 항상 아름답고 유혹적인 여성이 나온다. 성적 매력을 약
속하는 광고의 효과는 제품의 카테고리에 따라 달라진다.

패션, 색조 화장, 향수, 도수가 높은 주류 제품은 성적 매력을 강조하면 효과를 볼 수 있지만 건강 제품이나 가정용 제품의 경우 효과가 크게 떨어진다. 설거지나 정원의 울타리를 손보는 일이 성관계와 직접 연결되기는 어렵기 때문이다.

기능 차원의 동기 구조는 대체로 눈에 보이고 측정할 수도 있지만 독창성에 기반한 동기 구조는 눈에 보이지 않는 감각적 가치를 강조한다. 그러나 무형의 감각적 가치에도 무궁무진한 가능성이 있다. 오늘날 우리 세계는 세계화를 겪으며 경쟁과 눈에 보이는 수치에 따라 겉으로 보이는 합리성의 지배를 받지만, 동시에 점점 더 많은 소비자는 생명의 의미를 찾으며 상상력을 추구하고 아름다워 보이는 세계의 이면을 보고자 한다. 또, 두려움을 불러일으키는 불확실한 미래로 떠밀려 가며 과거에서 안정감과 안락함을 찾으려고 한다. 모든 것을 계산할 수는 있지만, 무엇을 해야 할지에 대한 해답을 주지 않는 과학의 세상에서 소비자는 일상의 의미와 가치를 찾으려 노력한다.

신화성 강화:
사연을 좋아하는 고객의 뇌를 자극하라

신화와 이야기는 우리의 일상에 중요한 의미를 부여한다. 신화나 이야기가 없는 종교는 허무하고 무의미하다. 서양 소비자들은 종교에서뿐만 아니라 소비 생활에서도 의미를 찾기 시작했다. 철학자 발터 베냐민Walter Benjamin의 말을 인용하자면 소비는 이미 '대체

종교'가 되었다. 다시 말해 제품은 '의미 부여자'이며 '의미 전달자' 역할을 한다. 우리의 뇌, 특히 감정을 조절하는 대뇌는 우리 일상 속 개인적 경험과 문화적 유산의 이미지 및 이야기를 현재의 경험 또는 체험과 연결하여 전체적인 의미를 만들려고 시도한다.(인간의 뇌가 이야기를 좋아하는 이유에 대해 더 알고 싶다면 베르너 푹스Werner Fuchs 박사의 책 『왜 뇌는 이야기를 좋아하는가Warum das Gehirn Geschichten liebt』와 푹스 박사의 홈페이지 www.propeller.ch에서 자세한 정보를 얻을 수 있다).

인간의 대뇌는 고도로 발달하여 다른 포유류에 비해 복잡한 사고가 가능할 뿐만 아니라 완전히 다른 시간 개념을 갖게 되었다. 우리가 역사라고 하는 것은 시간 순서대로 정렬하고 연도로 표시한 시간을 의미한다. 시간을 거슬러 올라가다 보면 언젠가는 역사가 끊기는 순간이 있다. 더 이상 자료가 없기 때문이다. 여기서 신화가 시작된다. 신화는 우리가 사는 세계를 설명하며 어느 정도의 진실성을 갖기도 하지만 근본적으로 상상력과 허구에서 출발한다. 신화 다음으로 구전 동화가 등장한다. 진실이 아니라는 것을 알면서도 흥미롭게 듣는다.

실제 역사든 신화든 구전 동화든 감정을 자극할 때 우리는 관심을 갖는다. 좋은 이야기는 감정을 자극하고 의미를 부여하며 원형 이미지를 활성화한다. 천국이나 지옥, 낙원을 떠올려 보면 쉽게 이해할 수 있다. 또, 신화 속 주인공들은 종종 인간의 깊은 심리를 반영하여 악당이나 선한 영웅, 자애로운 어머니와 같은 존재로 나타나며, 때로는 억압받는 사람, 때로는 마침내 빛나는 승리를 거두는 역할로 등장한다. 이러한 다양한 모습은 감정적인 신화의 전형적인 역할을 담당한다.

제품과 브랜드에 관한 크고 작은 이야기는 감정 강화 전략에서도 매우 중요하다. 이야기는 제품에 의미를 부여하고, 그 의미는 가치를 창출한다. 스토리텔링을 통해 제품의 판매 가격을 30%에서 3만%까지 올릴 수 있다는 사실이 많은 연구를 통해 증명되었다. 제품을 설명하는 이야기는 진실일 때도 있고, 꾸며진 이야기일 때도 있고, 때로는 순전히 거짓일 때도 있다. 거짓이라 하더라도 좋은 이야기가 제품의 가치를 얼마나 높일 수 있는지 예를 통해 살펴보자.

제퍼슨 대통령의 와인

1985년 12월 크리스티 경매장에서 오래된 와인 네 병이 경매에 부쳐졌다. 구체적으로는 1784년에서 1787년 사이에 생산된 샤토 라피트Château Lafitte, 샤토 브란 무통Château Branne-Mouton, 샤토 마고Château Margaux, 샤토 디켐Château d'Yquem이었다. 한 병당 약 20만 달러에 팔렸다. 구매자 중에는 경제지《포브스Forbes》의 발행인인 맬컴 포브스Malcom Forbes도 있었다. 이야기를 좀 더 깊게 들여다보자. 고급 와인 세계의 유명 인사였던 경매를 맡은 와인 전문가가 네 와인은 절대적으로 신뢰할 수 있는 출처를 가지고 있으며, 고대 파리에서 지하 창고로 쓰인 곳에서 발굴되었다고 소개했다. 이 설명만으로도 당시 더 이상 마실 수 없다고 여겨졌던 샤토 라피트는 엄청난 가격으로 팔릴 수 있었다. 하지만 와인에 담긴 이야기는 아직 끝나지 않았다. 와인병에는 'Th. J'라는 알파벳이 새겨져 있었다. 〈그림 3-17〉에서 '귀중한' 네 병 중 한 병을 볼 수 있다.

영업 수완이 뛰어났던 와인 판매자에 따르면 이 와인은 당시

세계에서 가장 비싼 와인

대통령이자 미국 건국의 아버지 중 한 명인 토머스 제퍼슨Thomas Jefferson을 위해 특별히 제조되었는데 제퍼슨 대통령이 유럽 여행 중 선물로 받았지만 어떤 이유에서건 잃어버렸다고 한다. 이 사연이 와인과 관련된 이야기의 전부다.

미국의 억만장자 윌리엄 코크William Koch의 의심이 아니었더라면 경매에서 보물을 낙찰받았다고 기뻐했던 구매자들은 지금까지도 행복하게 지냈을 것이다. 코크는 낙찰받은 와인병을 FBI에 제출하여 분석을 요청했다. 이후 와인 네 병에 얽힌 이야기 모두 뻔뻔한 거짓말이었음이 밝혀졌다.

구매자들은 어째서 이렇게 큰돈을 들여 와인을 구매했을까? 첫째, 독특성에서 이 보다 뛰어난 와인은 없었다(독창성 강화). 둘째, 제퍼슨 대통령과 관련된 이야기가 와인의 독특성을 더욱 감정적으로 강화했다. 실제로 누구도 가지지 못한 것을 소유하고 존경 어린 타인의 시선을 받고자 하는 욕구로 예술품을 사들이는 부자들이 많다. 작품은 예술가의 상상력과 작품에 얽힌 이야기를 통해 가치를 부여받는다. 이와 관련한 예를 몇 가지 더 살펴보자.

라 메르 크림의 탄생 비화

화장품 회사 에스티 로더Estée Lauder에 라 메르La Mer라는 스킨케어 제품이 있다. 이 주름 개선 크림은 작은 병 하나에 가격이 수십 만 원을 호가한다. 이 제품을 이렇게 비싸게 만드는 요인은 무엇일까? 단순히 제품의 효능 때문일까?

물론 효과가 있을 수도 있지만 여느 주름 개선 크림과 마찬가지로 극적인 효과를 기대하긴 어렵다. 만약 엄청난 효과가 있다면 의약품으로 분류되어 엄격한 검사를 받아야 한다. 라 메르 크림의 가치를 높인 요인은 제품의 '발명' 과정에 얽힌 이야기다. 제품의 창조 신화를 대략 설명하자면 미국의 화학자 맥스 휴버 박사가 수년 전 로켓의 새 연료를 개발하던 중 실험이 실패하여 혼합물이 폭발했고, 그 사고로 박사의 얼굴에는 깊은 흉터가 생겼다. 이후 자신의 흉터를 치료하기 위해 연구를 시작한 박사는 주름과 흉터를 없앨 수 있는 성분을 찾아냈다고 한다. 캘리포니아 해안가에서 특별한 효능을 가진 성분을 함유한 해조류를 발견했고, 이 성분을 특정 파장의 소리에 장기간 노출하면 효과가 더욱 커진다는 사실을 우연히 알게 되었다.

물론 모든 신화가 그렇듯 성분을 강화하는 과정은 철저한 비밀이다. 소비자에게는 과정보다 결과가 중요하다. 크림이 마치 젊음

의 원천이기라도 한 것처럼 마법의 크림을 바르고 박사의 흉터는 말끔히 사라졌다고 한다. 구매자는 크림을 바를 때마다 이 아름다운 이야기를 떠올릴 것이고 더 큰 기대를 하며 더욱 성심껏 바르게 될 것이다. 이제 다음 이야기로 넘어가 보자.

예술가의 노트 몰스킨에 담긴 이야기

문구점에서 A5 크기의 200페이지짜리 노트를 구매하려면 디자인에 따라 다르겠지만 약 8,000원만 지불하면 될 것이다. 이 가격대의 노트를 진열해 둔 곳에서 몇 걸음 지나면 몰스킨 노트를 따로 진열해 놓은 매대를 볼 수 있다. 여기서 비슷한 크기의 노트 하나를 골라 계산대에 서면 약 4만 원을 지불해야 한다. 같은 기능을 수행하는 노트 사이에 가격 차이가 거의 다섯 배나 난다. (실제로는 존재하지 않는) 경제적 합리성에 대해 또 한 번 의문이 든다. 일반 노트보다 훨씬 비싼데도 몰스킨을 쓰는 소비자가 많은 이유는 무엇일까? 답은 아주 간단하다. 다른 평범한 노트에는 없는 이야기가 몰스킨에는 있기 때문이다. 몰스킨의 이야기를 함께 살펴보자.

몰스킨은 지난 두 세기 동안 유럽의 예술가와 지식인 사이에서 전설로 알려진 노트였습니다. 이후 영국 작가이자 세계를 여행하던 방랑자로 유명한 브루스 채드윈Bruce Chatwin이 명맥을 이어갔습니다. 채드윈은 몰스킨 노트 없이 여행을 떠나는 법이 없었습니다. 몰스킨은 약 200년 전부터 존재했다고 전해집니다. 1960년대에서 1980년대까지는 인기가 별로 없었지만 현재 다시 큰 사랑을 받고 있습니다. 어니스트 헤밍웨이Ernest Hemingway, 루이페르디낭 셀린Louis-Ferdinand Céline, 파블로 피카소Pablo Picasso, 앙리 마티스Henri Matisse와 같은 유명 인사가 사용했다고 전해지기도 합니다. 특히 루이스 세풀베다Luis Sepúlveda와 브루스 채드윈이 몰스킨의 소박한 우아함을 아꼈다는 사실은 널리 알려져 있습니다.

제퍼슨 대통령의 와인이 높은 독특성을 자랑했다면 몰스킨은 소비자에게 개성과 지성을 부여한다. 얼마 전 유명 잡지 기자와 소비의 무의식적 메커니즘에 관해 인터뷰했다. 그는 "소비자가 이렇게나 비이성적으로 소비한다는 것을 상상도 못 했어요. 그래도 저는 그렇지 않을걸요?"라고 인터뷰를 마무리했는데 이 기자는 자신의 메모를 어디에 기록했을까? 바로 몰스킨 노트였다!

블링 H$_2$O에 담긴 이야기

우리의 단골 예시 블링 H$_2$O에도 역시 개발 과정과 독특한 가치를 강조하는 사연이 있다. 다음은 〈그림 3-19〉에 있는 광고 문안을 우리말로 옮긴 것이다.

"블링 H_2O는 할리우드의 작가이자 프로듀서인 케빈 G. 보이드Kevin G. Boyd의 아이디어로 탄생했습니다. 그는 이미지가 가장 중요한 할리우드의 여러 스튜디오에서 작업하며 생수 하나로도 자신의 정체성을 드러내려는 스타들을 자주 만났고, 물병이 정체성을 표현하는 수단이 될 수 있다는 사실을 깨달았습니다. 하지만 물병 디자인이 아무리 독특하고, 생산지가 이국적이라고 하더라도 할리우드 스타의 개성을 제대로 드러는 브랜드는 없었습니다. 바로 이 고민에서 블링 H_2O가 만들어졌습니다. 우리의 목표는 뛰어난 디자인의 생수병과 그에 어울리는 품질의 물을 제공하는 것입니다. 성장하고 있는 프리미엄 소비자 시장을 대상으로 롤스로이스에 버금가는 최고급 크리스털 물병을 제작했습니다. 초기에는 운동선수와 배우 중에서 엄선한 고객에게만 제품을 소개했고, 지금은 설레는 마음으로 시장의 범위를 점점 확장하고 있습니다. 블링 H_2O는 최근 MTV 비디오 뮤직 어워드와 텔레비전의 가장 큰 행사인 에미상에서도 소개되었습니다. 블링 H_2O는 대중문화의 정수를 담고 있지만 결코 모든 사람을 위한 제품은 아닙니다. 따라서, 당신에게 질문하겠습니다. "당신은 블링하십니까?"

이야기는 제품에 깊은 감정적 가치를 부여한다. 하지만 제품은 단순히 수동적으로 가치를 부여받는 데서 그치지 않고, 반대로 구매자 또는 소비자에게 영향을 끼치기도 한다. 이 내용을 기억하면서 신비성 강화로 넘어가 보자.

OUR STORY
Bling H2O is the inspiration of Kevin G. Boyd, Hollywood writer-producer. While working on various studio lots where image is of the utmost importance he noticed that you could tell a lot about a person by the bottled water they carried. In Hollywood it seemed as if people flaunted their bottled water like it was part of their presentation. Whether the bottles had a cool shape or came from an exotic island, none truly made that defining statement. Bling H2O was fashioned to make that defining statement. Our mission is to offer a product with an exquisite face to match our exquisite taste. Our product is strategically positioned to target the expanding super-luxury consumer market. It's couture water that makes an announcement like a Rolls Royce Phantom... the "Cristal" of bottled water. Initially introduced to hand-selected athletes and actors, we are now excitedly expanding our availability. Bling H2O has been featured at many recent celebrity events including the MTV Video Music Awards and television's biggest event, The Emmys. Bling H2O is pop-culture in a bottle. But it's not for everyone, just those that Bling. So the question is:
Do You Bling?

신비성 강화:
사물이 지닌 마력을 강조하라

우리는 어떤 종교적인 사물에 신비한 힘이 깃들어 있다고 믿는 사람들을 비웃으면서도 자기 맹목성에 빠져서는 우리 스스로가 구매한 제품 중에도 주술적 특징을 가진 제품이 많다는 사실을 인식 못 하는 경우가 많다. 주술적 특징은 제품이 객관적 특성으로 갖지 않는 의미와 효능을 우리가 직접 부여할 때 만들어지고, 그 의미와 효능에 끌려 소비자는 많은 돈을 지불하기도 한다.

제품의 영향은 단순히 외적인 부분에만 국한되지 않고 구매자의 내면에도 작용하며 구매 후에도 큰 영향을 끼친다. 예를 들어 몰스킨 노트를 사용하는 사람은 몰스킨을 통해 자신의 지적인 면모를 겉으로 드러내는 동시에 자기 자신에 대한 인식과 정체성을 다시 찾기도 한다. 몰스킨 구매자는 자신을 창의적인 지식인이라고 여긴다. 벤츠 S 클래스를 소유한 사람은 단순히 자신의 지위만 과시하는 것이 아니다. 이 제품을 통해 자신감을 얻고 성취감을 느낀다. 나이키나 아디다스와 같은 고가의 운동화를 구매하는 사람은 마치 올림픽 우승자나 세계 챔피언의 우월함을 함께 구매하는 것만 같은 기분을 누린다.

이러한 원리로 소비자에게 주술적 기능을 하는 제품이 많다. 주물呪物을 뜻하는 '페티시fetish'라는 단어는 라틴어 'Factitius'에서 유래했으며 '인공적으로 만들어진'이라는 뜻이다. 원래 이 단어는 금송아지와 같이 사람의 손으로 만들어지고, 신의 위치에서 숭배받던 신성한 물건을 가리키는 말이었다. 신성한 사물은 사람들에게 믿음과 확신을 줬다. 이후 이 단어는 포르투갈로 전해졌고 선원들은 'feitico'라는 단어로 바꾸어 사용했다. 그들은 서아프리카 원주민이 나무, 천, 조개, 오래된 식기로 물건을 만들어 숭배하고 보존하며 영험한 힘이 있다고 믿는 것을 비웃었고 여행기에 기록했다. 하지만 그들조차 포르투갈 돌아와 고국의 땅을 밟자마자 교회로 달려가 그리스도의 몸을 상징하는 성체를 받고 성유물 앞에서 무사 귀환에 대해 감사 기도를 드렸다!

시간이 흐르면서 'feitico'는 페티시라는 단어로 바뀌었다. 서양 문화에서는 많은 제품이 주물의 역할을 대신한다. 사람들은 단순히 제품을 구매하는 것이 아니라 광고와 그 안에 담긴 엄청난 이야기를 통해 제품에 연결된 '마법의 힘'도 함께 구매한다. 제품이 가진 마법의 힘은 젊음과 아름다움, 지위와 건강 또는 행복을 약속하며 "레드불이 날개를 펼쳐줘요"나 "볼빅, 화산의 힘"과 같이 전면에

드러날 수도 있고, 몰스킨이나 벤츠처럼 암묵적일 때도 있다. 특히 지위와 개성이 집중적으로 강화된 제품은 항상 주술적 특징을 강하게 띠며 구매자에게 신비로운 힘을 부여한다.

제4장

디자인, 작은 차이가
돋보이는 제품을 만든다

제3장에서는 제품이나 브랜드의 무형적 내적 가치를 높이는 방법을 알아보았다. 제4장에서는 제품의 외적 부분, 즉 눈에 보이는 요소를 연출하는 방법을 살펴볼 것이다. 사소하지만 매우 효과적인 요령들이 소개되어 있다.

제3장에서 다룬 극장 예시에서 '인벤티오(작품의 핵심 아이디어와 작품의 줄거리)'와 '디세뇨(작품의 예술적 표현)'의 차이를 떠올려 보자. 제3장에서 제품과 브랜드의 내부 형태를 개발했다면 이제 제품을 연출할 차례다. 여기서도 전문성이 크게 요구된다. 판매자가 보내는 모든 신호가 고객의 뇌에 전하는 메시지라는 사실을 인식해야 한다. 고객이 모든 신호 중 일부만 의식한다고 하더라도 무의식 속 작은 구매 버튼들은 끊임없이 작동하며 구매 행동에 영향을 준다. '만능 버튼'은 없다. 천여 개의 작은 구매 버튼을 시종일관 눌러야만 경쟁에서 우위를 차지하고, 고객의 환심을 사 매상까지 올릴 수 있다. 이제 제품을 돋보이게 하는 중요한 방법을 함께 살펴보자.

다양한 감각 활용하기

우리는 세상과 그 안의 제품들을 감각을 통해 인지한다. 감각이 세계를 인식하는 방식에 따라 세상을 다양한 관점으로 해석한다. 이러한 인식은 대부분 감정적인 의미를 내포하고 있다. 각 감각을 감정 강화에 활용하는 방법에 대해 함께 알아보자.

형태와 색을 활용하여 감정 강화하기

모든 형태와 색상은 우리 뇌에 감정적 메시지를 전달한다. 〈그림 4-1〉은 어떤 색상이 어떤 감정을 활성화하는지 보여준다. 파란색은 차가운 느낌을 주면서 안전과 질서를 의미하기도 한다. Limbic® 맵에서는 규율과 통제의 영역에 위치한다. 반면에 산뜻하게 새로운 활력을 불어넣는 노란색은 낙관주의와 햇살을 상징하며, 자극 영역에 위치한다. 검정색과 빨간색은 권력과 공격성을 연상시킨다. 이러한 이유로 가전제품 판매 매장인 메디아 마크트Media Markt는 자극적인 빨간색을 사용한다. 메디아 마크트의 주요 고객층은 18세에서 40세 사이의 남성 모험형·성과형·쾌락형 소비자로 구성되어 있으며, 이 연령대의 뇌는 지배적 호르몬인 테스토스테론으로 가득하다.

색상과 상징을 적절하게 선택하는 것은 회사의 이미지를 구축할 때뿐만 아니라 제품을 포장할 때도 중요하다. 주변에서 쉽게 볼 수 있는 유제품 '베르히테스가덴Berchtesgaden 우유'를 떠올려 보자(〈그림 4-2〉 참고).

낙농업자와 소는 변함없는 고향의 이미지와 알프스의 신선하고 자연적인 모습을 보여준다. 이를 '베르히테스가덴산 우유'라는 문

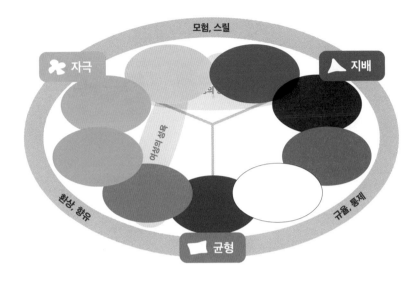

구가 강조한다. 신선하고 불순물이 없는 이미지는 '산촌 농가에서 짠 신선한 우유'라는 문구에서도 드러난다. 또한 녹색은 전형적으로 '균형'을 상징하는 색상으로 안락하고 안전한 느낌을 준다. 여기에 검증된 농산물에 부여하는 DLG 인증 마크도 감정적 가치를 더욱 높인다(인증 마크가 감정 강화에 미치는 영향은 이 장의 '신뢰 강화' 부분에서 더욱 자세히 다룰 것이다). 심지어 '지방 3.5% 함유'라는 문구도 검증된 상품이라는 이미지를 풍긴다. 그래서 경영인들은 숫자를 좋아한다. 숫자는 세상을 항상 통제한다고 느끼게 하기 때문이다.

지금까지 제품 연출의 세부 사항이 갖는 중요성을 살펴보았다. 이제 조금 더 넓은 차원의 감정적 패턴을 알아보자. 이 브랜드의 포장 방식과 디자인은 대체로 Limbic® 맵의 균형 영역에 있다. 포장

모든 세부 사항에는 감정적 의미가 담겨 있다.

디자인만으로도 소비자에게 무의식적으로 순수함과 불변함이라는 신호를 매우 강렬하게 전달한다. 기본 식품에 있어 이러한 동기의 중요성은 이미 제3장에서 다뤘다.

제품의 색상과 형태를 결정할 때는 반드시 목표 그룹을 고려해야 한다. 고객의 감정적 특성 구조는 어떤 포장이 매력적이고 어떤 포장이 무미건조한지 평가하는 데 큰 영향을 미친다. 몇 년 전 님펜부르크 그룹은 포장 협회 프로카턴ProCarton과 공동 연구를 진행했다. 실험 참가자 700명 이상에게 포장 디자인 초안에 대한 호감도를 물었다. 그 전에 미리 실험 참가자들의 Limbic® 유형을 파악하는 테스트를 진행하여 Limbic® 유형에 따른 디자인 선호도를 분석

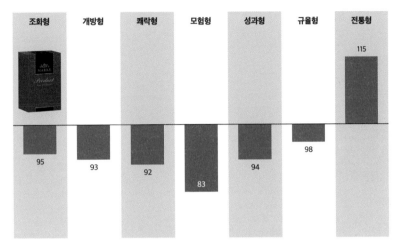

| 조화형 | 개방형 | 쾌락형 | 모험형 | 성과형 | 규율형 | 전통형 |

115

95

93

92

83

94

98

전통형 소비자에게는 호감을 사지만 다른 Limbic® 유형,
특히 모험형 소비자에게는 호응을 얻지 못한다.

할 수 있었다. 결과는 예상대로였다. Limbic® 유형에 따라 호감도
의 차이가 뚜렷하게 드러났다. 특히 쾌락형·성과형·전통형 소비자
는 선호하는 디자인의 특징이 분명했다. 〈그림 4-3〉과 〈그림 4-4〉
에서 실험 결과를 확인할 수 있다. 하지만 포장의 그래픽 디자인뿐
만 아니라 형태 언어, 즉 디자인도 우리의 감정 시스템을 무의식중
에 활성화하며 뚜렷한 감정 신호를 보낸다. 에스프레소 기계를 예
로 들어 살펴보자. 〈그림 4-5〉는 각 기계가 Limbic® 맵 위 어떤 감
정 영역에 배치되어 있는지 보여준다.

　　형태는 감정을 전달하는 데 그치지 않고 복잡한 인지·감정 구조
를 무의식중에 활성화하기도 한다. 여기서 소개할 예시 및 형태 언

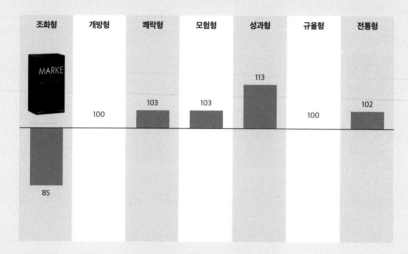

성과형 소비자에게는 호감을 사지만
조화형 소비자에게는 호응을 얻지 못한다.

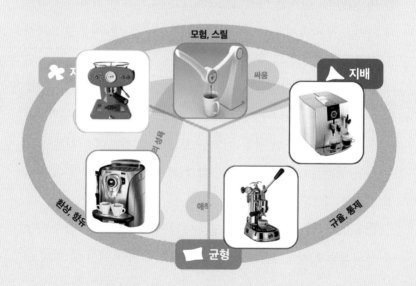

위글리의 포장은 무의식적으로 약품을 연상시켜 의약품과 비슷한 효과를 기대하게 한다.

어를 통한 감정 강화 방법은 브랜드 컨설팅 회사 디코드Decode의 크리스티안 샤이어Christian Scheier에게 얻었다. 그는 님펜부르크 그룹과 하우페 미디어 그룹Haufe-Mediengruppe이 주최한 신경 마케팅 학회에서 이 내용을 발표했다. 지난 몇 년 동안 출시된 제품 중 가장 성공적인 사례는 위글리Wrigley가 출시한 원형 통에 담긴 껌이다. 위글리는 상쾌한 맛과 함께 깨끗하고 건강한 이에 관한 부가가치를 내세웠다. 위글리는 무의식적으로 의학적 효과를 연상시키기 위해 껌통을 알약통과 유사하게 디자인했다.

우리 뇌는 세상을 눈으로만 인지하는 것이 아니라 다양한 감각을 통해 받아들인다. 소위 말하는 오감은 미각, 후각, 시각, 청각, 촉각이지만 이는 우리가 가진 더 많은 감각을 단순화했을 뿐이다. 우리는 기온을 느낄 수 있고, 몸 내부의 장기가 보내는 신호를 알아차릴 수도 있으며 평형을 유지할 수도 있다. 지금까지는 디자인과 색상에 대한 시각적 인식에 관해 나누었다면, 이제는 다른 감각을 살펴볼 차례다. 청각부터 시작해 보자.

밀레 세탁기가 소비자의 청각을 자극한 방법

세탁기를 새로 구매하려고 전자 제품 전문점에 왔다고 상상해 보자. 수많은 기능이 탑재된 세탁기 사이에서 정보의 양에 압도될 것이다. 그중 제일 먼저 눈에 들어오는 것은 바로 뚜렷한 가격 차이다. 가장 저렴한 제품은 잘 알려지지 않은 브랜드이고 가장 비싼 제품에는 밀레Miele 세탁기가 있다. 나는 전자 제품을 구경하는 것을 좋아해서 살 계획이 없는 제품에 대해서도 이것저것 꼼꼼히 따져본다. 판매원에게 밀레 세탁기는 왜 이렇게 비싼지 물어본 적이 있다. 대답은 간단했다. 품질이 훨씬 더 좋고 수명이 더 길기 때문이다. 판매원은 "여기로 와보세요"라며 저렴한 세탁기 쪽으로 갔다. 그가 세탁기의 문을 닫자 높고 가벼운 '딸깍' 소리가 났다. "이제 이쪽으로 와보세요"라며 나를 밀레 세탁기 쪽으로 데려갔다. 이번에도 세탁기의 문을 닫았는데 다른 소리가 들렸다. '퉁' 하는 묵직한 소리였다. 그런 다음 밀레 세탁기를 켰는데 소리가 거의 들리지 않았다. 판매원에게 사실 세탁기를 구매할 계획은 없다고 밝히고, 제품을 판매하기 위해 고객과 어떻게 대화하는지 물었다. 그는 이렇게 대답했다. "예전에는 늘 장황하게 설명하는 편이었는데 요즘에는 손님한테 보여드린 것처럼 그냥 제품의 소리를 늘려 드려요. 이 방법이 더 효과적이더라고요."

반려견 사료 시저의 뚜껑에서 나는 "딸깍" 소리

소리는 제품의 장점을 부각하는 사소하면서도 중요한 요소이다. 이에 대한 설명으로 《파이낸셜 타임스Financial Times》에 실린 한 글을 간단하게 인용하려고 한다.

시저Cesar 사료는 수년간 한 가지 문제로 골치를 앓았다. 시저 습식 사료는 소형견 전용인데 300그램이 담긴 제품은 소형견에게 너무 많았다. 게다가 습식 사료 특유의 냄새 때문에 한번 개봉하면 냉장고에 보관하기도 힘들었다. 이 문제를 해결하기 위해 시저는 베를린에 위치한 어쿠스틱 컨설트 Acoustic Consult 회사에 여러 번 열었다 닫을 수 있는 사료 포장 디자인을 의뢰했다. 담당 컨설턴트 안젤로 단젤리코Angelo d'Angelico의 설명에 따르면 시저는 특히 뚜껑을 닫을 때 나는 소리에 신경을 썼다. 뚜껑에서 '딸깍' 소리가 명확하게 나기를 원했다. 이 소리는 뚜껑이 잘 닫혔음을 의미하고 냄새가 나지 않을 것이라고 고객이 즉시 인지하게 만들기 위함이었다.

소리가 가지는 감정적 의미

밀레 세탁기의 묵직한 소리는 청각적 안전감을 주고 고품질을 기대하게 하며 감정적으로 '균형 체계'를 활성화한다. 시저 사료의 뚜껑에서 나는 소리는 '통제' 영역을 활성화하는 것을 목표로 한다. 두 예시를 통해 시각적 신호뿐만 아니라 소리 또한 항상 감정적 의미를 내포한다는 사실을 알게 되었다. 즉, 제품이나 포장에서 나는 소리는 의식하지 못하더라도 고객에게 감정적 메시지를 전달하며 앞서 배운 감정 시스템을 활성화할 수 있다.

의식해서 듣지 않더라도 감정을 쥐락펴락할 수 있는 소리를 두 가지 더 살펴보자. 페라리의 엔진이 가속할 때 나는 요란한 소리는 감정 시스템에서 지배 영역에 위치한다. 한편 리콜라Ricola 사탕 상자를 열 때 나는 '딸깍' 하는 짧고 미묘한 소리는 다가오는 보상을 암시하며, 이때 자극 체계가 활성화된다.

후각으로 이루어지는 구매 결정

후각과 마케팅의 관계에 대해서는 이미 밝혀진 사실이 많으므로 여기서는 간단히 짚고 넘어가려 한다. 후각 역시 감정적 메시지를 전달할 수 있으며 청각이나 시각과는 달리 대부분 무의식적으로 감정을 조절하는 변연계에 직접 영향을 준다.

널리 알려진 사례로는 거리로 퍼지는 빵 굽는 냄새 덕분에 매출이 25% 상승한 빵집이 있다. 신선하고 활력을 주는 향기를 활용한 상업 공간에서 매출이 3%까지 상승했다는 연구도 있다. 가정용 세제에서는 특정 냄새가 '신선함'과 '세정력'을 상징하고, 샴푸에서 나는 냄새는 '섬세한 관리'를 의미한다.

모든 냄새는 감정적 메시지를 전달하며 무의식적으로 제품과 브랜드에 대한 기대감을 부풀린다. 향수, 화장품 등에서는 냄새가 부차적 요소가 아닌 핵심 요소로 작용하고, 신발이나 자동차 사업에서는 불쾌한 냄새를 제거하는 동시에 제품의 전반적인 향기를 향상하는 것이 판매에 매우 중요한 요소다. 심지어 싱가포르 항공사는 특유의 향을 자체 개발했다. 비행기에 답승한 승객은 이 향을 맡고 편안함을 느끼는데, 그 이유를 직접적으로 인식하지는 못한다.

모든 것을 좌우하는 미각

후각과 미각은 뇌에서 서로 밀접하게 연결되어 있다. 각각 또는 함께 얼마나 중요한 역할을 하는지는 수십억 달러 규모의 매출을 기록하는 향료 산업에서 알 수 있다. 과일, 채소, 소금, 밀가루 등 기본 식자재를 제외하고 현재 약 80%의 식품에 인공 향료가 포함되어 있다. 맛의 마술사인 향료의 도움 없이 식품은 잘 팔리기 힘들 것이다. 향료가 나무토막에서 추출한 천연 향료인지, 아니면 화학적으로 만들어진 합성 향료인지는 그다지 중요하지 않다. 모든 향료는 더 풍부하고 좋은 맛을 제공함으로써 감정을 강화하는 공통된 목표를 갖는다.

계속 손이 가게 하는 촉각

자동차 박물관에 전시된 자동차 중 구식 폭스바겐 비틀Volkswagen Beetle을 보면 핸들이 상대적으로 가늘고 딱딱한 파이프로 제작되었다. 이 핸들은 곧 차가운 인상과 '저렴한' 핸들이라는 느낌을 준다. 반면 현대의 폭스바겐 골프Golf를 보면 핸들이 스펀지 소재로 감싸진 뒤 가죽이나 인공 가죽으로 마감되어 있다. 이런 핸들을 잡으면 튼튼하고 값진 자동차를 소유했다는 기분이 든다. 촉각 또한 중요한 감정적 메시지를 전달한다. 부드럽고 매끈한 표면은 안락함을, 딱딱한 표면은 견고함을, 거친 금속은 배타적 느낌을 준다. 촉각을 무게 감각 및 온도 감각과 결합하면 엄청난 무의식적 효과를 지닌 수많은 감정적 메시지를 만들어낼 수 있다.

다양한 감각을 강화하여 감정 효과 극대화하기

'다중 감각 강화'는 다중 감각 마케팅과 브랜딩에 큰 영향을 미치는 요소다. 다중 감각 강화란 무엇을 의미하고 이 전략의 원리는 무엇일까? 같은 메시지가 다양한 인지 감각을 통해 동시에 우리 뇌에 전달되면 뉴런의 강화 장치가 작동한다. 그러면 우리의 의식은 다양한 감각을 통해 받아들인 정보를 각각의 감각이 예측할 수 있는 강도의 합계보다 최대 10배 강하게 느낀다. 뇌의 강화 센터가 감각의 강도를 단순히 덧셈으로 처리하지 않고 몇 배로 증폭시키기 때문이다. 이 현상을 '초가성성'이라고 한다. 무의식중에 우리 뇌는 초당 수천 가지 자극 중 생존에 중요한 자극만 걸러낸다. 수백 만년에 걸쳐 뇌는 높은 감각적 일치성을 갖는 사건들이 중요하다는 사실을 학습했고, 이러한 사건들을 극도로 강화하여 받아들였다. 반대 경우도 마찬가지다. 사건들 사이에 감각적 일치성이 낮으면 뇌는 사건의 중요성을 축소한다.

사회성 강화:
무의식 속 사회적 메커니즘의 힘

사회적 동물인 인간은 공동체에 의존한다. 진화 과정에서 특정 무의식적 메커니즘이 발달했고, 이는 구매 행동에 상당한 감정적 영향을 미친다.

얼굴이 보내는 신호의 감정적 효과

우리 뇌는 세상에 존재하는 물체를 인식하고 감정적으로 평가하는 일을 중요한 과제로 여긴다. 이 과정에는 지금까지 살펴본 여러 감각이 모두 동원된다. 그렇다면 우리 뇌에 가장 의미 있는 요소는 무엇일까? 〈그림 4-7〉의 에스프레소 기계에서 답을 얻을 수 있다. 그림 속에서 어떤 부분이 눈길을 끄는가?

대부분은 회사 로고의 위치가 다르다고 답할 것이다. 하지만 실제로 두 제품 사이의 주요 차이점은 제품의 얼굴이다. 생갈렌St. Gallen 연구소의 안드레아스 헤르만Andreas Herrmann 교수와 르네 베르푸르트Rene Berfurt 박사는 연구를 통해 기쁜 표정을 한 기계에 대한 구매 의향이 우울한 표정을 한 기계보다 훨씬 높다는 사실을 증명

〈그림 4-7〉 얼굴의 위력

Quelle: Prof. Dr. Andreas Herrmann, Marketing Review 2/07

왼쪽 제품은 즐거운 표정을, 오른쪽 제품은 슬픈 표정을 하고 있다.
소비자는 압도적으로 왼쪽 제품을 구매하겠다고 응답했다.

했다. 왜 그런 것일까? 인간에게는 표정이 그만큼 중요하기 때문이다. 신생아조차도 얼굴의 특징을 가진 그림을 보면 슬픈 얼굴보다는 웃는 얼굴을 더 오래 관찰할 뿐만 아니라 엄마의 얼굴을 생후 48시간 만에 인식할 수 있다.

사회 공동체에 속하지 않고는 생존할 수 없는 인간에게 친구와 적을 구분하는 능력은 생존에 매우 중요하다. 〈그림 4-7〉의 에스프레소 머신과 같이 제품을 의인화한 디자인은 자동차에서도 발견할 수 있다. 여성은 자동차를 파트너로 인식하는 경향이 있어서 여성 소비자에게 초점을 맞춘 자동차는 친근한 얼굴을 가지고 있으며, 남성은 자동차를 지위의 상징이나 무기로 여기기 때문에 남성이 주로 선호하는 스포츠카는 상어와 비슷한 얼굴을 한 디자인이 많다.

부드러운 접촉의 힘

"인간은 인간에게 늑대다." 고대 로마의 희극 작가 플라우투스Plautus가 가장 먼저 한 말로 이후 영국 철학자 토머스 홉스Thomas Hobbes가 언급하며 세계적으로 유명해졌다. 인간은 다른 인간에게 잠재적으로 위협이 될 수 있으므로 타인에 대한 불신은 자연스러운 현상이며 서로 거리를 유지하려는 것은 당연하다는 의미가 담겨 있다.

미국 한 대학에서 특별한 실험을 진행했다. 다양한 카페에서 일하는 종업원을 대상으로 홀수 날짜에는 고객에게 계산서를 전달할 때 무심히 팔이나 어깨를 스치도록 지시했다. 결과적으로 '접촉의 날'인 홀숫날에는 다른 날보다 팁이 약 20% 더 많았다. 사소한 접촉이 고객의 뇌에 무의식적으로 '이 사람은 당신의 친한 친구다'라는 신호를 보내어 더 많은 팁을 내게 한 것이다. 같은 이유로 미용사, 의사, 미사지사는 고객의 가장 비밀스러운 이야기를 듣곤 한다. 이 직업군은 고객과 신체 접촉을 자주 하기 때문이다. 하지만 신체 접촉을 실무에 적용할 때는 조금 주의해야 한다. 한 음식점 주인은 자신의 가게에서 이 메커니즘을 적용하고 팁을 평소보다 훨씬 더 많이 받긴 했지만, 시간이 지나면서 문제가 있었다고 이야기했다. 공감 능력이 좋은 직원들은 접촉을 좋아하는 손님과 싫어하는 손님을 빨리 알아차려 손님을 불쾌하게 하지 않고 부드럽게 접촉했지만 둔감한 직원은 강하게 접촉할수록 좋다고 생각하여 이를 불쾌하게 느낀 손님도 있었다고 한다.

스타를 따르려는 심리

원숭이는 인간처럼 사탕을 좋아한다. 한 동물원에서 사탕으로 실험을 했다. 원숭이를 두 그룹으로 나누고 각 그룹에 포장된 사탕이 가득 든 양동이를 주었다(사탕을 포장된 채로 주는 것은 처음이었다). 두 그룹 사이에는 한 가지 차이를 만들었다. 그룹 1에서는 계급이 낮은 원숭이들에게 사탕 양동이를 주었고, 그룹 2에서는 무리의 우두머리에게 먼저 주었다.

사탕을 받아들이는 원숭이들의 태도에는 엄청난 차이가 났다. 우두머리가 먼저 양동이를 받은 2 그룹의 원숭이들은 우두머리가 먼저 배불리 먹고 난 뒤 사탕을 맛보기까지 30분이 걸렸지만 양동이를 직접 받은 그룹 1은 전체가 사탕을 다 먹기까지 훨씬 오래 걸렸다. 그룹 2의 원숭이들에게는 우두머리가 먼저 먹은 사탕이 흥미롭고 값진 것으로 인식되었기 때문이다.

이 원리는 진화 과정에서도 변하지 않았다. 인간도 무의식중에 본보기나 상대적으로 높은 지위에 있는 사람을 따르려고 한다. 연예인이나 왕실 구성원은 많은 사람의 롤모델로 여겨지며, 그들이 선택하는 제품은 매력적으로 인식되어 큰 관심을 받는다. 이런 메커니즘 없이는 시장에 나오지 못했을 제품이나 트렌드가 많은데, 이는 이미 16세기부터 관찰된 현상이다. 영국 여왕 엘리자베스 1세는 명품을 소비하여 자신의 통치를 과시했다. 얼마 지나지 않아 귀족과 시민 계층은 여왕의 소비 취향을 따라하며 전파했다.

현대에 들어서는 〈너의 이름을 가진 별Ein Stern, der deinen Namen trägt〉이라는 독일 히트곡이 '스타 부스팅' 효과를 제대로 보여 준다. 이 곡은 닉 P가 처음 작곡했지만 그가 대중에게 이 노래를 선보였을 때는 별반응을 얻지 못했다. 닉을 아는 사람이 아무도 없었기 때문이다. 그러다 유명 가수 디제이 윗치DJ Ötzi가 이 곡을 발견하고 다시 불렀을 때, 이 곡은 하룻밤 사이에 히트곡이 되었다. 지금은 두 버전 모두 대중에게 사랑을 받고 있고, 그사이 닉 P도 디제이 윗치를 통해 유명해졌다.

기업의 활동에 동참시키기

사람은 고향을 그리워하며, 특정 브랜드나 기업에 자신을 동일시하는 경향이 있다. 단순히 수동적 소비자가 아닌 공동체의 일원으로서 소비재를 찾는다. 다시 말해 공동체의 구성원으로 인정받고 의견을 공유하며 같은 생각을 하는 사람들과 소통하면서 브랜드의 발전에 참여하고자 한다.

인터넷이 발달하며 감정 강화 전략에 새로운 물꼬가 트였다. 기업은 제품 개발과 결정 과정에 고객을 적극적으로 참여시켜 고객의 의견을 수렴할 수 있게 되었다. 상호 작용은 고객과 기업 사이에서만 이루어지는 것이 아니라 고객 사이에서도 이루어진다. 이 과정에서 고객은 자신이 중요한 역할을 하며, 자신의 생각과 의견이 전달되고 받아들여진다는 느낌을 받는다. 무엇보다도 기업의 빠른 피드백을 받아 더욱 적극적으로 다시 참여하게 된다. 스스로 참여하면서 느끼는 감정적 반응이 수동적으로 '소비'만 할 때보다 훨씬 더 강력한 학습 효과를 낸다는 것은 모든 학습 연구자가 동의하는 사실이다.

집단행동

불확실함을 줄이기 위한 또 하나의 무의식적 메커니즘은 집단행동이다. 인간은 어떻게 집단행동을 하게 되는 것일까? 예를 들어 허기진 상태로 시내를 돌아다니며 음식점을 찾고 있다고 가정해보자. 큰길에서 식당 두 곳을 발견했다. 한 식당에는 손님이 가득 차 있고, 다른 식당은 거의 비어 있다. 당신은 어느 식당으로 들어갈 것인가? 아마도 손님이 많은 곳을 선택할 것이다. 무의식적으로 '손님이 많은 식당이 나쁠 리 없다'라고 판단했기 때문이다. 특히 사업을 시작하거나 신제품을 출시할 때는 비용이 들더라도 초기에 많은 고객을 확보하는 것이 중요하다. 돈을 지불하고 '모집한' 고객이 나중에는 '구매하는' 고객을 많이 끌어들일 것이기 때문이다.

작은 선물과 함께 쌓이는 정

눈치 빠른 기금 모금자는 기부자에게 작은 것을 선물할 때 모금액이 몇 배로 늘어난다는 사실을 잘 알고 있다. 작은 정육점에서도 경험할 수 있는 원리다. 엄마와 함께 온 아이에게 소시지 한 조각을 시식하게 주면 엄마의 지갑이 조금 더 열리곤 한다. 약사는 약품을 할인할 수는 없지만 이러한 무의식적 메커니즘을 활용해 증정용 상품을 나누어 주며 고객을 유치한다. 또, 이탈리아 레스토랑은 식사가 끝난 후에 그라파 또는 아마레토 한잔을 무료로 제공한다. 그러면 손님은 그라파 한잔은 충분히 벌고도 남는 팁을 낸다.

이런 현상은 왜 일어나는 것일까? 인간의 사회적 뇌 구조는 "나에게 해준 만큼 나도 너에게 돌려주겠다"라는 원칙을 지닌 상호 보상 원리를 따르기 때문이다. 특히 사회적 집단에서는 구성원 간의 내부 결속력이 중요한 역할을 하고 '선물'은 이 결속력을 오랜 시간 동안 견고하게 유지하는 데 도움을 준다. 선물을 주는 사람은 받는 사람에게 호감을 사고, 선물을 받은 사람은 이 무의식적 부채를 상환하고 싶어 한다. 예를 들어 중국에서는 선물이 사회적 유대를 형성하는 중요한 수단이다. 선물이 무엇인지는 중요하지 않다. 일단 좋아 보이기만 하면 된다.

미국 과학지 미국 과학지 《아카이브 오브 인터널 메디슨Archive of Internal Medicine》에 2009년 선물의 효과에 대한 실험 결과가 실렸다. 의과대학 학생들로 이루어진 한 그룹은 콜레스테롤 감소제의 이름이 인쇄된 필기구, 책받침, 메모장 등의 선물을 받았고, 다른 그룹은 아무것도 받지 않았다. 조금 뒤, 모든 참여자는 효과는 비슷하지만 가격이 훨씬 저렴한 다른 약과 이 약을 비교하여 개인적 의견을 제

출해야 했다. 선물을 받은 그룹은 선물을 제공한 제조사의 약을 훨씬 더 선호했으며 저렴한 약보다 효능이 더 우수하다고 평가했다.

　선물의 효과는 이탈리아의 와인 및 오일 판매업체 파토리아 라 비알라Fattoria La Vialla의 마케팅에서도 관찰할 수 있다. 이 업체에서 정기적으로 주문하는 고객은 때때로 매우 특별하고 독특한 선물에 놀랄 수밖에 없다(〈그림 4-8〉 참고). 좋은 와인이나 엄선된 오일을 선물로 받기도 하고 심지어 올리브 묘목을 받을 때도 있다. 그리고 선물에는 항상 직접 쓴 것처럼 보이는 편지가 동봉된다. 고객은 친구에게 선물을 받은 듯한 느낌을 받으면서, 더 많이, 더 자주 주문하여 호의를 상쇄해야 한다고 생각하게 된다.

뇌는 18회에 세탁에 추가로 2회를 무료로 세탁할 수 있다는 사실이
20회 세탁보다 더 가치 있다고 인식한다.

보상 강화:
보상 체계를 자극하는 지름길

선물은 사회적 상호 보상 역할 외에도 뇌에서 특별한 효과를 발
휘한다. 예상하지 못한 보상은 우리의 보상 체계에 큰 영향을 준다.
제2장에서 살펴본 것처럼 보상 체계는 기대하지 않았던 보상에 특
히 강하게 반응한다. 할인, 보너스, 포인트, 마일리지, 추가 혜택 등
이 매력적으로 느껴지는 이유가 바로 이러한 메커니즘 때문이다.
내가 쓴 『신경 마케팅』에 실린 본대학교 베른트 베버Bernd Weber 연
구원과 팀원의 논문에 따르면 할인은 보상 체계의 핵심인 측좌핵
을 활성화하지만, 동시에 사고와 계산에 관여하는 뇌 영역을 비활

성화한다. 보상 체계는 '예상보다 더 많은 것'에 반응한다. 특히 액체 세제 '아리엘Ariel'이 제품 함량을 다르게 표시한 사례가 인상적이다(〈그림 4-9〉 참고). 기존 포장에는 '20회 사용 가능'이라고 표기되어 있지만 새로운 포장에서는 '18회+2회 사용 가능'이라는 문구가 덧붙여져 있다. 같은 사용 횟수이지만 소비자는 이 문구에 보상 체계를 자극받기 때문에 더 가치 있는 소비를 했다고 여기게 된다.

언어 강화:
언어의 감정화

인간의 언어는 진화사적 관점에서 봤을 때 매우 늦게 발전했다. 대략 20만 년 전에 발전을 시작했다고 추정된다. 언어는 인간사라는 무대에 하루아침에 등장하여 뇌 구조를 완전히 재구성하고 바꾸어놓은 것이 아니다. 오히려 언어가 기존의 뇌 구조와 기본 기능에 통합되었다고 봐야 한다. 생명체의 생존을 위해 뇌는 세 가지 중요한 기본 기능을 담당한다.

첫째, 객체를 인식한다(이미지 인식). 인간과 같이 낮에 활동하는 생물에게는 특히 시각이 중요하다. 어두운 환경에서 사는 동물들, 예를 들어 쥐는 수염과 냄새로 주변 환경을 인식하고, 박쥐는 초음파로 객체를 인식한다.
둘째, 객체를 평가한다(감정). 뇌가 제기하는 질문은 상대적으로 단순하다. "이 객체는 좋은가?(유용한가? 보상을 하는가?)" 아니면 "나쁜가?(위험한가? 처벌이나 고통을 가져오는가?)"

셋째, 행동한다(행동). 즉 객체에 접근하거나 객체를 피하는 행동을 취한다.

따라서 이미지, 감정, 행위를 잘 묘사하는 언어는 그렇지 않은 언어보다 뇌에서 몇 배로 빠르게 처리되며 감정적 반응을 훨씬 크게 일으킨다. 그래서 일상 언어는 우리가 알아차리지 못해도 '저 사람은 가시처럼 날카롭다' 또는 '곰처럼 둔하다'와 같은 이미지와 은유로 가득하다. 광고 문구나 판매 상담에서 사용할 단어를 고려할 때도 이러한 뇌의 특성을 활용해야 한다. 예시를 함께 살펴보자.

예시 1: 제품 Y의 특색은 X라는 성분에 있습니다. 이 성분은 화학 반응을 통해 피부 심층 구조를 변화시켜 피부 당김을 해소하고 피부를 매끄럽게 합니다.

예시 2: 제품 Y는 촉촉한 5월의 단비처럼 당신의 피부에 작용할 것입니다. 성분 X는 피부 깊숙이 침투하여 생기를 주며 피부를 장미 꽃잎처럼 부드럽고 유연하게 만들어줍니다.

예시 2는 이미 무의식중에 강력한 내적 감정 이미지를 형성하고 오랫동안 머리에 남는다. 철학자가 아닌 이상 일반 고객의 뇌는 추상적인 언어를 이해하도록 설계되지 않았기 때문에 가능한 한 구체적인 언어를 사용하는 것이 좋다.

신뢰 강화:
통제 동기의 강화제

감정이 담긴 이미지와 언어는 효과적이다. 그러나 우리의 의식과 감정적인 뇌가 항상 증거와 근거를 원한다는 사실을 잊어서는 안 된다. 뇌는 제일 먼저 감정적 보상을 찾는다. 이후 주로 비교와 정당화 단계를 거친다. 소비자가 구매 후 제품을 좀 더 자세히 살펴보고 평가하는 시간을 갖는다는 사실을 간과하는 기업이 많다. 우리 이성은 감정이 만드는 반응을 개선하고자 하며, 그러기 위해 확실한 약속과 근거를 필요로 한다. 근거 역시 통제 동기라는 감정적 요소에 속하지만, 좀 더 복잡하다. 품질 인증 마크나 명백한 품질 검증 결과(〈그림 4-10〉 참고)는 강력한 감정 강화제로서 통제 동기를 직접적으로 겨냥하고 제품과 브랜드에 대한 신뢰를 조성한다.

신뢰를 쌓고 구매에 대한 의심을 줄이는 방법은 여러 가지가 있다. 이런 방식 중 일부를 활용하여 아마존은 세계에서 가장 성공한 서점이 될 수 있었다. 수백만 권의 책으로 가득 찬 도서 시장에서 방향성과 통제력을 잃은 소비자는 구매를 주저하지만, 소비자가 직접 작성하여 믿을 수 있는 리뷰는 인지적·감정적 불확실성을 줄이고 소비자가 내린 결정에 스스로 확신을 갖게 한다.

제약 시장에서도 유사한 예를 찾아볼 수 있다. 사람은 자신의 건강을 신경 써서 관리한다(균형 동기). 주로 이성적인 자연과학자로 이루어진 제약 회사의 제품 관리팀은 약을 먹는 환자에게 안정성의 재확인과 약에 대한 안전장치가 감정적으로 매우 중요하다는 사실을 인지하지 못하는 경우가 많다. 이러한 필요성을 충족시키는

효율성 높은 기회를 놓친 설명서(왼쪽) vs 추가 정보를 통해 감정적 가치를 높이는 설명서(오른쪽)

좋은 방법 중 하나는 설명서를 제공하는 것이지만, 많은 제약 회사는 설명서에 법적으로 규정된 정보만 무심히 전달한다. 오직 소수의 제약 회사만이 이 기회를 활용하여 제품을 보증하는 상세한 정보를 이해하기 쉽게 설명한다. 〈그림 4-11〉에서 의료용 크림에 대한 두 가지 설명서를 볼 수 있다. 제조사 A는 설명서를 귀찮은 의무 사항으로 여겨 시각적 효과를 전혀 고려하지 않았지만, 바이엘Bayer은 설명서를 자사 크림인 비판톨Bepanthol의 홍보 도구로 활용했다.

인식 강화:
공감과 친밀감을 형성하는 유명 브랜드 로고

인식 강화는 신뢰 강화와 밀접한 관련이 있다. 인식 강화란 무엇일까? 답은 간단하다. 인식 강화는 무의식중에 학습한 기호와 패턴을 재인식시키는 것이다. 신뢰를 강화하는 전략이 의식적 사고에 초점을 맞춘다면 인식 강화 전략은 주로 무의식에 주목한다. 인식 강화의 원리를 자세히 알아보자.

미국의 심리학자 로버트 자욘스Robert Zajonc는 1990년대 '무의식적 인지'에 대한 수많은 연구를 진행했다. 예를 들어 참가자에게 모니터로 다양한 중국어 문자를 보여주면서 참가자들이 눈치채지 못하는 인식 임계점(30밀리초에서 60밀리초 사이) 이하로 특정 문자를 반복해서 노출했다. 이후 참가자들에게 부적에 쓰고 싶은 문자에 대해 질문하자 참가자들은 무의식중에 자주 본 문자를 확실히 더 선호하는 경향을 보였다.

이 결과는 마케팅 분야에 큰 의미가 있다. 브랜드 로고가 소비자의 일상생활에 더 자주 노출될수록 해당 브랜드에 대한 신뢰감과 친밀감이 높아진다. 브랜드 로고는 매우 다양한 방식으로 노출될 수 있다. 예를 들어 축구 경기장의 보드 광고, 휴가지의 파라솔, 식료품 가게의 전단지 광고, 인터넷 웹 사이트 등 방법은 무궁무진하다. 다만 브랜드 로고를 오랫동안 바꾸지 않는 것이 중요하다. 인식 강화가 효과를 발휘하기 위해서는 시간이 필요하기 때문이다.

단순성 강화:
생활을 편리하게 만드는 제품

인간의 두뇌와 신체는 에너지를 효율적으로 사용하는 데 최적화되어 있다. 모든 생각과 움직임은 에너지를 소비하므로 두뇌는 가능한 한 불필요한 생각을 최소화하고, 신체도 불필요한 움직임을 줄이려 노력한다. 뇌는 보상을 받거나 벌을 피하려고 할 때만 자발적으로 생각한다. 제품이나 서비스는 고객의 생활을 단순하게 만들 수도 있고 복잡하게 만들 수도 있다.

단순함은 구매를 유도한다

〈그림 4-12〉의 두 광고 문구를 비교해 보자. 둘 다 같은 내용을 말하고 있지만 표현 방식이 다르다. 하나는 길고 복잡한 문장으로 표현되어 있고, 다른 하나는 간결한 문구와 그림으로 나타나 있다. 어떤 광고가 뇌에 더 친화적인지는 굳이 묻지 않겠다. 뇌 스캔 사진

토마토와 양상추가 곁들어지고,
다진 소고기 패티가 들어간
부드러운 빵을 주문하세요

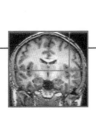

햄버거를 주문하세요

고통 회로를 활성화하는 복잡한 메시지 vs 보상 회로를 활성화하는 단순한 메시지

에서도 분명히 나타난다. 복잡하고 어려운 내용을 접하면 뇌는 고통 회로를 활성화하고 구매에 대한 욕구를 급격하게 떨어뜨린다. 반대로 간단하고 쉽게 알아들을 수 있는 내용을 접한 뇌는 보상 회로를 활성화하고 구매를 부추긴다.

단순함은 좌절을 방지한다

제2장에서 언급했듯이 감정 강화 전략에서는 긍정적 감정을 강화하는 것뿐만 아니라 부정적 감정을 약화하는 것도 중요하다. 글이나 사용 설명서가 이해하기 쉽고, 제품 사용 방법이 간단할수록 고객이 제품을 잘못 사용하여 실망하거나 좌절할 위험이 줄어든다. 일상에서 간단한 예시를 살펴보자. 〈그림 4-13〉은 호텔의 엘리

베이터 버튼이다. 호텔 엘리베이터에서 가장 중요한 버튼은 무엇일
까? 당연히 1층 버튼이다. 보통 안내 데스크나 식당, 출구가 1층에
있기 때문이다. 이 엘리베이터 버튼의 개발자는 이 점을 잘 고려하
여 1층 버튼을 특별히 강조했다. 아주 간단하지만 효과적인 방법
이다(독일은 우리나라의 2층부터 1층이라 부르고, 우리나라의 1층은 '지상
층'이라는 뜻의 머릿글자인 E를 표기한다 – 옮긴이).

단순성 강화의 또 다른 대표적 사례는 즉석밥 브랜드 '엉클 벤
스 라이스Uncle Ben's Rice'이다. 포장의 뒷면에는 간단 명료하게 조리
방법이 소개되어 있다. 요리 초보자에게는 아무리 요리에 서툴러
도 실패할 일이 없다는 점이 중요하다. 또 고양이를 키우는 사람에

잘 뜯기지 않거나 너무 쉽게 찢어져 버리는 포장은 상당한 불만을 일으킨다.

게 가장 성가신 일은 고양이 화장실을 치우는 일이다. 냄새가 나는 데다 모래가 덕지덕지 붙은 화장실을 청소할 때 고객의 뇌는 '역겹다'라는 감정을 강하게 느낀다. 이를 고려해 고양이 화장실 제품을 만드는 회사 카트잔Catsan은 단순성 강화 전략을 효과적으로 활용했다. 모래를 바꿀 필요 없이 기저귀처럼 생긴 이 제품을 고양이 화장실에 깔고, 사용 후 간단하게 버리기만 하면 된다. 이 제품은 화장실 청소의 불쾌한 요소를 크게 줄였다.

마지막으로 부정적 감정을 간략하게 언급하고자 한다. 제품의 단순성을 강화하기 위해서는 포장에도 주의를 기울여야 한다. 제품 포장을 뜯다가 순식간에 포장이 찢어지는 바람에 내용물을 바닥에 쏟아버린 경험을 누구나 한 번쯤 해보았을 것이다(〈그림 4-14〉 참고). 반대로 포장을 열려고 아무리 애를 써도 열리지 않는 경우도 마찬가지로 자주 일어난다. 두 상황에서 모두 소비자는 화가 난다. 포장이 소비자의 의지(자율성/지배력)를 방해하기 때문이다. 이러한 실망감은 무의식적으로 제품과 브랜드로 옮겨간다.

의식 강화:
제품을 일상에 스며들게 하기

인간은 습관의 동물이라고 말하곤 한다(균형 체계). 일상을 정밀하고 비판적으로 들여다보면 스스로 인지하지 못했던 일상의 크고 작은 행동들이 의식화되어 있음을 발견할 수 있다. 의식화된 일상은 무의식중에 안정감을 주고 일상의 질서를 유지해준다. 우리는 아침에 일어나자마자 화장실에 가거나 아침 식사를 준비하고 저녁에 귀가하는 행동 등 자신만의 일정한 순서를 가지고 있다. 그러다 이 순서에 차질이 생기면 곧바로 불편함을 느낀다. 따라서 소비자의 일상에 깊이 파고든 제품이나 새로운 의식을 만들 제품을 내놓으면 고객의 충성도와 재구매를 장기간 보장받을 수 있다. 담배는 생리적 중독뿐만 아니라 식전 흡연, 식후 흡연, 쉬는 시간 흡연 등 극도로 의식화된 요소를 포함하기 때문에 금연 운동에도 불구하고 담배 산업은 늘 성황이다.

다논의 악티멜은 제품 의식화의 성공적 사례다. 광고에 따르면 악티멜은 면역력을 높이기 때문에 아침 식사의 중요한 일부분이 되어야 한다. 아침에 일어나 꼭 담배를 피우는 사람이 있는 것처럼 악티멜을 먹는 소비자에게 이 유산균 요구르트는 아침 의식의 일부분으로 녹아들었다.

의식은 단순히 개인에게 안정감을 줄 뿐만 아니라 더 나아가 집단 내 중요한 사회적 요소로서 집단의 일관성과 통합을 만들어낸다. 가톨릭의 미사, 유대인의 유월절 행사, 이슬람의 메카 순례 등이 그 예시다. 이런 의식들은 엄격한 순서와 절차를 따른다. 종교 집단이 아닌 골프회나 승마회 같은 스포츠 동호회도 자신들만의 의식을 갖는다. 또한 같은 연령대나 사회적 위치 또는 특정 관심사를 공유하는 집단도 자체적인 의식을 만들어 소속감을 형성하고 스스로 다른 집단과 구분한다.

비교 강화:
과대 포장의 비밀

〈그림 4-15〉에서 원으로 된 두 그림을 주의 깊게 살펴보자. 중앙의 두 원은 같은 크기일까? 직관적으로 답해야 한다면 왼쪽 그림의 중앙에 있는 원이 더 크다고 생각할 것이다. 그러나 그것은 착시일 뿐 중앙의 두 원은 실제로 같은 크기이다.

이런 착시는 왜 일어날까? 우리 뇌는 두 그림을 세밀하게 관찰하여 입력하는 정밀 측정 컴퓨터가 아니라 에너지를 절약하고 효율성을 높여 최적의 결정을 내리는 관리자와 같다. 정확성을 높이려면 뇌는 깊이 생각해야 하고, 이를 위해 많은 에너지를 소모하며,

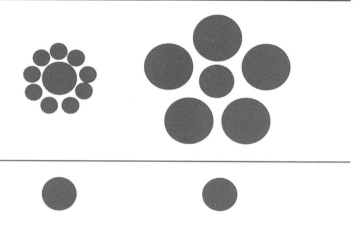

우리 뇌는 평가를 위해 비교 대상이 필요하다.
중앙의 두 원은 같은 크기이지만 뇌는 왼쪽의 원을 더 크게 인식한다.

무엇보다도 시간이 오래 걸린다. 위급한 상황에서 시간을 들여 판단하면 위험에 빠질 수 있다. 곰이나 호랑이가 달려드는 상황에서 동물의 종류를 생물학적으로 정확히 분류하려고 한다면 과학적 정확성의 보람도 오래가지 못할 것이다.

뇌는 빠르고 대략적인 판단을 내릴 수 있어야 하고 이를 위해 주변 환경의 정보나 신호를 활용하여 대상을 평가한다. 주변에서 보내는 신호가 실제로 평가 대상과 관련이 없어도 뇌는 이를 비교 대상으로 활용한다. 따라서 제품이나 서비스에 감정을 담을 때 특히 주변 환경을 적절하게 설계하는 것이 중요하다. 왜냐하면 우리 뇌는 대부분 제품 자체의 가치를 직접 인지하기보다는 가치를 평가하기 위한 단서를 무의식중에 찾기 때문이다. 뇌는 불확실성을 줄

〈그림 4-16〉 고급스러운 환경 속 향수

고급스러운 환경에서는 향수의 가치를 무의식적으로 높게 평가한다.

〈그림 4-17〉 저렴한 상품들 속 향수

저렴한 환경은 향수의 가치를 떨어뜨린다.

이는 데 도움이 되는 단서라면 모두 받아들인다. 이에 대한 예시는 〈그림 4-16, 4-17〉에서 확인할 수 있다.

나는 작은 실험을 했다. 실험 참가자를 두 집단으로 나누고 각 집단에 〈그림 4-16〉과 〈그림 4-17〉 중 하나를 보여주며 제품의 판매 가격을 추정하게 했다. 결과는 명확했다. 그림 〈그림 4-16〉을 본 집단은 제품의 가격을 평균 8만 원으로 추정했고, 〈그림 4-17〉을 본 집단은 제품을 평균 4만 원으로 추정했다. 동일한 제품이었지만 〈그림 4-16〉의 고급스러운 환경은 제품의 가치를 무의식적으로 두 배 높였다. 우리 뇌는 아무런 연관이 없어도 인접한 두 대상을 일반화하여 연결한다. 이러한 무의식적 메커니즘은 특히 과대 포장에서 가장 효과적으로 작용한다. 내용물은 보이지 않고 용량을 나타내는 숫자가 매우 추상적으로 느껴질 때 뇌는 빠르게 처리할 수 있는 시각적 인상에 의존하여 무의식적으로 '큰 포장에는 많이 들어 있을 거야!'라고 결론을 내리게 된다.

또 다른 실험 역시 이러한 메커니즘의 효과를 보여준다. 실험 참가자들은 커피를 받고 낯선 사람들을 평가해야 했다. 한 집단은 미지근한 커피를 받았고 다른 한 집단은 갓 내린 뜨거운 커피를 받았다. 뜨거운 커피를 마신 사람들은 미지근한 커피를 마신 사람들보다 낯선 사람을 훨씬 긍정적으로 평가했다. 냄새와 관련한 실험에서도 같은 결과가 나타났다. 불쾌한 냄새가 나는 방에서는 낯선 사람을 무의식중에 부정적으로 평가하는 경향이 있었다. 심지어 평가지와 함께 제공된 볼펜의 상태도 무의식중에 강력한 영향을 미쳤다. 찢어진 평가지나 헌 볼펜을 받은 참가자들은 낯선 사람을 훨씬 나쁘게 평가했다. 따라서 감정 강화를 위해서는 제품의 판매 환경을 신중하게 고려해야 한다.

　특히 부정적 요소가 판매 현장에서 때때로 큰 문제를 만든다. 우리는 주변 환경이 서서히 나빠지는 경우 그 변화를 잘 감지하지 못하기 때문이다. 나는 이 현상을 '거실의 쇠락'이라고 부른다. 가상의 상황으로 설명해 보겠다. 새로 리모델링한 집에 입주한 후 가구를 배치하고 그림을 걸었다. 이후 수년을 그 집에서 살던 중 어느 날 집에 놀러 온 손님이 실수로 벽에 걸린 그림을 떨어뜨리는 작은 사고가 발생했다. 그림이 떨어지고 난 후에야 그림이 걸렸던 하얀 자리와 누렇게 변한 주변의 차이가 눈에 들어왔다. 이 사건 전에는 거실의 '쇠락'이나 '퇴보'를 전혀 인지하지 못했구나 새삼 놀라며 주변을 둘러보자 커튼은 아랫단이 뜯어져 있었고, 카펫에는 오랫동안 눈치채지 못한 얼룩이 묻어 있었다.

　마찬가지로 사장과 직원이 인지하지 못한 퇴화는 병원, 호텔, 전시관, 상점, 은행, 음식점 어디에나 있다. '내부자'는 손님이 점점 줄어드는 것을 불평하기만 하고 원인을 찾지 못하지만, 기업이나 병원을 처음 방문한 손님의 뇌는 쇠락한 흔적의 영향을 받아 무의식적으로 기업의 성능과 제품 품질을 판단하게 된다.

　먼지가 쌓인 장식용 말린 꽃이나 화장실의 사용 흔적을 본 뇌는 주방의 상태와 요리사의 위생 관리를 짐작한다. 이런 변화에 대응하는 방법은 없을까?

　제7장에서 자세히 다루겠지만 여기서 잠시 언급하자면, 서비스 전문가 베른트 로이테만Bernd Reutemann이 '거실의 쇠락'에 대응하기 위해 개발한 '포스트잇 데이Post-it-day라는 매우 효과적인 방법이 있다. 어디에나 쉽게 붙였다 뗄 수 있는 포스트잇을 모르는 사람은 없

을 것이다. 로이테만은 호텔에서 일할 때 분기마다 동료 직원과 가까운 친구에게 포스트잇을 나눠 주고, 호텔을 주의 깊게 둘러본 후 상태가 나빠진 곳에 포스트잇을 붙여달라고 요청했다. 이 방법은 매우 효과적이었다. 수많은 사소한 문제들이 갑자기 눈에 띄게 되었기 때문이다. 문제를 인식하기만 한다면, 빠르게 해결할 수 있다.

가격 강화:
가격에 대한 보상 환상

이제 다룰 가격 강화 전략은 비교 강화 전략과 심리적으로 깊은 연관이 있다. 지금까지 살펴본 원리들은 '더 강한 감정=더 높은 가격'이라는 기본 가정에서 출발했다. 그런데 흥미롭게도 가끔은 반대로 '더 높은 가격 =더 강한 감정'을 가정할 수도 있다. 이 현상은 캘리포니아공과대학교와 스탠퍼드대학교가 공동으로 연구한 뇌 스캔을 통해 확인되었다. 첫 번째 실험에서 참가자들은 가격표가 붙어 있는 저렴한 와인(2.45달러) 시음했다. 그러자 보상 센터의 중추인 측좌핵이 약하게 활성화되었다. 두 번째 실험은 저렴한 와인을 고급 와인병에 옮겨 담고 시작했다. 실험자에게 고급 와인병과 와인의 가격(65달러)을 보여준 후 시음하게 했다. 고급 와인을 마신다고 생각한 실험자의 측좌핵이 첫 번째 실험 때보다 더 활발하게 반응했다. 고가의 와인을 마시는 느낌, 더 정확히 말하면 고가의 와인을 마신다는 환상이 뇌에 막대한 보상 가치로 작용한 것이다. 소비자의 뇌는 사실보다는 대부분 환상과 믿음의 영향을 받는다.

블링 H₂O에 대한 마지막 고찰

제1장에서는 블링 H_2O를 예로 들어 물을 금으로 바꾸는 방법, 즉 감정 강화를 통해 실제 가치를 수만 배 높이는 방법을 알아보았고, 제2장과 제3장에서는 감정 강화의 중요한 원리들을 살펴보았다. 이제 마지막으로 블링 H_2O를 종합적으로 고찰해 보려고 한다.

'물이 금이 되는' 기적의 비밀은 블링 H_2O가 크고 작은 다양한 감정 강화 전략을 기반으로 매우 체계적이고 탁월하게 강렬한 감정적 반응을 유발한 데에 있다. 블링은 제품의 세부 사항을 감정 강화에 철저하게 활용하는 방법을 보여주는 좋은 예시다.

블링 H₂O 종합 정리

블링은 기능 강화를 통해 자연의 순수함과 정제된 청정함을 결합한 맑은 이미지를 극대화했다
독창성 강화를 통해 개성과 지위를 강조했다
탄생사를 통해 신비로움을 강화했다
블링은 겉모습을 강화하기 위해 모든 가능성을 활용했다. • 스와로브스키 스톤으로 장식한 병은 다양한 감각을 자극하는 예술 작품이다 • '고가의 제품/고급 와인'을 연상시키는 코르크 뚜껑은 '비교 강화'의 완벽한 예시다. 물병의 고급스러운 디자인은 제품을 더욱 빛나게 한다 • 블링은 매우 특별하고 독특한 장소에서만 판매된다. 장소의 독점성이 제품의 가치에 반영된다(비교 강화) • 사회성 강화를 위해 모델과 유명인을 활용했다. 초창기에는 할리우드 스타들에게만 독점적으로 제공되었다. • 비정상적으로 높은 판매 가격이 가격 강화 메커니즘을 활성화했다.

제5장

Emotional Boosting

상업,
쇼핑의 5가지 감정 유형

상업에서 성공하려면 소비자의 감정적 요구 사항을 파악해야 한다. 이를 반영한 다섯 가지 '쇼핑의 감정 유형'을 살펴볼 것이다. 성공한 상업 기업들은 다섯 가지 유형 중 적어도 한 유형의 특징을 확실히 가지고 있다. 또한 매장, 즉 판매 공간을 감성적으로 만들기 위한 다양한 방법을 알아볼 것이다.

간단한 질문으로 제5장을 시작해 보려고 한다. 고객은 쇼핑을 할 때 어떤 기대를 할까? 대부분은 좋은 가격, 다양성, 쾌적한 경험, 직원의 도움이라고 대답하지만 이런 요소만으로 고객이 품는 기대를 설명하기는 부족하다. 중요한 감정적 관련성을 간과하고 놓치게 되기 때문이다. 예를 들어 저가 제품을 판매하는 알디Aldi와 같은 슈퍼마켓에는 직원의 조언도 없고, 제품은 한정적이며, 쾌적한 경험이랄 것도 없지만 많은 사람이 찾는다. 이와 대조되는 사례로 뮌헨에 있는 달마이어라는 고급 식료품점이 있다. 좋은 분위기에서 충분히 상담받을 수 있지만 가격에는 전혀 이점이 없다. 그래도 이곳 역시

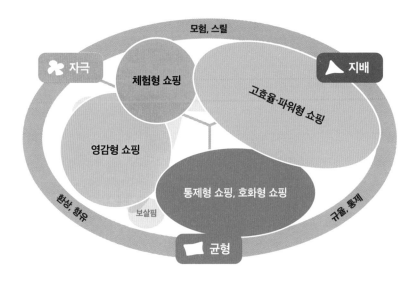

매우 성공적이다. 최근에는 소비자들이 너무 많은 선택지에 과부하를 겪고, 오히려 적은 선택지를 제공하는 상점을 선호한다는 '소비자 혼동Consumer Confusion' 트렌드가 우세하다. 하지만 이와 동시에 가구·건축 자재·전자 제품 시장은 날마다 확장되고 제품의 다양성은 점점 더 커지고 있다. 이런 모순은 어떻게 생겨났을까? 소비자가 변덕스러운 탓일까?

우리 뇌의 감정 시스템의 관점에서 소비자의 기대를 분석하면 이러한 모순을 쉽게 설명할 수 있다. 특히 자극 체계와 지배 체계가 균형 체계의 확장을 방해하는 힘이라는 사실을 떠올린다면 각 체계의 관계가 다양성에 대한 욕구에 미치는 영향을 짐작할 수 있을 것이다. 균형 체계는 모든 불확실성을 피하려고 한다. 너무 많은 선택지는 자극 체계와 지배 체계에 전혀 문제가 되지 않지만 균형 체계에서는 불안함을 조성한다(이 내용은 뒤에서 더 자세히 다룰 예정이다). 짧게 살펴보았지만 이 현상을 깊게 탐구해야 할 필요성과 Limbic® 맵이 비밀의 열쇠가 될 수 있다는 사실이 분명하게 보인다. 〈그림 5-1〉의 Limbic® 맵을 함께 보자.

쇼핑의 다섯 가지 감정 유형을 Limbic® 맵에 배치해 보았다. 이는 무엇을 의미할까? 간단히 말하자면 각 유형은 업계와 상관없이 감정적으로 일관된 상업 전략을 대표한다. 특히 성공한 상업 기업들은 각 유형 중 하나에서 꾸준히 기업을 어필해 왔다. 따라서 우리는 감정적 뇌의 관점에서 상업과 '쇼핑의 다섯 가지 감정 유형'을 알아보려고 한다. 이해를 돕기 위해 각 유형을 대표하는 상업 기업을 예시로 소개할 것이다. 균형 체계와 여기서 비롯한 '통제형 쇼핑' 유형부터 시작해 보자.

통제형 쇼핑 사례:
완벽한 균형 강화를 보여주는 알디

알디의 성공 비결은 무엇일까? 알디는 균형 시스템에 초점을 두고 이 체계를 꾸준히 활성화하는 데 성공했다. 즉, 균형 강화를 위해 끊임없이 노력했다. 님펜부르크 그룹과 협력 회사가 25개국에서 실시한 조사에 따르면 알디는 세계적으로 높은 신뢰도를 가진 소매업체 중 하나로 꼽힌다. 쇼핑을 할 때 균형 시스템이 어떤 욕구를 가지는지 살펴보면, 균형 시스템은 안정감을 추구하고, 스트레스와

불확실함을 피하려 하며 무엇보다도 일관성과 인지적 단순성을 원한다. 예상할 수 있었던 익숙한 것이 달라지면 스트레스를 받는다. 감정적 뇌의 관점에서 알디를 조망해 보자.

건축 형태와 매장 배치

알디에 도착한 손님은 깔끔하고 단순한 건물을 마주하게 된다. 건물은 실용적으로 지어졌고, 불필요한 장식이 없다. 상점 내부도 마찬가지로 깔끔하게 정돈되어 청결한 인상을 주고, 제품이 놓인 선반은 열을 맞추어 배치되어 있어 모든 제품이 한눈에 들어온다. 매장 내부 역시 실용적인 구조이며, 특정 제품을 강조하는 조명 없이 모든 공간이 고르게 밝다. 한마디로 모든 것이 매우 단순하게 설계되어 있다. 이동 경로 또한 굉장히 간단하다.

품목

균형 체계는 너무 많은 선택지를 싫어한다. 겉보기에 비슷한 딸기잼 10가지 중에서 하나를 골라야 한다면 우리 뇌에서는 무슨 일이 일어날까? 어떤 기준으로 골라야 할지 몰라 결정이 어려워지고, 확신이 서지 않을 것이다.

현장 연구에서 한 슈퍼마켓이 처음에는 6종류의 잼, 다음번에는 24종류의 잼을 손님에게 시식으로 제공했다. 잼의 종류가 6가지일 때보다 24가지일 때 더 많은 손님이 머물기는 했지만(잼 종류가 24가지일 때 60%, 잼 종류가 6가지일 때 40%), 흥미롭게도 1달러 잼 할인 쿠폰을 받은 손님들은 오히려 잼 종류가 6가지일 때 더 자주 구매했다. 잼이 6종류일 때는 손님 중 30%가 구매했지만 24종류일 때는 손님의 3%밖에 구매하지 않았다. 알디에서 판매하는 잼은 한 종류밖에 없다. 보통 슈퍼마켓의 전체 품목이 대략 만 개라면 알디는 1,800개 정도밖에 되지 않는다.

제품 품질

식품 구매 시에는 특히 제품의 품질이 중요한 역할을 한다. 제3장에서 살펴본 것처럼 소비자에게는 '순수성에 대한 욕구'가 있다. 알디는 40년 이상 품질에 대한 명확한 전략을 추구해 오고 있다. 공급처에 정확한 품질 요구 사항을 제시하고 이 조건을 일관되게 관리하는 동시에 공급처와 장기적으로 협력한다. 오직 장기적인 비즈니스 관계에서만 시간이 흘러도 변하지 않는 안정적인 품질을 유지할 수 있다. 이러한 이유로 알디 제품은 중요한 테스트 중 하나인 품질 테스트에서 항상 좋은 평가를 받는다.

제품 정보

식품은 포장 뒷면에 적힌 정보가 중요하다. 소비자는 가장 적절한 조리법을 알고 싶어 할 뿐만 아니라 좋은 제품을 구매했는지 확인시켜 주는 정보를 찾는다는 사실을 제4장에서 다루었다. 하지만 소비자의 안전 및 검사에 대한 욕구를 아직 인지하지 못한 국제 식품 기업도 많다. 이 기업들은 포장 뒷면에 유화제와 첨가물을 다양한 언어로 나열해 놓았다. 한 가지 포장을 여러 국가에 사용할 수 있기 때문에 비용이 절약되겠지만, 알디는 다르다. 간단하고 이해하기 쉬운 제품 정보로 소비자의 신뢰를 확보하며 제품 자체의 가치를 높인다. 이를 통해 소비자는 비교적 저렴한 가격에 좋은 제품을 얻었다는 인상을 받는다.

가격 전략

요란하고 눈에 띄는 가격 경쟁은 파급 효과가 있을지라도 무의식중에 신뢰를 깨뜨릴 수 있다. 공격성은 Limbic® 맵에서 균형 체계와 멀리 떨어져 있기 때문이다. 님펜부르크 그룹의 신뢰도 연구에 따르면 가격 경쟁에서 공격적 태도를 취하는 메디아 마크트는 소비자 신뢰도 순위에서 하위에 있다. 알디 역시 가격을 강조하되 꾸준하고 일정하게 저렴한 가격을 유지한다. 반면 메디아 마크트는 일부 품목만 저렴하게 판매하고 그 외의 품목은 경쟁사보다 훨씬 비싸게 판매한다. 모든 제품이 비교적 저렴한 알디에서 쇼핑할 때 소비자는 합리적인 가격에 대해 확신할 수 있고, 이때 소비자의 뇌에서는 보상 체계가 활성화된다. 믿을 수 있는 좋은 품질의 제품을 저렴한 가격에 구매했다는 만족감 때문이다.

고효율·파워형 쇼핑 사례:
지배 체계를 강렬하게 자극하는 메디아 마크트

검정과 빨강, 메디아 마크트를 상징하는 색만 보아도 평온하고 한가한 쇼핑 영역을 벗어났음을 직감할 수 있다. 메디아 마크트의 광고는 눈에 띄게 요란하다. 이로써 효율형 쇼핑 세계에 도착했다. 이 세계에서는 시간을 최대한 절약하면서도 최저 가격으로 가능한 한 다양한 선택지를 소비자에게 제공하는 것이 핵심이다. 이것이 바로 메디아 마크트의 전략이다. 고효율·파워형 쇼핑의 세계를 좀 더 자세히 살펴보자.

건축 형태와 매장 배치

메디아 마크트는 '더 크게'라는 원칙을 따르며 기본적으로 모든 것을 '큼직하고 요란하게' 표현한다. 건물 형태는 알디와 마찬가지로 실용적이다. 미학보다는 효율적 기능에 초점이 맞춰져 있다. 안으로 들어가면 역시나 지배 체계를 대표하는 색상인 검정과 빨강으로 장식한 거대한 매장이 보인다. 직선으로 이루어진 이동 경로 또한 효율성에 중점을 둔 것이다.

품목

균형 체계는 선택의 폭이 넓은 것을 선호하지 않지만, 지배 체계는 선택지가 아무리 넓어도 만족하지 못한다. 선택지가 넓으면 가장 좋은 제품을 찾기 위해 다양한 상점을 찾아다닐 필요가 없다. 이를 '원스톱 쇼핑One-Stop-Shopping'이라고 한다. 메디아 마크트는 알디

와는 완전히 다른 목표 그룹을 대상으로 한다. 메디아 마크트의 목표 그룹은 18세에서 40세 사이의 남성이며, Limbic® 유형은 모험형과 쾌락형으로 다양한 선택지를 좋아하고 품목이 아무리 복잡해져도 스트레스를 느끼지 않는 유형이다.

가격 전략

메디아 마크트는 가격 경쟁의 선두 주자로 알디와는 완전히 다른 가격 전략을 펼친다. 요란하게 가격을 홍보하지만 광고처럼 저렴하지는 않다. 전체 제품 중 실제로 저렴한 제품은 단 5%에 불과하며, 나머지 95%는 전문점 제품과 가격이 같거나 심지어 더 비싸기도 하다. 하지만 실제보다 보이는 것이 더 중요한 쾌락형 소비자와 모험형 소비자에게는 메디아 마크트의 가격 전략이 잘 통한다. 전체적으로 메디아 마크트에 대한 소비자의 신뢰도는 낮은 편이다.

님펜부르크 그룹의 연구를 따르면 메디아 마크트는 신뢰도 조사에서 매우 낮은 순위에 올랐다.

영감형 쇼핑 사례:
상상력을 발휘하는 쇼핑의 기쁨, 디포

통제형 쇼핑과 고효율·파워형 쇼핑의 특징이 실용적인 상품 진열과 소박한 매장 인테리어라면 영감형 쇼핑은 완전히 다른 특징을 보인다. 영감형 쇼핑 세계에서는 고객에게 평온한 경험과 즐거움 제공하고 고객의 상상력을 자극하는 것이 중요하다. 좋은 예로는 인테리어 소품 소매업체인 디포Depot가 있다. 디포에서 고객들은 합리적인 가격으로 제시된 인테리어 소품과 활용 예를 함께 구경할 수 있다. 디포의 목표는 고객이 집을 아름답게 꾸미는 데에 필요한 영감을 주는 것이다.

매장 디자인과 제품 전시

매장 전체는 특정 주제에 맞게 구성되며, 주제는 주기적으로 바뀐다. 고객은 계절에 따라 새로운 아이디어를 얻기도 하고 한 달에도 여러 번 다양한 영감을 받을 수 있다. 디포는 판매하는 여러 제품을 창의적으로 조합하여 전시함으로써 고객에게 제품의 다양한 활용 가능성을 보여준다. 디포의 성공 비결은 직접 창의적 아이디어를 떠올려야 하는 고객의 수고를 덜어주고 집 꾸미기에 대한 즐거움을 주는 데 있다. 다양한 방식으로 연출된 꾸미기 예시들은 아

이디어가 부족한 사람들을 창의적으로 만들고, 이미 창의적인 사람들에게는 더 많은 영감을 제공한다.

품목

디포는 거실, 주방, 욕실, 아이 방, 침실 등 모든 생활 공간을 위한 품목을 철저하게 검증한 후 진열하여 판매한다. 소득이 낮은 사람도 아름다운 집을 누릴 수 있도록 합리적인 가격을 책정하고, 소비자에게 좋은 품질의 제품을 제공하는 것이 디포의 목표다. 디포는 목표 그룹에 대한 명확한 전략을 갖추고 있으며, 인테리어 소품 시장에서 선도적 위치에 서기 위해 애쓴다.

체험형 쇼핑 사례:
다양한 체험이 가능한 글로브트로터

영감형 쇼핑에서 상상력이 중요했다면 체험형 쇼핑에서는 상상력에 더불어 실제 경험이 중요하다. 체험형 쇼핑의 대표적인 브랜드로 함부르크에 본사를 둔 아웃도어 상품 업체 '글로브트로터 Globetrotter'를 들 수 있다. 이 기업은 "새로운 지평을 열다"라는 표어 아래 탐험과 여행, 액티브 스포츠를 위한 용품을 판매한다. 창립 초기였던 30년 전에는 모험가들을 주요 목표 고객으로 삼았지만 현재는 야외 활동을 즐기는 다양한 일반인까지 목표 고객층을 넓혔다. 고객이 직접 체험할 기회를 제공하는 매장 설계가 특징이다.

매장 디자인

함부르크에 있는 5,000제곱미터가 넘는 매장에서 고객은 세계를 탐험하고 모험하는 데 필요한 모든 용품을 찾을 수 있다. 하지만

〈그림 5-5〉 체험형 쇼핑의 예: 글로브트로터 1

매장을 더욱 특별하게 만드는 요소는 '라이브 스테이션'이다. 매장 정중앙에 설치된 거대한 인공 연못에서 고객은 카약과 보트를 타면서 다이빙 장비를 직접 테스트해 볼 수 있다(〈그림 5-5〉 참고).

열대 우림을 방문할 계획이 있거나 방수 기능을 중요하게 생각하는 고객은 물이 분사되는 칸막이에서 거센 열대 우림의 비에 제품의 기능을 테스트해 볼 수 있고, 7,000미터 고도의 산에서 따뜻하게 취침하고 싶은 산악인은 얼음방에서 침낭을 테스트해 볼 수 있다(〈그림 5-6〉 참고).

제품 전시와 고객 상담

'직접 체험하고 테스트하는 것이 중요하다'라는 원칙은 제품 전시에도 반영되어 있다. 고객은 현장 전문가의 조언을 받을 수도 있다. 글로브트로터의 직원들은 실제 '모험가'로서 제품에 대해 잘 파악하고 있으며 자신의 경험과 체험을 바탕으로 상담한다. 상품은 직접 만져보고 테스트해 볼 수 있게 전시되어 있다. 예를 들어 등산화는 단순히 판매용만 진열되어 있지 않고, 직접 착용하고 실제 상황처럼 걸어볼 수 있도록 매장 안에 다양한 형태의 작은 트랙이 있다.

디지털 체험

직접 사용해 볼 수 있는 제품과 매력적인 매장 디자인 외에도 매장 내 다양한 멀티미디어를 통해 실제 모험 상황을 체험해 볼 수 있다. 거대한 플라스마 스크린에서는 전 세계의 화려한 야외 활동 영화가 상영된다.

다양한 이벤트

글로브 트로터는 체험의 기회를 매장 안에만 국한하지 않고 꾸준히 다양한 이벤트를 개최한다. 고객은 '카누 타기 대회', '급류 타기 대회', 'GPS 사용 대회', '나무꾼 캠프', '스케이트 타고 스웨덴 횡단하기', '의료 응급 구조' 행사 외에도 수많은 행사에 참여할 수 있다.

가격 전략

글로브 트로터는 다양한 선택지, 최상의 제품 품질 및 상담의 전문성으로 고객의 신뢰를 얻는다. 따라서 제품의 가격은 전문 소매업 수준에서 적당하게 형성되어 있다.

호화형 쇼핑 사례:
대중과의 차별성을 강조하는 벰페

'쇼핑의 감정 유형'의 마지막 범주인 '호화형 쇼핑'을 살펴보자. 이 유형은 대중과의 차별성을 강조한다. 제3장에서 이미 다룬 것처럼 패션, 자동차, 시계, 보석은 소비자의 개성을 표현한다. 대표적인 예로는 여러 국가에 지점을 둔 보석점 '벰페Wempe'가 있다. 호화형 쇼핑 유형 역시 연출은 중요한 요소이며, 값비싼 재료부터 섬세한 디테일에 이르기까지 다른 보석점과는 차별화된 접근을 보여준다. 호화형 쇼핑 세계의 주요 특징들을 알아보자.

매장의 위치

대부분 대도시에는 다른 구역과 구별되는 고급 쇼핑 구역이 있다. 호화형 쇼핑 세계는 가장 비싼 지역에서만 볼 수 있다. 제4장에서 살펴본 것처럼 매장의 위치와 주변 환경 자체가 매장의 가치를 높이거나 낮출 수 있기 때문이다.

매장 디자인

벰페의 고급스러운 이미지는 한눈에 들어온다. 어두운 색조의 고급 소재가 전체적인 인상을 좌우하며, 조명은 제품을 강조하고 친밀한 분위기를 형성한다. 벰페의 특징 중 하나는 부유한 고객에게 제공하는 품격 있는 상담으로 고객은 서지 않고 앉아서 상담을 받는다.

제품 전시

벰페에서 중요한 것은 양이 아니라 선별된 품질이다. 그 결과 고객은 개별 상품에 충분히 주목할 수 있다. 대량으로 진열된 상품은 '많으니까 싸다'라는 인상을 주는 반면, 개별 진열은 '수량이 한정적이기 때문에 독특하고 값비싸다'라는 느낌을 준다.

직원

'노블레스 오블리주Noblesse Oblige'는 벰페의 표어다. 직원의 고급스러운 옷차림, 단정하고 예의 바른 분위기, 절제된 말투가 고객과의 대화에서 전반적인 분위기를 형성한다.

가격

가격은 부차적인 요소일 뿐이다. 오히려 너무 낮은 가격은 역효과를 낼 수 있다. 높은 가격 자체가 제품의 독특함과 고급스러움을 상징하기 때문이다. 제4장에서도 보았듯 높은 가격도 제품의 가치를 높일 수 있다.

'쇼핑의 감정 유형'을 둘러보는 여행을 마쳤다. 각 유형은 서로 매우 다른 특징을 가지며, 나름의 논리와 함께 일관적으로 제품을 연출한다. 고효율·파워형 쇼핑 세계에서는 넓은 선택의 폭과 매력적인 가격을 내세워 금전적으로 효율적인 쇼핑 환경을 조성해야 하며, 영감을 주는 쇼핑 환경을 만들려면 구매자에게 감각적인 경험을 제공할 수 있어야 한다. 우리 뇌의 감정 시스템에는 다양한 가능성이 있으므로 세부 사항을 일관적으로 연출하는 것이 성공의 비결이다. 물론 쇼핑 장소의 편리함(균형 시스템)이나 접근성(지배 시스템) 등도 중요한 역할을 한다. 예를 들어 식료품을 구매할 때 마트까지 너무 오래 운전해야 한다면 소비자는 감정적 선호도가 가장 높은 곳이 아닌 근처에 있는 저렴한 슈퍼마켓을 더 자주 이용할 것이다.

상업계 현황

지금까지 '쇼핑의 감정 유형'를 자세히 알아보았다. 이제 상업계의 전반적인 현황을 살펴보며 다양한 브랜드를 각 유형에 맞게 배치해 보자(〈그림 5-8〉 참고). "없는 것 빼고 다 있다"라는 모토를 가진 레알과 같은 초대형 마켓은 효율형 쇼핑 영역에 있고, 알디나 리들Lidl같은 저가 할인 마트는 통제형 쇼핑 영역에서 볼 수 있다. 자

라Zara, 에이치엔앰H&M, 이케아와 같은 체인점은 체험형과 영감형 사이에 있고 탈리아Thalia 같은 서점 체인이나 더글라스와 같은 화 장품·향수 매장은 영감형 쇼핑 영역에 있다.

상업에서 목표 그룹이란?

각 쇼핑 유형은 서로 다른 감정 시스템을 활성화한다. 그렇다면 쇼핑 유형에 따라 특정 감정적 목표 그룹, 즉 다양한 Limbic® 유형 을 대상으로 한다는 뜻일까? 대답은 '그렇다'이다. 각 Limbic® 유형 은 기본적인 쇼핑 선호도에 있어 뚜렷한 경향을 보인다. 조화형·전통형·규율형 소비자는 절약하면서 쇼핑하는 유형이므로 특히 통제형 쇼핑 환경을 선호하고, 쾌락형·모험형 소비자는 체험 중심의 쇼핑을 즐긴다. 반면 성과형 소비자는 호화형 쇼핑 환경에 가장 크게 호감을 보인다. 다시 말해, 유형별로 뚜렷이 구분되는 일반적 경향이 있다.

브랜드의 Limbic® 맵 위치뿐만 아니라 해당 브랜드가 판매하는 제품군에 따라 목표 그룹의 관심도가 결정된다. 예를 들어 모험형·성과형 소비자는 가전제품과 스포츠 장비에 높은 관심을 보이지만, 쾌락형 소비자는 패션과 색조 화장품에 주의를 기울이고, 조화형 소비자는 인테리어 소품과 정원용품을 선호한다.

목표 그룹과 부가 감정을 활용한 차별화 기술

'쇼핑의 감정 유형'뿐만 아니라 제품의 종류 또한 구매 행동에 상당한 영향을 미친다는 사실을 짚어보았다. 심지어 같은 제품 카테고리 내에서도 목표 그룹에 큰 차이가 있을 수 있다. 예를 들어 아방가르드 패션은 쾌락형 소비자에게 훨씬 잘 팔리는 반면, 유행을 타지 않는 패션은 전통형 소비자들이 즐겨 구매한다. 이 관점으로 H&M과 킥Kik이라는 패션 브랜드를 자세히 살펴보자. H&M의 감정 유형은 체험형이고, 킥은 효율형·통제형이다. 두 브랜드 모두 패션과 옷을 취급하지만 스타일과 목표 고객층이 완전히 다르다. 킥이 유행을 타지 않고 검증된 패션을 선보인다면, H&M은 트렌디한 패션과 계절에 따른 컬렉션 교체로 유명하다. 두 브랜드가 만족

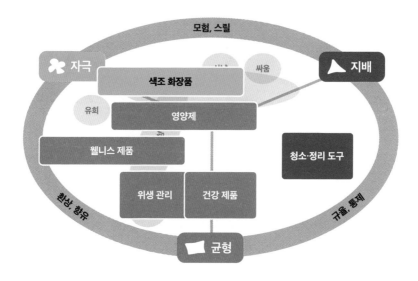

〈그림 5-9〉 드러그 스토어 제품의 감정 구조

시키는 고객층에는 큰 차이가 있다.

차별화된 감정 전략으로 오스트리아에서 큰 성공을 거둔 드러그 스토어 비파BIPA와 데엠DM도 살펴볼 만하다. 두 브랜드는 제품을 더욱 전문화하는 방식으로 감정 전략을 활용했는데, 이는 각 브랜드의 목표 그룹과 밀접한 연관이 있다. 드러그 스토어에서 판매하는 제품의 기본적 감정 논리, 즉 각 제품이 소비자에게 끼치는 감정적 영향을 살펴보자면, 가정용 청소 및 정리 도구는 균형·통제 영역, 건강 제품은 균형 영역, 위생 관리나 기초 화장품은 조화 영역, 색조 화장품은 자극 영역에 위치한다.

비파와 데엠에서 판매하는 제품을 일반 마트에서도 살 수 있긴 하지만 세부적인 요소가 완전히 다르다. 데엠은 수년 동안 건강·웰

전혀 다른 방향성을 가진 드러그 스토어 비파와 데엠.

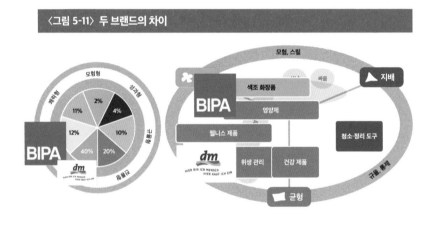

비파와 데엠은 목표 고객과 제품 전략에서 차이가 난다.

니스 분야에서 높은 전문성을 구축해 왔고(균형 강화), 비파는 향수
와 색조 화장품에 큰 비중을 두고 있다. 일반 마트는 제품만 팔지만
데엠에서는 '기분이 좋아지고', 비파에서는 '아름다워지는' 경험을
추가로 제공한다.

두 브랜드가 제공하는 감정적 가치가 다르기 때문에 당연히 서로 다른 목표 고객에게 접근하게 된다. 데엠이 조화형 소비자에게 중점을 둔다면 비파는 개방형·쾌락형 소비자에게 더욱 집중한다. 비파와 데엠 모두 저렴한 드러그 스토어이지만, 소액으로도 소비자에게 큰 만족감을 제공한다.

매장에서 감정 강화를 일으키는 법

지금까지 브랜드의 전체적인 감정 판매 전략을 살펴보았다면 이제는 매장에서 활용할 수 있는 상세한 감정 강화 전략을 알아보려고 한다. 각 강화 전략은 매출을 0.5~2% 증가시킬 수 있다. 즉, '슈퍼 강화 전략'이라는 것은 없다. 오직 수많은 세부 전략을 개선하는 방법만이 고객을 만족시키고 수익도 극대화할 것이다. 지금까지 그래왔듯이 뇌과학의 관점에서 접근해야 한다. 이 접근법은 고객이 물건을 사며, 매장을 인식하고 경험하는 방식과 일치한다.

첫인상이 중요하다

낯선 매장에 처음 들어선 고객의 뇌는 스스로 무엇을 기대하는지 모를 때가 있다. 제4장에서 살펴봤듯 고객의 뇌는 얻을 수 있는 모든 정보를 활용하여 인지적 불확실성을 줄이려고 노력한다. 따라서 매장 외부의 진열창은 명함처럼 중요한 역할을 한다. 이 비유는 〈그림 5-12〉를 통해 더 쉽게 이해할 수 있다. A는 매장의 규모와 선택의 폭을 암시하며, B는 해당 매장이 약국임을 알려준다. 그런데

A   B

외관을 전혀 관리하지 않는 약국을 믿고 자신의 건강을 맡길 고객이 있을까?

매장에 들어설 때 받는 스트레스

크고 낯선 매장을 처음 방문할 때 고객의 뇌는 스트레스를 받는다. 이유는 두 가지다. 첫째, 뇌가 새로운 영역을 낯설고 위험하다고 받아들이기 때문이고('저 모퉁이에 곰이나 호랑이, 식인종이 있는 것은 아닐까?'), 둘째, 복잡하게 구성된 매장에서는 길을 잃기 쉬운데 이때 인지적 스트레스를 받기 때문이다. 따라서 매장 관리자는 고객이 매장 입구에서 느끼는 두려움과 스트레스를 줄이기 위해 노력해야 한다. 그렇지 않으면 스트레스 호르몬인 코르티솔이 지속적으로 분비되어, 생존에 초점을 맞춘 뇌는 물건 구매를 줄이게 될 것이다. 그렇다면 이 문제를 어떻게 해결해야 할까? 입구를 여유롭게 만들어 자유로운 인상을 주고, 어디에 어떤 상품이 있는지 즉시 알아볼 수 있게 해야 한다.

상품을 찾는 소비자의 시선

고객의 뇌는 매장에 들어서는 순간부터 매장을 파악하고 탐색하며 원하는 제품을 찾기 시작한다. 탐색은 매장 내 안내표와 분명한 상품 분류의 도움을 받아 이루어진다. 만약 서로 다른 제품 카테고리가 명확한 경계 없이 너무 자연스럽게 연결되어 있다면 고객의 뇌는 정보의 홍수에 빠질 수 있다. 이 문제는 제품 카테고리를 명확하게 구분하는 공간을 마련하고, 알아보기 쉬운 안내 체계를 도입하는 등 구조적 조치를 통해 해결 가능하다. 〈그림 5-13〉은 고객에게 방향성을 제공하는 매장의 좋은 예다.

고객의 시선은 무의식적으로 움직인다. 처음에는 수직으로 시선을 옮겨 찾고자 하는 제품 범주를 찾고, 그다음에는 시선을 수평으로 움직여 해당 범주 내에서 어떤 선택지가 있는지 살펴본다.

〈그림 5-13〉 효과적인 상품 배치

고객에게 효과적인 방향성을 제공하기 위해서는 명확한 상품 분류와 안내 체계가 필요하다.

걷는 방향

탐
색

'멘탈 맵'을 기반한 제품 배열

고객이 매장 내에서 방향을 잡는 데 도움을 주기 위해 '멘탈 맵'을 활용할 수 있다. 우리 뇌에는 공간적·시간적·정신적 측면에서 세상을 분류하는 수없이 많은 무의식적 분류 체계가 존재한다. 전문 용어로 '멘탈 맵'이라고 부르는 이러한 분류 구조는 타고나기도 하고 학습을 통해 형성되기도 한다. 예를 들어 식료품에 대한 멘탈 맵은 '아침 식사', '점심 식사', '저녁 식사'로 구성될 수 있는데, 이는 우리가 일상에서 이렇게 음식을 섭취하기 때문이다. 그렇다면 식료품 매장은 제품을 어떻게 배치해야 가장 큰 효과를 볼 수 있을까? 사실 답은 아주 간단하다. '고객의 멘탈 맵을 따라 신선한 인상을 주는 과일과 채소로 시작하여, 아침, 점심, 저녁 식사 순으로 식

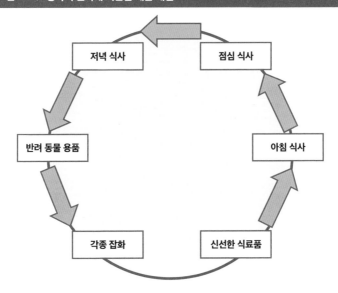

〈그림 5-15〉 생각의 변화에 기반한 제품 배열

저녁 식사

점심 식사

반려 동물 용품

아침 식사

각종 잡화

신선한 식료품

고객의 뇌에는 제품 배열 순서에 대한 무의식적 지도가 있다

사 재료를 진열하고, 그다음에 반려 동물 사료, 마지막으로 생활용
품과 화장품을 배치하면 된다(〈그림 5-15〉 참고).

멘탈 맵에 따라 상품을 배치하면 어떤 일이 일어날까? 고객은
자신의 무의식이 예상한 대로 매장을 탐색하고 경험할 수 있다. 이
로 인한 스트레스와 부담 감소는 소비 증가로 이어진다. 또한 선반
에 개별 상품을 진열할 때도 멘탈 맵을 활용하면 더욱 효과적이다.
고객의 무의식은 특정 제품을 찾는 순서와 맥락에 대한 구체적인
상상력을 가지고 있기 때문이다.

제품 진열

제품 진열이나 시각적 판매 전략에 관한 무의식의 법칙은 무궁무진해서 이 내용만으로 책 한 권을 쓸 수 있을 정도다. 따라서 이 책에서는 중요한 몇 가지 포인트만 언급하고자 한다. 생필품을 구매하려는 고객의 뇌는 제품을 빠르게 파악할 수 있는 시각적 규칙을 선호한다. 심리학에서는 이에 관해 이미 수십 년 전에 '게슈탈트 법칙 Gestalt Laws'을 제시하였고, 이 법칙은 특히 상품을 진열할 때 중요한 역할을 한다. 〈그림 5-16, 5-17〉에서 몇 가지 예를 확인해 보자.

눈높이의 가치

제품 진열에서 중요한 또 하나의 요소는 바로 눈높이이다. 눈높이에 진열된 상품들은 눈높이보다 더 높은 곳이나 더 낮은 곳에 진열된 상품보다 훨씬 더 잘 팔린다(여성의 눈높이 평균은 약 150센티미터이며, 남성의 눈높이 평균은 약 160센티미터이다). 님펜부르크 그룹의 연구를 통해 제품이 진열된 높이에 따라 매출이 얼마나 크게 달라지는지 알 수 있다(〈그림 5-18〉 참고).

할인과 할인 상품 표시의 효과

뇌 스캔을 통해 우리 뇌가 할인 제품을 볼 때 어떻게 반응하는지 알 수 있다. 할인은 무의식중에 우리 뇌의 보상 체계를 활성화하고, 전두엽의 스위치를 꺼버려서 "정말 저렴한 가격이 맞는가?" 또는 "정말 이 제품이 필요한가?"라는 성찰적 질문을 던지지 못하게 한다. 결국 고객은 필요하지 않은 물건을 구매하게 된다.

왼쪽 공들은 눈에 띄지 않지만, 오른쪽 공들은 즉시 눈에 띈다.

뇌는 무질서를 싫어하기 때문에 쉽게 인식할 수 있는 구조를 찾는다.

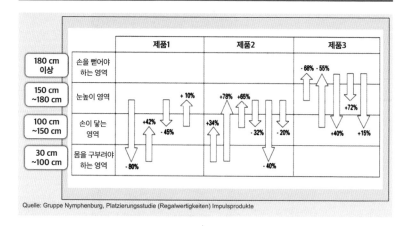

Quelle: Gruppe Nymphenburg, Platzierungsstudie (Regalwertigkeiten) Impulsprodukte

기준 가격의 효과

와인 매장 선반에 1만 원 와인과 3만 원 와인 두 종류만 있다면, 고객의 85%는 저렴한 1만 원짜리 와인을 선택한다. 그러나 선반에 6만 원 와인을 추가로 진열하면 완전히 다른 상황이 벌어진다. 1만 원짜리 와인을 구매하는 고객은 70%로 줄어들고, 3만 원짜리 와인은 28%의 고객의 선택을 받으며, 나머지 2%는 가장 비싼 와인을 구매한다.

기준 가격을 다르게 설정함으로써 와인 매장은 고객의 구매량을 크게 늘릴 수 있었다. 이 방식이 통하는 이유는 우리 뇌가 기준 가격에 영향을 받아 중간값을 선택하려는 경향이 있기 때문이다. 비싼 제품과 저렴한 제품이라는 선택지가 있다면 고객은 저렴한 제품을 선택하지만, 선택지가 세 개로 늘어나면 상황이 달라진다. 새로 추가된 더 비싼 와인 때문에 원래는 비싸게 느껴졌던 와인도 무

가격: 1만 원
구매 비율: 85%

A

가격: 3만 원
구매 비율: 15%

B

고객의 85%는 저렴한 와인을 구매했다

가격: 1만 원
구매 비율: 70%

A

가격: 3만 원
구매 비율: 28%

B

가격: 6만 원
구매 비율: 2%

C

B보다 더 비싼 와인 C를 함께 진열하자 고객의 뇌는 비교 체계를 수정했다. 제일 비싼 와인 때문에
두 번째로 비싼 와인이 상대적으로 저렴해 보이게 되었고, 구매율이 올랐다.

의식적으로 그렇게 비싸게 느껴지지 않게 되어 주목을 받는다. 더불어 우리 뇌는 '중간 가격대의 상품이면 안전하겠지'라는 생각에 중간을 선택하려고 한다.

매장 내 이동 경로

고객 대다수는 구체적인 쇼핑 목록 없이 쇼핑을 시작한다. 대략 어떤 물건을 사려고 했는지 알고는 있어도 결국 장바구니에는 원래 사려고 했던 것보다 훨씬 더 많은 물건이 담겨 있다. 매장을 돌다 보면 원래 사려 했던 것 외에도 다 써가는 세제 등 잊고 있었던 필요한 물건들이 떠오르기 때문이다. 이를 '충동적 필요 구매'라고 한다. 반면, 가끔 보상 체계가 옆구리를 찌르면 블라우스나 와인, 초콜릿과 같은 물건을 사서 만족감을 채우고 싶어진다. 이러한 구매는 '충동적 욕구 구매'라고 한다. 이 두 가지 형태의 충동구매는 고객이 많은 제품을 무의식적으로 지나갈 때 일어난다.

충동구매를 유발하는 크고 작은 요령을 함께 살펴보자. 먼저 생활에 꼭 필요한 제품은 매장의 뒤쪽에 배치하여 고객이 전체 매장을 가로질러 가도록 유도한다. 또 넓은 주요 통로에 비해 제품을 진열하지 않은 통로를 좁게 만들어서 고객의 이동 경로를 연장할 수 있다. 그러면 고객은 짧은 길로 갈 선택권이 있어도 제품이 많이 진열된 넓은 통로를 무의식중에 지나가게 된다. 고객은 자신이 원한다면 언제든 빠른 길로 갈 수 있다고 느낀다. 이러한 요령을 '강제적 조치'라고 한다. 물론 고객이 걸어가는 경로에 흥미로운 체험이나 활동을 할 수 있는 공간을 만들어 고객의 관심을 끄는 '보상 조치'도 있다.

다중 감각으로 매장에서 고객의 감각을 자극하는 법

시각적 요소로 이야기를 시작해 보자. 매장 내 조명이 고객의 무의식에 미치는 영향은 어마어마하다. 약하게 푸른빛이 도는 매우 밝은 조명은 '여기는 저렴한 매장'이라는 신호를 보내고, 특별히 아름답거나 값비싼 제품을 강조하는 조명은 고객에게 영감을 주며 제품이 귀중해 보이게 한다. 효율형 쇼핑 환경에서는 전체 인테리어 비용 중 고작 10%만 조명에 지출하지만 호화형 쇼핑 환경에서는 약 30%에서 40%까지 조명에 투자한다. 적절한 조명만으로도 매출을 5%에서 20%까지 올릴 수 있다. 조명은 단순히 고객을 매장으로 인도하는 기능만 가진 것이 아니라 고객의 관심을 끌기 위해서도 중요하다.

예를 들어 치즈 진열대의 조명은 노란색이며 정육점의 조명은 붉은색이다. 채소 진열대에는 강한 조명을 사용하여 과일과 채소의 선명한 색상이 돋보이게 한다. 각 조명은 제품을 실제보다 훨씬 더 신선하고 맛있어 보이게 한다.

이제 청각적 요소로 넘어가 보자. 큰 음악 소리가 고객의 구매를 방해하는 것은 이미 오래전에 알려진 사실이다. 자동차 대리점같이 방문객이 별로 없는 매장에 잔잔한 음악을 틀어 놓으면 감시당하는 것 같은 느낌이 줄어든다. 빠른 음악은 고객의 행동이 빨라지게 하고 느린 음악은 고객의 행동을 느리게 만들어 매장을 천천히 둘러보게 한다. 물론 음악의 장르도 중요하다. 얼마 전 영국에서는 큰 슈퍼마켓의 와인 판매대에서 하루에 한 번씩 프랑스의 아코디언 음악과 독일의 행진곡을 번갈아 틀고 와인 판매 데이터를 분석

조명은 판매 공간을 새롭고 흥미롭게 만든다.

하는 실험을 했다. 프랑스 음악이 흘러나올 때는 프랑스 와인의 매출이 평균 이상으로 증가했고, 독일의 행진곡이 나올 때는 독일 와인의 매출이 약간 증가했다. 와인 판매 구역에 특이한 점이 있었냐고 물어봤을 때 고객들은 '아니요'라고 답했다. 즉, 음악은 구매 결정에 무의식적으로 상당한 영향을 미친다는 사실을 알 수 있다.

이제 후각적 요소에 관해 이야기해 보자. 판매 공간에서 고약한 냄새가 난다면 고객은 최대한 빨리 그곳을 떠나려 할 것이다. 반면 매장에서 신선하고 편안한 냄새가 난다면 고객의 기분이 좋아지고, 매출이 올라 판매자도 행복해질 것이다. 고객의 기분이 좋을 때 매출이 크게 오른다는 것은 이미 알려진 사실이다. 후각은 변연계와 직접적으로 연결되어 있어서 좋은 냄새는 변연계에서 구매 욕구를 활성화하는 보상으로 작용하고, 반대로 나쁜 냄새는 구매 욕구를 줄이는 처벌로 작용한다. 연구 결과 '향기 마케팅은' 상업에서 매출을 최대 3%까지 늘릴 수 있다고 밝혀졌다.

마지막 인상은 오래 남는다

우리 뇌는 첫인상뿐만 아니라 마지막 인상도 중요하게 여기며 잔상을 오래 남긴다. 원시 시대부터 마지막 인상은 항상 전체 경험의 결과와 그 결과가 낳은 영향과 연결되어 있었기 때문이다. 고객이 쇼핑할 때 어디서 마지막 인상을 받을까? 바로 계산대이다! 하지만 계산대에서 부정적인 경험을 하게 되는 경우가 종종 있다. 먼저, 지출이라는 돈과의 가슴 아픈 이별을 해야 하고, 긴 줄에 서서 오래 기다려야 하며(자율성 손실=스트레스), 뒷사람의 물건이 가까워질수록 내 물건을 빨리 장바구니에 담아야 한다는 압박을 받는다. 마지막으로 운이 나쁘면 무뚝뚝한 계산원이 부정적 경험에 마침표를 찍는다.

물론 마지막 인상을 원하는 방향으로 이끄는 방법도 다양하다. 계산대에서 긴 줄을 기다리는 동안 고객이 적극적으로 할 수 있는 일이 있다면 자율성 손실을 줄일 수 있다. 가격 표시 화면은 고객도 함께 보고 확인할 수 있게 배치하고, 계산 후에는 손님이 여유롭게 짐을 정리할 수 있도록 기다려주는 것이 좋다. 마지막으로 직원의 진심이 담긴 감사의 말과 친절한 미소로 마무리하면 훌륭하다.

한 서점 계산대에서 인상 깊은 감정 강화를 경험한 적이 있다.

스트레스 증가

고객의 뇌에 마지막 인상을 남기며 가장 큰 스트레스를 줄 수 있는 곳은 바로 계산대다.

서점 주인은 계산대에서 고객에게 마지막 인상을 좋게 남기려고 많이 고민했을 것이다. 직원들은 모두 친절하고 정겨웠다. 하지만 여기서 더 특별한 것은 계산대 근처에 설치된 수족관과 그 안의 다양한 열대어였다. 그 결과 이 서점에서는 고객들이 계산대 앞에서 더 이상 스트레스를 받지 않게 되었고 오히려 흥미롭게 물고기를 감상하며 기분 좋게 매장을 떠날 수 있었다.

이 장에서는 크고 작은 감정 강화 방법을 활용해 매출과 이익을 어떻게 높일 수 있는지 다양한 관점에서 조명해 보았다. 이 방법들을 꾸준히 적용하면, 시작 상황에 따라 매출을 최대 30%까지 올릴 수 있을 것이다. 그러나 아직 다루지 않은 두 가지 중요한 성공 요인이 있다. 하나는 사업장의 위치 및 환경이며, 다른 하나는 기업 문화 및 직원과 관련된 내용이다. 매장 위치에 관한 내용은 이 책의 범위를 벗어나지만, 기업 문화와 직원 관련 내용은 상업계뿐만 아니라 모든 업종의 감정 강화 전략에 매우 중요하기 때문에 마지막 장에서 다룰 예정이다.

제6장

Emotional Boosting

온라인 쇼핑,
사용자 경험을 최적화하라

최근 온라인 쇼핑은 폭발적으로 성장했다. 책, 컴퓨터, 신발과 같은 제품부터 여행, 렌터카, 파트너 찾기와 같은 서비스까지 인터넷에서 판매되지 않는 것은 거의 없다. 제6장을 다 읽고 나면 인터넷이라는 사업의 장도 지금까지 살펴본 감정 시스템의 기반 위에 세워져 있으며, 따라서 감정 강화 전략을 적용할 수 있다는 것을 알게 될 것이다.

인터넷 쇼핑은 새롭고 독특한 법칙을 따르며, 온라인 쇼핑 고객과 오프라인 쇼핑 고객은 완전히 다른 부류라고 생각하는 사람들이 많다. 그러나 이 관점은 기술이 아무리 빠르게 성장해도 우리 뇌의 감정 시스템의 특성은 변하지 않는다는 사실을 간과했다. 우리 뇌가 작동하는 방식을 온라인 판매에서도 일관되게 적용할 때 성공할 수 있다. 바로 이 관점을 기반으로 온라인 판매 시 주요 사항들을 살펴보겠다.

첫인상이 중요하다

소비자의 인터넷 쇼핑 경험을 따라가 보자. 구매 과정은 인터넷 사이트를 클릭하여 시작 페이지(랜딩 페이지) 열기로 시작된다. 제5장의 〈그림 5-12〉에서 살펴본 '첫인상의 법칙'을 떠올려 보자. 이 법칙은 웹사이트에도 동일하게 적용된다. 웹사이트의 첫인상과 분위기는 소비자의 뇌에서 중요한 무의식 신호를 설정한다. 독일의 심리학자 라파엘 야론Rafael Jaron과 마이날트 티일슈Meinald Thielsch의 연구에 따르면 웹사이트의 첫인상은 고객이 온라인 매장에 머무르는 시간을 결정할 뿐만 아니라 이후 구매 행동에도 상당한 영향을 미친다! 첫인상이 뇌에서 만들어질 때, 전반적인 감정적 인상을 평가하는 '감정 시스템'과 정보의 양과 밀도를 다루는 '인지 시스템'으로 나뉘어 처리된다. 먼저 감정 시스템부터 알아보자.

〈그림 6-1〉 자라 시작 페이지

감징 시스템은 온라인 매장의 세품이 비싼지, 저렴한지, 브랜드가 어떤 감정 시스템에 속하는지, 웹사이트가 매력적인지를 밀리초 안에 평가한다. 〈그림 6-1, 6-2〉에서 패션 온라인 쇼핑몰 자라와 세븐티세븐Seventyseven의 시작 페이지를 비교해 볼 수 있다.

제4장 '디자인, 작은 차이가 돋보이는 제품을 만든다'에서도 언급했듯이 사람의 얼굴은 뇌에 강력한 신호를 전달한다. 자라의 시작 페이지는 감정적 반응을 불러일으킨다. 이에 비해 세븐티세븐의 시작 페이지는 스티로폼처럼 건조하고 무감각하다. 자라는 제품 항목에 따라 분위기를 다양하게 변화시켜 소비자의 감정적 반응을 극대화하는 반면 세븐티세븐의 사이트는 전체적으로 단조롭다.

인지 시스템은 웹사이트를 다른 관점에서 바라본다. 앞서 살펴본 것처럼 뇌는 불필요하게 생각하는 것을 피하려고 한다. 뒤따르는 보상 없이 생각해야 한다면 뇌에서는 고통 체계가 활성화되어

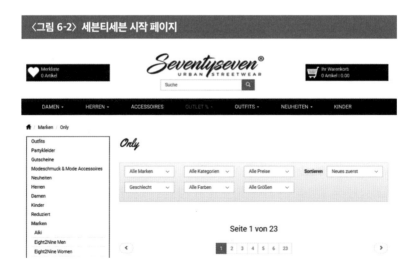

〈그림 6-2〉 세븐티세븐 시작 페이지

과도한 메시지·낮은 구조성 및 조직성은 뇌를 과부하한다.

기분이 나빠진다. 지나치게 복잡한 시작 페이지는 바로 이러한 상황을 초래하고, 결과적으로 고객이 홈페이지를 떠날 확률이 매우 높아진다. 대형 전자상거래 기업인 오토Otto의 예전 시작 페이지는 고객의 뇌를 과부하하는 예를 보여준다(〈그림 6-3〉 참고).

얼마 전까지만 해도 이렇게 복잡한 시작 페이지들이 많았지만, 지금은 오토를 포함하여 많은 업계의 웹 사이트가 전반적으로 전문화되었다. 〈그림 6-4〉에서 오토의 새로운 시작 페이지를 확인해 보자.

개선된 시작 페이지에서는 오직 한 제품만 강조되어 있다. 〈그

림 6-4〉의 경우 전자 제품이다. 시작 페이지가 간소해진 것은 단순히 좋은 디자인 업체 덕분이 아니다. 오늘날에는 홈페이지 방문자를 알아내는 빅 데이터의 활용이 더 중요해졌다. 오토는 구글 같은 회사, 즉 빅 데이터를 활용하여, 접속한 IP 주소 뒤에 '전자 제품 애호가'가 앉아 있으며 전자 제품에 관심이 많다는 것을 파악하고, 이 방문자가 가장 흥미로워할 만한 제품 카테고리를 시작 페이지에서 보여준다! 이 방식으로 고객의 관심과 구매 의향을 높일 수 있다.

상품을 상세히 설명하라

고객은 제품이나 서비스를 구매하기 위해 웹 사이트를 방문한다. 고객이 원하는 제품을 빠르고 쉽게 찾을 수 있도록 웹사이트가 만들어져 있다면 고객의 욕구는 충족될 수 있다. 고객이 기대에 부합하는 제품을 찾고 나면 웹사이트에서 해당 제품이나 서비스에 대한 정보를 간결하고 명확하게 얻고자 하는 중요한 과정이 남았다.

실제 구매까지 유도하기 위해서는 고객의 인식과 감정을 따로 고려해야 한다. 구매의 인식·기능 측면을 살펴보자면, 고객에게 제품의 모든 기능을 쉽고 간단하게 설명해야 하고, 마찬가지로 한계점도 명확히 보여주는 것이 중요하다. 제품이 고객의 기대를 충족시키지 못하면 불만과 함께 비싼 반품 비용이 늘어나기 때문이다.

〈그림 6-5〉 메디아 마크트의 제품 소개

다음으로 감정적 측면을 살펴보면, 온라인에서도 제품을 매력적으로 표현하고 연출하는 방식이 매우 중요하다. 실제 내 경험을 이야기해 보겠다. 이 장을 쓰는 동안 오래된 노트북을 초경량 노트북으로 교체하려고 마음먹고 메디아 마크트와 아마존 같은 다양한 온라인 쇼핑몰을 방문했다.

두 사이트를 비교해 보면 차이점이 뚜렷하다. 메디아마크트는 제품의 이미지를 여러 각도로 깔끔하게 보여주고 제품의 특징, 재고 유무 등 중요한 정보도 함께 제공한다.

그러나 감정 강화 전략의 측면에서는 아마존이 훨씬 앞선다. 아마존은 다른 사이트보다 150유로가 저렴하다는 점을 분명하게 강조하여 표시했다. 이런 점이 구매 의향을 크게 높일 수 있다. 아마존에서도 제품의 이미지를 여러 각도에서 볼 수 있고, 이 외에도 구매를 유도하는 요소가 몇 가지 더 있다.

아마존은 구매 결정 과정에서 고객에게 필요한 정확한 정보와 감

〈그림 6-6〉 아마존의 제품 소개

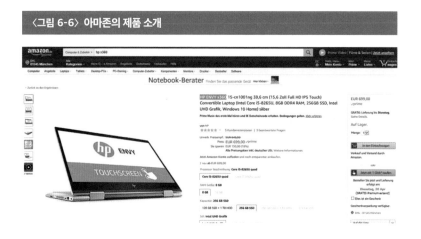

〈그림 6-7〉 아마존에서 제공하는 제품 비교표

Mit ähnlichen Produkten vergleichen

	Dieser Artikel HP ENVY x360 15-ax1001ng 39,6 cm (15,6 Zoll Full HD IPS Touch) Convertible Laptop (Intel Core i5-8250U, 8GB DDR4 RAM, 256GB SSD, Intel UHD Grafik, Windows 10 Home) silber	Lenovo Yoga 530 35,6 cm (14,0 Zoll Full HD IPS Touch) Slim Convertible Notebook (Intel Core i5-8250U, 8 GB RAM, 256 GB SSD, Intel UHD Grafik 620, Windows 10 Home) schwarz	HP Pavilion x360 15-cn0004ng 39,56 cm (15,6 Zoll Full HD IPS) Convertible Notebook (Intel Core i5-8250u, 8GB RAM, 1TB HDD, 128GB SSD, Intel UHD Grafik, Windows 10 Home) silber/schwarz	Huawei Meatebook D Ryzen 5 7900U 35,56 cm (14 Zoll Full HD) Notebook (256GB SSD, 8GB RAM, AMD Radeon Vega 8 Graphics, Windows 10 Home) grau	HP ENVY x360 15-cp0001ng (15,6 Zoll Full HD IPS Touchscreen) Convertible Notebook (AMD Ryzen 5 2500U, 8GB DDR4 RAM, 256 GB SSD, AMD Radeon Vega 8, Windows 10 Home) Dark Ash Silver
	In den Einkaufswagen	In den Einkaufswagen	In den Einkaufswagen	In den Einkaufswagen	In den Einkaufswagen
Kundenbewertung	★★★★★ (5)	★★★★★ (53)	★★★★★	★★★★★ (42)	★★★★★ (9)
Preis	EUR 695,00	EUR 699,00	EUR 799,00	EUR 607,00	EUR 799,99
Versand	✓prime	✓prime	✓prime	✓prime	✓prime
Verkauft von	Amazon.de	Amazon.de	Amazon.de	Amazon.de	Amazon.de
Arbeitsspeichergröße	8 GB	8 GB	8 GB	8 GB	8 GB
CPU-Modellfamilie	Core i5	Core i5	Core i5	Ryzen 5 2500U	Unknown
CPU-Hersteller	Intel	Intel	Intel	AMD	AMD
Displaygröße	15,6 Zoll	14 Zoll	15,6 Zoll	14 Zoll	15,6 Zoll
Grafikbeschreibung	Integriert	Intel UHD Grafik 620	Intel UHD Graphics 620	AMD Radeon Vega 8 Graphics	AMD Radeon Vega 8-Grafikkarte

정을 조화롭게 제공한다. 예를 들어 소비자는 특정 모델로 선택 범위를 좁히고 나면 다른 제조사에 유사한 제품이 있는지 알아보고 싶어 한다. 이때 아마존은 여러 제품을 쉽게 비교 파악할 수 있도록 도와준다. 이로써 고객의 제품 검색과 결정 과정이 훨씬 간편해진다.

〈그림 6-8〉 제조사의 감성적 제품 홍보를 잘 활용하는 아마존

Dieses Gerät ist flacher als flach

Einzigartiges Design, das keine Wünsche offen lässt. Dieser unglaublich flache Laptop aus robustem Aluminium und Karbonfaser setzt neue Maßstäbe in Sachen Perfektion.

Flach, aber trotzdem leistungsstark

Es ist Zeit, unglaubliche Leistung und revolutionäres Design zu vereinen. Das hochentwickelte hyperbare Kühlsystem führt Kühlluft hinzu, um das Potenzial der Intel Core-i-Technologie2 voll auszuschöpfen.

Ein Genuss für die Sinne

Gönnen Sie sich ein optimiertes Unterhaltungserlebnis mit durchgehendem Full HD-Display3 aus Corning Gorilla Glass, Lautsprechern von Bang & Olufsen und drei USB-C-Anschlüssen zum Verbinden externer Displays und Zubehör.

Kundenfragen und -antworten

🔍 Haben Sie eine Frage? Suchen Sie hier nach Antworten

▲
0
Stimmen
▼

Frage: Welcher stift passt zur ausstattungsvariante 15-cn1002ng bzw. allg. 15-cn1xxxng? bei den gängigen hp-stiften sind diese nicht als kompatibel gelistet.

Antwort: Ich habe drei verschiedene ausprobiert und alle haben problemlos funktioniert. Habe mich für HP pen entschieden aber es dürften andere genauso passen.
Von DamirK am 22. April 2019

▲
0
Stimmen
▼

Frage: Ist der Laptop mit einem Stylus kompatibel?

Antwort: Nicht sicher. Ich habe zwar den HP Pen aber ausprobiert habe ich auch andere Stifte und die wurden problemlos erkannt. Stylus hatte ich noch keinen aber ich glaube dass das auch kein Problem ist
Von DamirK am 22. April 2019

▲
0
Stimmen
▼

Frage: Hat das Teil einen Fingerabdruck-Sensor?

Antwort: Ja, hat es. Es ist möglich mehrere Finger zu speichern. Im Tablet Modus erkennt es den Finger auch umgekehrt.
Von DamirK am 22. April 2019

⌄ Weitere Antworten (1) anzeigen

노트북은 소비자의 감정과 가치를 반영하는 제품으로 소비자의 감정적 반응을 최대한 강화하는 것이 중요하다. 이 점에서 봤을 때 메디아 마크트는 아마존보다 전략적으로 미흡하다. 아마존은 제조사가 제공하는 감성적인 제품 홍보를 더 전략적으로 활용하고 있다.

고객이 원하는 제조사와 제품을 찾았다면 구매 과정이 한 단계 더 진행되었다고 볼 수 있다. 제품 설명에 나와 있지 않은 정보에 대해 추가 질문을 하고 싶은 경우 아마존의 '고객 질문 & 답변' 기능을 활용할 수 있다.

이제 고객은 제품의 디자인과 기능에 대한 모든 정보를 얻었다. 하지만 구매 직전까지 "이 제품이 실제로 제조사가 제품 설명에서 소개한 대로 작동할 것인가?"라는 의문이 머릿속에서 떠나지 않는다. 구매 결정을 마무리하는 단계에서 드는 이 질문은 많은 고객이 직접 작성한 상세한 리뷰를 통해 답할 수 있다.

Sven

★★☆☆☆ **Einfach extrem laut!**
30. Dezember 2018
Größe des Arbeitsspeichers: 8 | Festplattengröße: 512 | Verifizierter Kauf

Habe den Spectre jetzt ein knappes Jahr.
Bin sehr damit zufrieden. Er ist schnell, gut verarbeitet, perfekte Größe. Er sieht einfach sehr edel aus, hat eine klasse Tastatur und es macht echt Spaß dir zu arbeiten.
Leider ist der Lüfter extrem laut!!!
Er ist so laut, dass ich deswegen 3 sterne abziehen muss. Es ist einfach extrem nervig. Ich habe vieles versucht. Mit dem Support geredet, versch. Updates installiert und und und, es wird nicht besser. Naja, ich lebe jetzt damit.
Außerdem ist das Touchpad definitiv zu klein und der Bildschirm spiegelt sehr.

Nützlich	Kommentar	Missbrauch melden

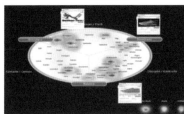
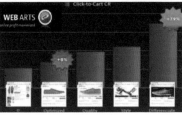

컨버시온스크라프트의 연구에 따르면
제품 설명 시 감정 강화 전략을 활용하면 전환율을 최소 10%에서 최대 79%까지 높일 수 있다.

고객들은 제품에 대한 솔직한 경험을 리뷰에 공유한다. 물론 돈을 받고 제품을 홍보하는 사람이 몇몇 있더라도 고객 리뷰보다 더 믿을 만한 고객 상담은 없다.

인터넷 쇼핑몰에서 고객의 감정을 활성화하는 데 성공하면 소위 말하는 '전환율Conversion Rate'이 극적으로 올라간다. 전환율이란 제품을 클릭한 고객 중 실제 구매를 결정하는 고객의 비율을 뜻한다. Limbic® 접근법의 라이선스 파트너 회사이자 전환율 최적화 전문 에이전시인 컨버시온스크라프트Konversionskraft는 감정 강화가 전환율에 미치는 영향을 확인하기 위해 한 신발 쇼핑몰과 함께 실험을 진행했다.

컨버시온스크라프트는 다양한 감정 강화 전략이 구매율에 어떤 영향을 주는지 측정했다. 흔히 볼 수 있는 인터넷 쇼핑몰의 기본 설정을 대조군으로 사용했고, 비교를 위해 제품을 다양한 감정적 맥락으로 연출했다. 이때 Limbic® 맵을 기반으로 해당 감정의 위치를 파악했다. 첫 번째 제품에서는 품질을 중점으로 강조했고, 두 번째 제품에서는 개성을 강조했으며, 세 번째 제품에서는 지위를 돋보이게 했다. 감정 강화는 이미지를 표현할 때뿐만 아니라 언어, 즉 제품을 설명할 때도 이루어졌다. 전환율이 크게 증가한 것은 당연한 결과였으며, 가장 성공적인 전략은 지위를 강화했을 때로, 전환율이 무려 79%나 증가했다.

고객의 감정적 기대를 충족시켜라

인터넷 쇼핑몰의 성공은 단순히 제품이나 제품 설명에만 의존하는 것이 아니다. 구매의 시작부터 마지막까지 고객은 웹 사이트

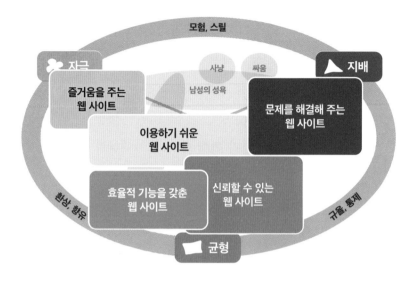

에서 경험하는 모든 것을 감정적·인지적으로 평가한다. 이를 전문 용어로 '사용자 경험User Experience'이라고 한다. 웹 사용자 경험을 Limbic® 접근법과 감정 시스템의 관점에서 분석해 보려고 한다. 소비자는 웹 사이트에 어떤 기대를 하고 있을까? 〈그림 6-12〉를 살펴보자.

즐거움을 주는 웹 사이트

오프라인 매장에 특별 가격 할인 행사나 시음 행사를 여는 것처럼 온라인 매장에서는 팝업으로 나타나는 할인 쿠폰이나 상호작용을 끌어내는 경품 게임이 유사한 역할을 할 수 있다. 앞에서 살펴본 것처럼 우리 뇌의 보상 체계는 할인 쿠폰 등으로 생기는 예상치 못한 이익에 기뻐한다. 보상 체계는 자극 체계 및 게임과 같은 활동에 반응하는 뇌 영역과도 매우 밀접한 관계가 있다. 상호 작용하여 즐기고 이길 수 있는 게임은 웹 사이트를 더 매력적으로 만든다. 물론 제품으로 가야 할 관심이 게임으로 쏠릴 수도 있다는 점은 유의해야 한다. '즐거움을 주는 웹사이트'의 특징은 새로운 기능을 재미있게 탐색하고, 웹 사이트와 상호 작용하는 데서 오는 기쁨이다. 전문 용어로 '사용의 즐거움Joy of Use'라고 한다.

이용하기 쉬운 웹 사이트

'얼마나 쉽게 접근하고 사용할 수 있도록 인터넷 쇼핑몰이 만들어졌는가?'라는 주제를 논하기 위해서는 전문 용어로 '웹 사용성 Usability'을 살펴봐야 한다. 사용성은 뇌의 인지 시스템과 깊은 연관이 있다. 이용이 복잡하고 불투명한 웹 사이트일수록 사용자는 더 많이 생각해야 하는데, 우리 뇌는 과도하게 생각하는 것을 피하려고 노력한다. 또한 뇌의 인지 시스템은 감정 시스템과 밀접하게 연결되어 있어서 '인지 과부하'는 답답함과 스트레스와 같은 감정 반응을 유발한다.

이러한 부정적인 감정은 구매 의사를 줄이고 구매 욕구를 억제할 뿐만 아니라 사용자의 사고방식도 달라지게 한다. 기분이 좋을 때는 새로운 구매 충동에 열린 마음으로 관심을 기울이며 제품 구매에 관대하지만, 답답함과 스트레스가 쌓인 상태에서는 인지력이 현저히 떨어지고, 뇌는 이러한 상황에서 도망치려고 한다.

웹 사용자의 사용자 인식은 물론 이전 경험과도 깊게 연관되어 있다. '디지털 원주민digital native'이라고 불리는 젊은 고객과 '디지털 문외한digital dummy'이라고 불리는 노령 고객의 인터넷 경험은 하늘과 땅 차이다. 젊은 고객의 뇌는 노령 고객의 뇌보다 더 능률적이며 실험 정신도 더 강하다. 웹 디자이너와 프로그래머는 일반적으로 젊은 세대에 속하기 때문에 인터넷을 다루는 일을 당연하게 받아들이지만, 인터넷 사용이 미숙한 고객은 어려움을 겪을 때가 많다! 사용 중 불편함 없이 매우 쉽고 빠르게 원하는 것을 얻게 되면 자극 체계는 새로운 학습에 흥분하고, 지배 체계는 스스로 얻은 성공에 기뻐한다. 이때 사용자는 '플로Flow' 상태, 즉 몰입 상태에 빠진다. 1990년대 인터넷 접속 서비스를 제공했던 에이오엘AOL의 광고에서 최신 기술에 익숙하지 않다던 광고 모델이 "나 벌써 연결된 거야?"라고 말하는데, 이 대사에서 '웹 플로 상태'의 원형을 엿볼 수 있다.

전체 구매 과정은 단순히 '구매하기' 버튼을 클릭할 때가 아니라 고객이 제품을 받고 완벽하게 만족할 때 비로소 끝이 난다. 온라인에서 쇼핑을 하다 보면 제품이 예상했던 것과 다르거나 신발이나 의류의 크기가 맞지 않는 경우가 종종 있다. 오프라인 매장에서는 상품을 선반에 돌려놓으면 그만이지만 온라인 쇼핑에서는 이 과정이 훨씬 귀찮고 복잡하다. 온라인 쇼핑몰의 운영자에게도 반품은 큰 비용이 들기 때문에 '반품 이유 기재', '복잡한 반품 절차', '반품 시 포장 추가 구매' 등의 장애 요소를 만들어서 고객이 반품하는 것을 어렵게 만드는 경우가 많다.

그러나 어려운 반품 과정은 반품뿐만 아니라 미래의 구매에도 영향을 미친다. 불쾌한 경험을 한 고객은 앞으로 해당 쇼핑몰에서 더욱 신중하게 구매 버튼을 누를 것이다. 이에 반해 고객 중심의 편리한 쇼핑몰은 고객의 쇼핑을 간편하게 만들어준다. 고객이 반품 포장을 따로 구매할 필요가 없도록 상품을 보낼 때 이미 주소와 반품 양식을 동봉해서 보내고 반송료 또한 무료로 처리한다.

문제를 해결해 주는 웹 사이트

웹 사이트 이용이 간편하면 간편할수록 고객의 만족도는 높아진다. 그래도 가끔 웹 사이트의 '자주 묻는 질문(FAQs)'으로 해결할 수 없는 문제가 생기면 고객은 직접적이고 빠른 도움을 원한다. 편리한 웹 사이트는 구매 과정 내내 직관적인 도움말 기능을 제공한다. 일반적으로 여러 단계에 거쳐 고객에게 도움을 줄 수 있다.

- 1단계: 고객에게 전화로 직접 상담을 받을 수 있는 기능을 제공한다. 이때 즉각적인 상담원 연결을 보장하여 대기 시간을 최소화한다.
- 2단계: 체계적인 도움말 페이지와 '자주 묻는 질문'을 제공하여 불필요한 전화 문의를 줄인다. 고객 서비스 센터와의 실시간 채팅 기능이나 이메일 답변 기능을 통해 신속하게 응답한다.

① 신뢰할 수 있는 웹사이트

온라인 쇼핑을 방해하는 가장 큰 장애물은 판매자와 제품, 특히 결제에 대한 신뢰 부족이다. 오프라인 매장에서는 제품을 직접 볼 수 있고, 확인할 수 있으며 카드에서 돈이 인출되는 과정을 지켜볼 수 있지만 온라인 쇼핑에서는 이러한 심리적 안전감이 부족하다. 따라서 온라인 구매를 유도하기 위해서는 신뢰를 확보하는 것이 핵심이다. 온라인에서 신뢰를 구축하는 여러 방법을 살펴보자.

② 결제와 개인 정보 보호에 대한 신뢰

고객은 항상 결제 단계에서 불안해진다. 결제 전 균형 체계는 "내 개인 정보와 신용카드 정보는 안전한가?", "제품이 마음에 들지 않으면 돈을 돌려받을 수 있을까?", "웹사이트에 표시된 가격 외에 추가 비용은 없을까?" 등의 질문을 제기한다. 고객은 온라인 쇼핑몰 운영자를 직접 만날 수 없으며 결제 과정을 눈으로 확인할 수 없기 때문에 '믿을 수 있는 상점Trusted Shops(유럽 내 온라인 쇼핑몰의 신뢰성과 안전성을 평가하여 인증하는 기관-옮긴이)'이나 튀프Tüv(제품이나 서비스의 안전성과 품질을 평가하고 인증하는 업무를 수행하는 독일의 기술 검사 기관-옮긴이)와 같은 독립적 검사 기관의 인증이 결제 시 개인 정보와 결제 정보에 대해 안심할 수 있도록 도움을 준다.

③ 고객 상담에 대한 신뢰

온라인 쇼핑에서는 판매자가 믿을 수 있는 사람인지 확인할 방

〈그림 6-13〉 온라인 쇼핑몰의 신뢰도를 높이기 위한 핵심 요소인 품질 인증

Otto.de

법이 없어서 고객은 쇼핑몰이 제공한 정보에 의존해야 한다. 그래서 고객은 판매자가 장점은 적극적으로 보여주지만 단점은 숨길 것이라는 인식을 갖게 된다. 이러한 본질적인 불신에 대응하기 위해 아마존은 업계 최초로 구매한 제품에 대한 고객의 리뷰와 평가를 공개했고, 시간이 흐르며 이 서비스는 온라인 판매자들의 필수 요소가 되었다. 제품을 구매하고 리뷰를 작성한 고객에게 돌아가는 이익이 없기 때문에 구매 단계에서 아직 고민하는 소비자는 고객 리뷰가 판매자보다 훨씬 믿을 만하다고 생각한다. 또한 제4장에서 살펴본 대중 심리가 여기서도 작용한다. 즉, 사람들은 무의식중에 타인의 행동과 판단을 자주 따른다는 것이다. 특히 소비자가 실

〈그림 6-14〉 고객의 리뷰와 평가

진솔한 고객 리뷰와 객관적인 테스트 결과는 제품에 대한 신뢰도를 높인다.

명으로 리뷰를 작성하고, 판매자가 (악의적인 게시물을 제외하고) 내용을 검열하거나 수정하지 않았다면 신뢰도는 더욱 높아진다.

효율적 기능을 갖춘 웹사이트

미디어 사용과 관련된 연구들은 미디어 자체가 무의식중에 인간의 기본 감정을 불러일으킬 수 있다는 사실을 증명했다. 예를 들어 라이프 스타일 잡지를 읽는 여성의 뇌와, 자동차 잡지를 읽는 남성의 뇌는 편안한 상태로 전환된다. 특별한 목적 없이 잡지를 넘기기 때문이다. 뇌가 '산책 모드'에 있다고 표현할 수도 있다. 반면, 노트북이나 태블릿 또는 스마트폰을 사용할 때 뇌는 완전히 다른 반응을 보인다. 경계하고 탐색하는 모드로 전환되고 목표를 향해 집중한다. 이 반응은 인터넷 쇼핑에 무엇을 의미할까?

소비자는 온라인 쇼핑몰을 항상 빠르게 이용할 수 있기를 원한다. 느린 이미지 로딩 시간과 응답 시간, 번거로운 스크롤은 독이 될 수 있다. 클릭 한 번으로 원하는 페이지가 빠르게 나타나는 것이 가장 이상적이다. 뇌는 목표에 이르는 가장 빠른 길을 선호하기 때문에 모든 불필요한 간접 경로와 장애물도 제거해야 한다. 특히 개인 정보와 결제 정보를 번거롭게 입력해야 하는 과정은 뇌에 굉장히 성가신 일이다. 이 부분에서도 아마존의 사례를 참고할 만하다. 아마존은 '원클릭 주문' 기능을 통해 단골 고객의 불편함을 크게 해소했다.

온라인 쇼핑몰의 '사용자 경험'은 단순히 제품을 구매하는 행위 이상을 의미한다. 구매 행위는 제품이 고객의 손에 도착하고 난 뒤에 비로소 끝이 난다. 따라서 배송도 빠르면 빠를수록 좋다. 이 점

Jetzt mit 1-Click® kaufen

Bestellen Sie jetzt und Lieferung
erfolgt am:
Dienstag, 30 Apr
(GRATIS Premiumversand)

'원클릭 주문'을 통한 신속한 결제 처리와 배송 시간 단축.

에서도 아마존은 많은 온라인 쇼핑몰에 좋은 교훈을 준다. 제품을
주문한 다음 날, 심지어 더 빠르게도 배송받을 수 있다는 점은 우수
한 서비스의 대표적인 예다. 더 빠른 배송을 위해 추가 비용이 발생
할 수는 있지만, 제품이 급하게 필요하거나 기대가 클수록 고객은
비용을 별로 중요하게 생각하지 않는다.

제7장

Emotional Boosting

서비스, 어떻게 다양한 기대를
모두 만족시킬까

서구 경제에서 서비스 분야는 매우 빠른 속도로 성장하고 있으며 이러한 추세가 지속될 것으로 예측된다. 따라서 서비스 제공 방식을 감정적 뇌의 관점으로 깊게 고민해 보는 일도 중요해졌다. 제7장에서는 서비스 분야에 적용할 수 있는 감정 강화의 다양한 전략에 대해 살펴보겠다.

서비스는 '이성적인 것'이라고 생각하거나 '서비스'라는 단어를 들었을 때 '안전한 배송', '신속한 배송' 같은 전통적 서비스 요소를 떠올리는 독자가 많을 것이다. 그러나 이것은 서비스에 대한 오해다. 서비스를 구성하는 요소들 또한 감정에서 출발한다. 이유는 곧 알게 될 것이다. 상업 분야와 마찬가지로 서비스 분야에도 다섯 가지 감정 유형이 존재한다. 물론 서비스는 원래 보수적인 편이어서 서비스의 감정 유형이 Limbic® 맵에서 차지하는 위치는 상업 분야와 조금 다르다. Limbic® 맵을 통해 서비스 산업의 다양한 측면이 소비자의 감정과 어떻게 연결되어 있는지 살펴보자.

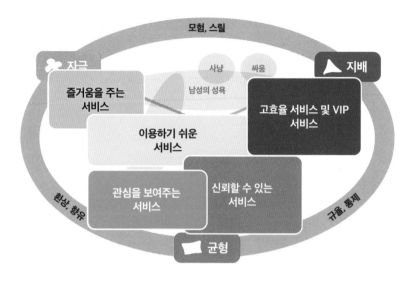

〈그림 7-1〉 서비스의 감정 유형

모험, 스릴

자극

사냥   싸움

남성의 성욕

지배

즐거움을 주는 서비스

고효율 서비스 및 VIP 서비스

이용하기 쉬운 서비스

환상, 향유

관심을 보여주는 서비스

신뢰할 수 있는 서비스

규율, 통제

균형

　

상업과 서비스업을 비교하면 한 가지 중요한 차이점이 드러난다. 상업 기업은 일반적으로 '쇼핑의 감정 유형' 중 특정 유형 한 가지에 주력하는 반면, 서비스업은 우수한 서비스를 제공하기 위해 다양한 감정적 기대를 동시에 만족시켜야 한다. 서비스 영역을 뇌의 자극 체계 및 보상 체계의 관점으로 자세히 살펴보자.

즐거움을 주는 서비스:
"작은 덤으로 놀랍게 해드릴게요!"

업무상 렌터카 회사에서 중형차를 예약한다고 상상해 보자. 창구에서 개인 정보와 운전면허를 제출한 후, 직원이 예약한 차량의 위치를 알려주길 기다리고 있는데 뜻밖의 일이 일어났다.

"고객님, 오늘 날씨가 너무 좋네요! 원하신다면 오늘은 벤츠 신형 SLK 카브리올레로 업그레이드해 드리겠습니다. 물론 원래 예약하신 금액으로요."

예상치 못한 서비스에 매우 기쁠 것이다. 이러한 기쁨을 위해 항상 큰 '덤'이 필요한 것은 아니다. 때로는 자극 체계와 보상 체계가 활성화되어 기쁨을 느끼는 데 사소한 서비스가 더 큰 역할을 하기도 한다. 제1장에서 소개한 택시 기사의 예에서 뒷좌석에 마련된 읽을거리는 즐거움을 주는 서비스 유형의 좋은 예이다.

또 다른 택시 이야기로 넘어가 보자. 나는 강연을 위해 바일 암라인시를 방문한 적이 있었다. 호텔에서 택시를 호출했는데, 중형차가 올 것이란 예상과 달리 큼직한 아우디 A8, 즉 럭셔리 클래스가 나를 태우러 왔다. 나는 소박한 시골 사람이라 의심에 차 말했다.

"리무진 서비스 말고 일반 택시를 예약했는데요."

기사는 웃으며 답했다.

"이 차량도 우리 회사에서는 일반 택시예요, 우리 주에서는 택시가 택시처럼 안 보인답니다."

덕분에 기대보다 훨씬 더 멋진 경험을 할 수 있었다. 이날도 호기심에 택시 회사가 고급차로 어떻게 서비스를 유지하는지 물어봤더니, 기사는 웃으면서 고급 자동차로 운행하기 시작한 이후 바젤이나 취리히 공항으로 가는 손님이 크게 늘었다고 답했다. 제1장에서 언급한 택시 기사와 비슷한 말이다. 요약하자면 즐거움을 주는 서비스를 원하는 고객을 만족시키기 위해서는 그들의 기대를 뛰어 넘는 전략이 필요하다. 이제 Limbic® 맵에서 아래로 조금 내려가 '이용하기 쉬운 서비스'를 살펴보자.

이용하기 쉬운 서비스:
"인생을 편안하고 간편하게 바꿔드릴게요!"

"인생은 까다롭고 고된 일"이라고 철학자 쇼펜하우어가 말했다. 우리 주변에 '삶의 무거운 짐'에 대해 불평하는 사람은 또 얼마나 많은가? 이런 불평은 거대한 부담을 느낄 때 인생의 부정적인 측면을 조금이라도 덜어 내고 싶은 욕구에서 나온다. 베르너 티키 퀴스텐마허Werner Tiki Küstenmacher의 『단순하게 살아라Simplify Your Life』라는 책이 수년 동안 베스트셀러 목록에 오른 것도 이러한 인간의 욕구를 반영하는 것이다.

인간은 고된 삶에서 벗어나려 노력하고 동시에 긍정적 측면의 감정 시스템은 걱정 없고 편한 삶을 꿈꾼다. 복권을 사면서 당첨될 확률을 계산해 보고 당첨으로 얻을 수 있는 행복을 상상하는 것이 그 예다. 고민하지 않아도 되는 세상을 향한 동경은 기독교 문화의 '낙원'이라는 개념에 깊은 뿌리를 두고 있으며, 이것이 바로 '이용하기 쉬운 서비스' 본질이다.

걱정과 근심이 없는 곳, 예를 들어 '올 인클루시브 크루즈 여행'을 떠올려 보자. 크루즈 안에서는 어떤 것에도 신경 쓸 필요가 없다. 하지만 유감스럽게도 낙원은 멀리 있고 크루즈 내 생활은 보기

드문 예외이다. 그렇다면 '이용하기 쉬운 서비스'를 어떻게 제공할 수 있을까?

일상으로 눈을 돌려 보자. 많은 사람이 주택이나 아파트를 리모델링하고 싶어 한다. 아름다운 집을 누가 마다할까? 그러나 리모델링을 하기 위해서는 먼저 집을 비워야 한다는 생각만 떠올려도 그 꿈은 사라져 버린다. 결국 페인트 업체는 오늘도 새로운 고객과 계약할 기회를 놓쳤다. 아파트를 새롭게 리모델링할 때 얻는 보상보다는 집을 비우는 수고스러움에 대한 걱정이 훨씬 크게 다가온다. 시간 순서에서 먼저 일어나는 사건은 나중에 일어날 사건보다 뇌에서 감정적으로 더 중요하게 처리하기 때문이다.

최근 들어 똑똑한 리모델링 업체들은 고객이 업체와 조율하는 것과 수고로운 과정을 꺼린다는 것을 인식하고 일명 "고객님이 휴가를 떠난 동안 아파트를 리모델링합니다! 아무것도 걱정할 필요 없습니다! 저희가 다 처리해 드립니다" 서비스를 제공하기 시작했다. 이 업체들은 전문 분야인 리모델링만 하지 않고 리모델링 시 필요한 다른 업무를 수행하거나 타 업체와 일정을 조율하는 업무도 맡아 큰 인기를 얻고 있다. 소비 시장과 B2B_{Business-to-business}(기업 간의 거래) 시장에는 일상의 스트레스를 줄여주는 다양한 서비스 방식이 등장하고 있다. 반려견 '산책 서비스'부터 전문 분야의 부품을 관리하는 '원스톱 쇼핑'까지 다양하다. 이 모든 서비스는 고객의 수고를 덜어 스트레스 없는 일상을 가능하게 하는 것을 목표로 한다.

뷔르트: 성공의 비결은 부담감 해소
다양한 산업 제품과 공구 등을 공급하는 회사 뷔르트_{Würth}는 '부담감 해소가 성공의 열쇠다'라는 원칙을 꾸준히 따르면, 큰돈을 벌 수 있다는 사실을 인상 깊게 보여준다. 뷔르트의 핵심 성공 요소 중 주목할 점은 수공업자 수천 명의 부담을 해소한 것이다. 목수는 목수의 기술을 자랑스러워하고 자동차 정비사는 차량을 수리할 때 행복을 느낀다. 두 사람의 공통점은 관리 업무를 귀찮은 의무라고 여기고 싫어한다는 것이다. 귀찮은 업무에는 작업에 필요한 다양한 부품을 구매하는 일도 포함된다. 바로 여기에서 뷔르트의 설립자 라인홀트 뷔르트Reinhold Würth의 아이디어가 출발했다. 그는 수공업체가 필요한 나사와 부품을 쉽고 정확하게 관리하고 주문할 수 있도록 '오르시Orsy'라는 창고 관리 시스템 서비스를 제공했다. 기술자는 재주문이나 새로운 주문을 걱정하지 않고 필요한 것을 가져다 쓰기만 하면 된다. 최근에는 나사뿐만 아니라 작업장에서 필요한 모든 부품을 구매할 수 있게 되었다. 간단히 말해 뷔르트는 필요한 모든 제품을 한군데서 구매할 수 있는 원스톱 쇼핑 서비스를 제공한다.

얼마 전 나는 한 통신사에서 이용하기 쉬운 서비스의 정반대인 '불편한 서비스'를 경험했다. 이 통신사의 이동 통신 및 유선 전화 고객이었던 나는 유선 전화 연결에 문제가 생겨 고객 센터에 연락했다. 장애 접수 부서로 연결해 달라고 요청했지만, 직접 새로운 번호로 다시 전화를 걸어야 했다. 받은 번호로 전화를 걸었더니 자동 응답 메시지에서 X 문제에 대해서는 1번, Y 문제에 대해서는 2번을 누르라고 지시했다. 긴 대기 끝에 드디어 직원과 통화했지만 직원은 내 문제를 해결해 줄 수 없다며 다른 자회사에 문의하라고 안내했다. 그곳에 전화를 걸어서도 여러 번호를 반복적으로 눌러야 했고, 총 50분의 대기 끝에 직원이 내 문제를 접수했다. 이 모든 과정은 2시간이나 걸렸다. 나는 불편한 서비스에 실망한 나머지 계약을 해지하기로 했다. 따라서 이용하기 쉬운 서비스를 제공하기 위해서는 "어떻게 고객을 편하게 할 수 있을까"라는 고민은 물론, "불필요하게 복잡하거나 번거로운 절차로 인한 불편함을 어떻게 줄일 수 있을까?"라는 고민도 반드시 해야 한다.

관심을 보여주는 서비스:
"고객 맞춤형 서비스를 제공합니다!"

'관심을 보여주는 서비스' 또한 실제 사례를 통해 자세히 살펴보자. 분명 대다수는 다음과 같은 경험을 해봤을 것이다. "요금제를 바꾸려고 합니다. 이름은 한스 게오르크 호이젤입니다." 이름을 대고 요금제를 바꾸려 했지만 "이름만으로는 아무것도 할 수 없습니다. 고객 번호를 불러주세요"라는 답변이 돌아왔다. 앞서 유선 전화 장애를 접수하던 상황처럼 서비스 제공 업체나 공공 기관 중에는 고객을 사람이 아닌 객체처럼 대하는 느낌을 주는 곳이 많다.

고객의 뇌에서 애착 체계와 보살핌 체계가 사회적 감정으로써 욕구와 구매 행동에 어마어마한 영향을 미친다는 사실을 모르기 때문일 것이다.

애착과 보살핌이라는 사회적 감정은 '인간적인 가까움'과 '누군가 진심으로 내 문제에 관심을 가진다'라는 느낌을 원한다. 구매와 서비스는 신뢰와 깊은 관련이 있는데 신뢰는 (조금 뒤에서 다룰) 안전성과 서비스 제공 업체가 주는 인간적 애착과 관심을 통해 형성된다. 물론 서비스 부서의 직원이 고객 수천 명을 모두 기억할 수는 없지만 컴퓨터 시스템의 도움을 받을 수 있다. 중요한 것은 고객을 대하는 태도다. 많은 기업이 이 부분을 점차 개선하고 있다. 그래도 "여행 중 불편함은 없으셨나요?"라고 호텔 프런트에서 받는 질문은 형식적인 말에 지나지 않으며, 실제로 직원들은 고객의 여행에 관심이 없다는 사실을 모두가 알고 있다.

그렇다면 도대체 '관심을 보여주는 서비스'란 무엇일까? 이 원칙은 상대적으로 단순하다. 회사나 서비스가 고객을 사람으로 대하며, 고객의 문제나 요청에 진심으로 관심이 있다는 인상을 주는 서비스를 말한다. 의사, 미용사, 수공업자와 같이 고객과 개인적인 접촉이 많은 서비스 분야에서는 이러한 욕구를 비교적 쉽게 충족시킬 수 있지만 수천, 심지어 수백만의 고객을 보유한 기업에서는 고객에게 단순히 번호를 매길 위험이 있다.

하지만 '관심을 보여주는 서비스'의 모범이 되는 대기업도 있다. 전기 공급 업체 '옐로 슈트롬Yello Strom'을 살펴보자. 옐로 슈트롬은 고객을 단순한 번호가 아닌 중요한 개인으로 대한다는 원칙을 중시한다. 특히 고객을 직접 응대하는 전화 상담 센터에 큰 의미를 둔다. 고객은 전화 상담을 통해 질문하고, 답을 듣고, 상품이나 서비스를 신청하거나 해지한다. 일반적으로 타 회사 전화 상담 직원들은 고객의 질문에 응답하고 정보를 효율적으로 전달하는 방법을 교육받지만 옐로 슈트롬의 직원들은 대화에 개인적인 감성을 더하도록 교육받는다. 예를 들어 "뒤에서 개 짖는 소리가 들리네요. 개 이름이 뭐예요? 어떤 종류예요?"라는 질문으로 시작해 개인적인 대화를 짧게 나눈다. 또 고객의 문제에 진심으로 관심을 가지고 신속하게 피드백을 제공하는 것을 서비스 철학 중 하나로 삼고 있다. 그 결과 고객들은 옐로 스트롬을 '친절하고, 인간적이며 나를 중요하게 여기는 회사'로 인식한다.

신뢰할 수 있는 서비스:
"우리 회사는 완전히 신뢰하셔도 됩니다!"

모두가 알다시피 균형 체계는 우리 뇌에서 강력한 감정 시스템 중 하나이다. 서비스 과정에서 고객에게 안전감과 신뢰감을 주는 것이 중요한 이유도 바로 여기에 있다. 불안과 스트레스를 피하려는 균형 체계의 신호를 잊으면 안 된다. 특히 오래된 고객과의 관계에서 균형 체계는 매우 중요한 역할을 한다. 균형 체계의 안정을 목표로 하는 '신뢰할 수 있는 서비스'를 세 가지 측면으로 나누어 자세히 살펴보자.

안전성과 신뢰성

소비자는 '신뢰감'을 주며 '신뢰성'이 높은 회사의 제품을 구매하려고 한다. 신뢰감과 신뢰성은 조금 다른 개념이다. 신뢰성은 기업이 지킨 약속에 비례하여 상승한다. 예를 들어 한 회사가 X일까지 배송을 약속하고 실제로 이를 지킨다면 이 회사의 신뢰성은 높아진다. 그에 비해 신뢰감은 더 넓은 의미를 지닌다. 예를 들어 A 회사는 배송 기한은 지키지만 가격 책정이 공정한지 알 수 없고 B

회사는 배송 기한을 항상 지킬 뿐만 아니라 과거의 경험으로 봤을 때 늘 공정한 가격을 제시하며 한 번도 고객을 속이지 않았다면, B 회사가 소비자에게 더 큰 신뢰감을 줄 것이다. 신뢰감과 신뢰성의 차이를 이해했다면, 이제 안전성과 신뢰성에 대한 개념을 살펴보자. 안전성과 신뢰성을 높여주는 요인 중 몇 가지만 언급해 보겠다.

- 약속 기한을 엄수한다.
- 제품은 주문받은 수량대로, 최고의 품질로 배송한다.
- 전문적인 수리 서비스를 제공하여 추가적인 불만 사항이 생기지 않게 한다.
- 청구서는 이해하기 쉽게, 정확하게 작성한다.

안전감을 높이고 불확실성을 줄이는 모든 요소는 '신뢰할 수 있는 서비스'에 대한 평가 점수를 높여준다. 현재 독일 전국 360개 이상의 고속도로 휴게소에서 볼 수 있는 화장실 시스템은 신뢰할 수 있는 서비스의 대표적인 예시다. 새로운 시스템 덕분에 과거의 지저분한 휴게소 화장실은 더 이상 찾아볼 수 없게 되었다. 고객은 서비스, 관리, 유지와 보수를 위한 비용을 지불하지만 대신 항상 깨끗한 화장실을 이용할 수 있게 되었다.

신뢰감은 신뢰성만으로 얻을 수 없다

이제 신뢰감에 대해 자세히 알아볼 차례다. 앞서 언급한 것처럼 고객에게 신뢰감을 주는 것은 신뢰성을 높이는 일만큼 중요하다. 그렇다면 어떤 서비스를 통해 신뢰감을 줄 수 있을까? 먼저, 신뢰성을 높이는 모든 요소를 지켜야 한다. 신뢰감은 신뢰성을 기반으로 하되, 그 이상의 가치를 요구한다.

- 청구서를 투명하고 이해하기 쉽게 발행한다
- 투명한 서비스 과정을 도입한다
- 제품의 상태와 가격을 명확하게 공시한다
- 고객의 불만에 대해 포용적인 태도로 대응한다
- 문제 발생 시 정직하게 소통한다
- 장기적으로 안정적이고 예측할 수 있도록 회사를 운영한다
- 이기적인 태도를 지양한다

통제 가능성

'신뢰할 수 있는 서비스' 영역에서 조금 더 깊이 들어가 이 영역의 특징 중 하나인 '통제 가능성'에 대해 알아보자. 고객의 뇌는 서비스 과정에서 통제력을 느끼고 싶어 한다. 이 욕구를 이해하기 위해 몇 가지 예시를 살펴보자.

인터넷이나 잡지를 보고 제품을 주문했는데 이후 며칠 동안 판매자에게서 아무런 연락도 받지 못한다면 고객은 조금 더 기다리다가 결국 화가 나서는 전화를 걸어 주문한 물건의 행방을 물을 것이다. 이때 만족스러운 답변을 받지 못하면 고객의 분노는 더 커진다. 왜일까?

전체 과정에서 고객은 통제력을 상실하고 마치 운명에 내맡겨진 듯한 느낌을 받기 때문이다. 이 부분에서도 아마존은 온라인 쇼핑의 모범적인 선례를 남겼다. 아마존에 주문이 접수되면 고객은

예상 발송 날짜가 적힌 주문 확인서를 받고, 제품이 배송업체에 전달되면 "고객님의 제품이 방금 발송되었습니다"라는 메시지를 받는다.

우리는 일상 속 다양한 서비스에서 불쾌함을 경험한다. 예를 들어 달리던 지하철이 터널 안에서 갑자기 멈추었는데 아무 방송도 나오지 않는다면 시간이 지날수록 탑승객의 불쾌감은 상승한다. 우리의 무의식이 주변에서 일어난 일에 호기심을 갖고, 정확히 알고 싶어 하며, 세상을 통제하고 싶어 하기 때문이다. 이러한 욕구가 충족되지 않으면 불안, 스트레스, 분노가 동시에 발생한다.

나는 업무상 비행기를 탈 일이 많은데 조종사가 이륙할 시간에 활주로를 따라 달리다가 갑작스레 멈추고 기내 방송을 하지 않는 경우를 자주 경험한다. 이럴 때 생기는 불만은 "우리 비행기 앞에 다른 비행기 다섯 대가 대기 중이라 이륙까지 10분 정도 더 걸릴 예정입니다"라는 짧은 안내로도 해소할 수 있다.

통제 가능성을 제공하는 서비스의 대표적 예로 유명한 인사 컨설팅 회사 헤즈Heads를 들 수 있다. 헤즈는 회사의 최고 경영자를 찾는 업무를 맡게 되면 여러 달에 걸쳐 후보자의 활동과 발전 가능성을 분석하고 보고서를 작성하여 2주마다 의뢰 회사에 제출한다. 부적합하다고 판단되거나 사임한 후보에 대한 정보도 함께 보고한다는 점이 중요하다. 이러한 방식 덕분에 의뢰 회사는 진행 상황을 지속적으로 파악할 수 있고, 인사 배치 과정에서 통제 가능성을 경험하여 헤즈의 처리 방식에 매우 만족한다.

Limbic® 맵에서 '효율성 영역'과 지배 시스템 방향으로 방향을 옮기면 '고효율 서비스' 영역에 도달한다.

고효율 서비스:
"시간을 아끼세요!"

'시간'은 우리 삶에서 매우 중요하면서도 항상 부족하게 느껴진다. 시간을 아끼기 위해서는 계획한 모든 일들이 가능한 한 빠르게 진행되어야 한다. 우리는 우회나 대기 시간 없이 빠르게 목표를 달성하고 싶어 한다.

이 욕구의 주요 동력은 지배 체계에서 나온다. 지배 체계는 기다려야 할 때는 짜증을 내고, 계획한 일이 빠르게 진행될 때는 기뻐한다. 또한 우리는 서비스를 통해 우리의 목표를 최대한 빠르게 이루고자 하며, 귀찮은 문제가 생기면 최대한 빨리 해결하고 주요 목표에 집중하려고 한다. 따라서 '효율적 기능을 갖춘 서비스' 범주 안에는 서비스의 속도와 효율성 향상에 관한 모든 요소가 포함된다.

'효율적 기능을 갖춘 서비스'의 예
- 연중무휴 24시간 상담
- 주문 후 24시간 이내 배송
- 빠른 대체 제품 제공
- 긴급 수리 서비스
- 광범위한 온라인 데이터베이스 및 온라인 주문 시스템

또한 '효율적 기능을 갖춘 서비스'에는 고객이 제품을 더 적절하게 사용할 수 있도록 도와주는 사용자 교육도 포함된다. 그 밖에도 지배 체계를 만족시키는 서비스에는 무엇이 있는지 더 살펴보자.

VIP 서비스:
"고객님은 제일 중요한 고객입니다!"

지배 체계는 우리가 의지를 강력하게 표현하도록 만드는 동시에 눈에 보이는 지위를 향한 욕망을 불러일으킨다. 따라서 서비스 분야에서도 고객의 지위를 확인시켜 주는 것이 중요하다.

예를 들어 은행은 지위(재무 상태)에 따라 고객을 세분화하여 다르게 응대하고, 지위를 중요하게 생각하는 사람은 별이 많은 호텔을 선호한다. 지위에 대한 욕구는 야심과 그에 따른 수입과 밀접한 관련이 있다. 그래서 지위욕이 있는 사람 중에는 고급 호텔의 비용을 기꺼이 부담할 수 있는 사람이 많다.

VIP 서비스의 좋은 예는 루프트한자Lufthansa 항공에서 볼 수 있다. 루프트한자를 자주 이용하는 고객은 비즈니스 라운지를 이용할 수 있다. 이보다 더 많은 혜택을 받는 '세나토르Senator' 등급은 더 편하고 고급스러운 라운지를 이용한다. 루프트한자의 VIP 서비스 정점에는 '혼 서클HON Circle'이 있다. 혼 카드 소지자는 리무진을 타고 항공기까지 이동하거나 항공기에서 내려 리무진으로 목적지까지 갈 수 있고, 퍼스트 클래스 라운지에서 최고급 음식과 음료를 즐기며 대기 시간을 보낸다. 또한 모든 대기 명단에서 최우선적인 권리를 가지며 전용 잡지와 전화 서비스도 함께 제공받는다.

간단히 말해서 루프트한자의 서비스는 경영자나 고위직 인사의 지배 체계 및 지위에 대한 욕구에 딱 맞게 설계되었다. 우리 뇌는 무언가를 획득했을 때보다 편안함을 손실했을 때 두 배로 강하게 반응하기 때문에 루프트한자의 VIP 고객들은 등급을 유지하거나 더 높이기 위해 루프트한자와 비즈니스 클래스를 더 자주 이용한다.

지금까지 지배 체계를 만족시키는 서비스 형태에 대해 간단히 살펴보았다. 이제 이러한 서비스를 실무에 적용한 두 가지 사례를 자세히 알아보자.

자동차 서비스와 감정 강화

한 자동차 회사의 프로젝트를 간략하게 소개하려고 한다. 이 회사는 규모가 큰 자동차 수입업체로 수입한 브랜드의 서비스도 책임을 지고 있었다. 그런데 어느 날부터 이 회사의 대리점 정비소를 이용하는 고객 수가 점차 감소하기 시작했다. 업계 전문가에 따르면 대리점의 정비소가 내는 수익이 신차나 중고차를 판매하는 이익보다 높다고 한다. 따라서 이 문제는 회사의 사활이 달린 문제였다. 회사는 상황을 개선하기 위한 프로젝트를 진행하면서 고객이 제기한 결함이 완벽하게 수리되었는지 다양한 정비소를 점검했다(신뢰할 수 있는 서비스). 점검 결과는 상대적으로 좋은 편이었다. 결함 수리률도 업계 평균보다 높았다. 다시 말해 결함의 여부가 문제는 아니었다.

치명적인 약점은 이후 실시한 고객 설문 조사에서 드러났다. 품질 대비 너무 비싼 수리 비용이 문제였다. 내 책『뇌, 욕망의 비밀을 풀다』를 읽은 이 회사의 교육 부서 팀장은 감정적 두뇌의 관점으로 구축한 '서비스 최적화 프로젝트'에 대해 조언을 구했다. 전체 프로

젝트를 설명하려면 책 한 권도 부족하므로 감정 강화 전략을 활용
한 방법, 즉 고객이 보지 못하는 정비소의 기술 외에 직접 보고 느
낄 수 있는 서비스 분야에서 감정 강화 전략을 적용한 방법만 소개
하겠다.

매우 복잡한 전체 서비스 과정을 시간의 흐름에 따라 다섯 단계
로 구분해 보면 다음과 같다.

- 1단계: 수리 업무에 대한 합의
- 2단계: 차량 인계
- 3단계: 수리 중 추가 수리 업무에 대한 전화 상담
- 4단계: 수리 후 고객에게 차량 인계
- 5단계: 후속 관리

차량 인계시 활용할 수 있는 감정 강화 전략

다섯 가지 단계 중 수리 후 고객에게 차량을 인계할 때 어떻게
감정 강화 전략을 적용할 수 있는지 살펴보자.

전체 서비스 과정을 실험적으로 관찰하기 위해 정비소 네 곳을
무작위로 선택했다. 선택한 정비소를 관찰하고, 사진을 찍고, 고객
의 의견을 수집했다. 그다음 세부적인 관찰을 위해 서비스 접수처
의 공간 상태와 책상을 점검했는데 직원들의 소홀한 태도가 한눈
에 들어왔고, 서비스 접수처는 매우 낡아 있었다.

제4장에서 이야기한 것처럼 우리 뇌는 서로 상관없는 두 대상을
비교한다. 눈에 보이는 소홀함이란 무질서를 암시한다. 록밴드의
연습실에서 무질서는 큰 문제가 되지 않을 것이다. 어차피 록 음악

은 모험과 혼돈의 이미지를 가지고 있기 때문이다. 하지만 자동차 정비소에서는 이야기가 다르다. 수리라는 행위의 주된 감정적 가치는 '규율 및 통제' 체계에 있다. 따라서 수리 접수처는 완벽한 통제와 최첨단 기술을 시각적으로 나타내야 한다.

오래된 사무실과 낡은 가구, 정리되지 않은 책상과 얼룩진 작업복을 본 고객의 뇌는 자신의 소중한 차가 이렇게 혼란스러운 환경에서 완벽하게 수리될 수 있을지 의심하고, 가격 대비 서비스에 대한 기대치를 크게 낮추게 된다. 또, 정비소 접수처의 공간 구조 및 기능에서도 문제점을 발견했다. 기술자와 고객 사이를 가로지르는 높은 접수대가 고객에게 장벽으로 느껴질 수 있었기 때문에 프로젝트를 진행하며 미학과 기능적 측면에서 '관심'과 '신뢰'를 높일 수 있는 접수 공간으로 리모델링했다.

공간을 리모델링한 후 고객과의 상호 작용이 매우 활발해졌다. 이제 기존 서비스 과정을 고객의 시각으로 분석해보고, 변경된 몇 가지 핵심 사항을 소개하려고 한다.

기존의 차량 인계 과정

렌터카를 타고 자동차 정비소로 가는 길부터 이야기해 보겠다. 많은 고객은 수리 기간 동안 대체 차량을 이용했는데, 여기서 첫 번째 스트레스 요소가 등장한다. 수리가 끝난 차를 받으러 갔을 때 대체 차량을 주차할 곳이 마땅치 않다는 것이다. 접수처 입구에서 가장 멀리 떨어진 구석에 겨우 주차할 수 있는 좁은 자리밖에 없고 비가 오기라도 하면 흠뻑 젖은 채로 입구까지 걸어가야 했다. 주차를 마치고 서비스 센터에 들어서면 안에는 이미 꽤 많은 고객이 차례를 기다리고 있었다(대기 스트레스).

10분 정도 기다리면 차례가 오는데 고객이 이름을 말하면 그제야 직원은 청구서와 차량 서류를 정신없이 찾아 나섰다. 이후 청구 금액이 정해지고 고객이 수리 비용을 지불하면 직원은 말없이 영수증을 건네며 말했다. "수리된 차는 주차장에 있으니 한번 찾아보세요."

고객은 밖으로 나가 차를 찾아다녔고 잠시 후 차를 발견했다. 새 것으로 교체된 낡은 부품과 정비 기록부가 옆좌석에 놓여 있었다. 자신의 키에 맞지 않게 바뀐 운전석의 위치를 조정한 후에야 드디어 집으로 돌아갈 수 있었다.

차를 인계받는 과정 끝에는 부정적인 인상이 남았다. 전체 과정이 오직 부정적인 감정과 연결되었기 때문이다. 이 회사의 서비스 센터가 고객의 인식 속에서 가장 좋은 곳이 아닌 어두운 지하실 같은 곳에 자리 잡고 있었던 것은 당연한 일이었고 직원들에게도 익숙한 일이었다. 정비소가 항상 이런 방식으로 운영되어 왔다면 왜 굳이 이제 와서 바꿔야 할까? 애초에 정비사들은 기술 교육만 집중해서 받았다. 수리 과정에서 생기는 기술적인 문제가 아니라면 스스로 개선점을 찾지 못했기에, 그들의 서비스가 고객의 뇌에 어떤 영향을 미치는지 전혀 인지하지 못했다.

서비스의 전 과정을 개선하여 한 정비소에서 시범적으로 시행한 뒤 전체 회사에 도입할 계획을 세웠다. 먼저 건물에 변화를 주었고, Limbic® 맵과 감정 강화 전략을 교육받은 회사 소속 트레이너들이 현장으로 나가서 새로운 서비스 방식을 교육했다. 이제 '차량 인계 과정'이 어떻게 개선되었는지 함께 살펴보자.

개선된 차량 인계 과정

고객이 렌터카를 운전해 서비스 센터를 방문하는 부분까지는 변함없지만 더 이상 주차 공간을 찾기 위해 스트레스를 받지 않아도 된다. 접수처 바로 앞에 편하게 주차할 수 있는 공간을 마련했고 (즐거움을 주는 서비스 및 효율적 기능을 갖춘 서비스: 시간 절약), 편리한 주차를 위해 주차 구역에 '수리 접수 및 차량 인계 고객 전용'이라고 눈에 띄게 표시를 해두었다. 그뿐 아니라 새 주차 규정에 따라 직원들을 접수처 뒤쪽 마당에 주차하게 했다.

주차를 마친 고객이 접수처로 들어가면 서비스 마스터가 이름을 부르며 인사를 건넨다. '수리 완료' 알림 메시지를 받은 고객이 수령일을 예약했기 때문에 서비스 마스터는 언제 어떤 고객이 오는지 미리 확인할 수 있다. 또한 처음으로 방문한 고객을 다음 방문 때 쉽게 알아볼 수 있도록 개인 특징을 파일에 기록하도록 했다 (VIP 서비스 및 관심을 보여주는 서비스).

직원의 근무 일정도 조정하여 저녁 시간대에 차를 찾으러 오는 고객들을 위한 인력도 충분히 확보했다. 그래도 대기 시간이 발생하면 고객에게 다가가 '통제 가능성'과 '관심을 보여주는 서비스'를 제공하며 말을 건네야 한다. "밀러 씨, 5분 정도 더 걸릴 것 같습니다(통제 가능성). 커피나 물이라도 좀 드시고 계세요(관심을 보여주는 서비스)". 고객은 대기 공간에서 기다리는 동안 무료로 제공되는 커피와 물을 마시거나 비치된 최신 잡지를 볼 수 있게 되었다.

차례가 된 고객은 직원과 함께 청구 내용을 검토한다. 각 수리의 필요성에 대해 직원의 설명을 들은 고객은 속지 않았다고 안심하며, 다시 안전하고 문제없이 작동하는 차를 갖게 되었다고 느낀다

(신뢰할 수 있는 서비스).

더 나아가 서비스 마스터는 청구서에 '무상'이라고 적힌 항목을 가리킨다. 예를 들어 '와이퍼액 보충'과 같은 서비스는 고객의 뇌에 예상치 못한 보상이다(즐거움을 주는 서비스).

다음으로 '엔진 오일 교체'를 가리키며 감정 강화 전략을 활용하기 위해 오일의 품질을 언급하고 엔진이 새 오일을 먹고 신나게 힘을 발휘할 것이라고 자동차를 의인화하여 생동감 있게 설명한다(고효율적 기능을 갖춘 서비스). 혹은 안전 관련 작업에서 가장 유능한 직원인 X 마스터가 성심성의껏 수리했다는 점을 강조한다(신뢰할 수 있는 서비스).

모든 서류를 미리 준비해 두었기 때문에 결제 과정은 순조롭게 끝난다. 서비스 마스터는 고객과 함께 밖으로 나가 전용 주차장에 주차된 자동차로 향한다(이용하기 쉬운 서비스). 차량은 무상으로 깔끔하게 세차되어 있으며(즐거움을 주는 서비스), 왁스 처리한 앞 유리를 고객이 직접 만져보고 얼마나 매끄러운지 확인하게 한다(다중 감각 체험). 차 문을 열자 역시 무상 서비스인 방향제 처리 덕분에 차에서는 새 차 냄새가 난다(즐거움을 주는 서비스). 조수석에 놓인 초콜릿 포장에는 "안전 운행하세요. 감사합니다"라는 문구가 적힌 쪽지가 붙어 있고(즐거움을 주는 서비스), 제일 밑줄에는 서비스 마스터의 이름과 언제든 상담할 수 있는 연락처가 적혀 있었다(관심을 보여주는 서비스).

마지막으로 운전자석은 고객이 차를 수리하기 위해 가져왔을 때와 거의 같은 위치로 조정되어 있었다. 이는 좌석의 초기 위치를 쉽게 기록할 수 있도록 작업 지시서 형식을 변경한 결과이다. 대기 시간이 줄어든 덕분에 차량을 찾는 데 걸리는 시간이 이전보다 훨씬 짧아졌고, 고객은 마치 값비싼 새 차를 갖게 된 기분으로 서비스 센터를 떠날 수 있게 되었다.

고객의 보상 체계는 환호하며, 정비소를 최고의 기억으로 저장한다. 고객의 뇌에서 생성된 감정적 부가가치는 초콜릿, 와이퍼액, 세차, 방향제 등 서비스 센터가 추가로 지출하는 비용보다 훨씬 높다. 또한 고객이 차량을 접수할 때부터 감정 강화 전략을 활용해 상담함으로써 추가 작업과 고품질 부품 판매가 가능해져 순이익이 크게 증가했다. 시범 단계 이후 이 프로젝트는 전체 조직에 도입되었다. 이후 1년 만에 정비소 매출이 증가하여 이전에 비해 총 2배의 효과를 냈고, 고객들은 이 회사의 수리 서비스 품질을 가격 대비 훌륭하다고 인정하며 기술 품질을 전보다 훨씬 높게 평가했다. 그러나 실제로 기술적 차이는 전혀 없었다(이 현상에 대해서는 마지막 장에서 알아볼 예정이다).

이제 업종을 바꾸어 요식업과 호텔업을 살펴보자.

호텔업과 요식업에서의 감정 강화

경영 전문가이자 숙련된 요리사인 베른트 로이트만Bernd Reutemann은 몇 년 전 보덴 호수 인근 마르크도르프에 있는 비쇼프슐로스 Bischofschloss 호텔을 인수했다. 당시 호텔의 재무 상태와 건물 상태는 매우 열악했고, 고객 부족과 투자 자금 미달로 호텔 상황은 더욱 악화되고 있었다. 이런 상황에서 로이트만은 호텔을 최상위 등급으로 끌어올렸다. 감정 강화 서비스를 일관되게 실천한 뛰어난 호텔 경영인이었기 때문에 이런 성과를 낼 수 있었다. 바덴-뷔르템베르크 주에서는 그를 최우수 서비스 제공자로 선정했고, 호텔은 최고급 서비스 품질을 인정하는 QIII 인증을 획득했다.

아쉽게도 이 호텔은 더 이상 존재하지 않는다. 마르크도르프 지방 자치 단체가 건물을 행정용으로 사용하고자 민간 계약을 연장하지 않았기 때문이다. 하지만 서비스 분야에서 감정 강화의 창의적 측면을 보여주는 좋은 사례이기 때문에 여기서 소개한다. 현재 로이트만은 수많은 회사가 찾는 컨설턴트로 활동하고 있으며 자신을 '특별한 여정의 안내자'로 소개한다. 그는 동기 부여가 및 파트너로서 기업과 회사가 장기적인 서비스 문화를 확립할 수 있도록 지원한다.

① 브랜드 철학의 중요성

전략적이고 장기적인 감정 강화 전략은 근본적으로 차별화된 브랜드 철학을 기반으로 한다(마지막 장에서 그 이유를 살펴볼 것이다). 이는 호텔 업계에서도 마찬가지다. 호텔의 특성에 따라 강조되는 서비스의 감정 유형과 연출 방식이 크게 달라진다. 만약 가족 여행을 전문으로 하는 호텔이라면 고택을 리모델링한 호텔이나 전용 골프장이 있는 호텔과는 다른 서비스 방식이 필요할 것이다. 로이트만은 평범한 호텔이 아닌, 투숙객의 상상력을 자극하고 영감을 주며 새로운 경험을 제공하는 즐거운 호텔을 만들고자 했다. 동시에 진정성과 환경 보호라는 가치를 중요하게 여겨 호텔 이름을 '마인드니스Mindness 호텔 비쇼프슐로스'라고 지었다.

이 호텔의 엘리베이터에 탄 사람은 놀랄 수밖에 없었다.
평범한 욕실을 그대로 재현한 예술 작품이 있었기 때문이다.

투숙객은 영감에 초점을 맞춘 호텔의 정신을 직원부터 세미나실, 레스토랑의 메뉴판, 음식에 이르기까지 호텔의 모든 시설에서 경험할 수 있었다. 호텔 곳곳에는 독특한 디자인의 감성적 문구를 활용하여 긍정적인 분위기를 조성했다.

② 주차장에서 호텔 프런트까지

호텔 주차장을 통해 호텔로 들어오는 고객은 호텔이 연출한 영감을 느끼기 어려웠다. 호텔 주차장이 도시의 공용 주차장으로 이용되고 있었기 때문이다. 호텔로 이어지는 엘리베이터에 도착할 때까지 콘크리트로 된 칙칙하고 음울한 길을 걸어야 했다. 로이트만은 이 문제를 구조적으로 해결할 수 없다는 사실을 인지하고 해결

책을 찾기 위해 오래 고민했다.

'나는 주차장을 바꿀 수 없다. 그렇다면 어떻게 고객들이 프런트까지 편안하게 올 수 있을까?'

그는 완벽한 스토리텔링으로 고객을 엘리베이터 안에서 놀라게 해야겠다고 계획하고 엘리베이터 내부를 샤워실처럼 보이게 꾸몄다. 엘리베이터 문이 열리면 실제 샤워용품이 놓인 샤워실이 눈앞에 펼쳐졌고(〈그림 7-2〉 참고) 덕분에 프런트에 도착한 고객들의 얼굴엔 미소가 어려 있었다. 호텔 내 다른 엘리베이터들도 각각 고유한 이야깃거리를 가지고 있었다.

③ 프런트, "우리는 '호텔어'로 이야기하지 않습니다"

로이트만의 호텔 철학에서 중요한 가치는 진정성이다. 그래서 호텔 직원들은 형식적인 인사말이나 표현을 삼갔다. (특별히 선발된) 직원들은 진심 어린 태도로 고객에게 다가가도록 교육받았고, 무엇보다도 고객의 '눈높이'에 맞춰 고객을 환영하는 것을 중요하게 생각했다. 그 결과 익명성이 주는 부정적인 느낌은 바로 사라졌다(관심을 보여주는 서비스).

④ 도움과 영감을 주는 '성의 유령'

이 호텔만의 특별한 '관심을 보여주는 서비스'는 직원들이 자신을 부르는 명칭에서 발견할 수 있었다. 직원들은 스스로를 '성의 유령'이라고 불렀다. 호텔의 입구에는 모든 '성의 유령'의 사진이 달린 모빌이 걸려 있었고, 사진의 뒷면에는 그들의 업무와 개인적인 이야기가 적혀 있었다. 투숙객은 호텔에 특별한 친밀감을 느꼈다

매일 머리맡에 준비된 '굿나잇 이야기'.

(관심을 보여주는 서비스).

'성의 유령'들은 이름에 걸맞게 항상 투숙객을 도울 준비가 되어 있었다. 어느 날 자전거 타기를 좋아하는 한 노부부가 인근 보덴 호수를 따라 자전거 여행을 하려고 호텔을 찾았다. 그런데 차에서 자전거를 내리는 도중 바퀴가 터져버렸고, 가까운 수리점을 찾기 위해 프런트로 갔다. 일반적인 호텔에서는 수리점의 위치만 알려줬겠지만 '성의 유령'들은 다르게 대응했다. 문의를 받고 몇 분 후 자전거 수리에 능숙한 '성의 유령'이 나타나 노부부의 자전거를 직접 고쳐주었다. 이 이야기는 '관심을 보여주는 서비스'의 완벽한 예다.

⑤ **특별한 룸서비스**

호텔의 철학에는 투숙객을 사소한 일로 놀라게 하거나 웃게 하는 일도 포함되어 있었다. 어린아이를 동반한 가족이 예약을 하면 침대 머리맡에 작은 장난감을 준비해 놓았다(즐거움을 주는 서비스), 성인을 위한 작은 이벤트로는 매일 밤 읽을 수 있는 '굿나잇 이야기'가 베개 위에서 기다리고 있었다(즐거움을 주는 서비스).

베개의 촉감과 높이는 수면의 질에 큰 영향을 준다. 그런데 손님마다 선호하는 베개 유형이 다르다는 문제가 있다. 이에 대한 해결책으로 프런트 옆에 다양한 종류의 베개가 준비된 큰 옷장을 두었다. 특별한 베개 취향을 가진 투숙객은 원하는 베개를 선택해서 방으로 가져가 베갯잇을 씌웠다. 호텔에는 직업상 가족과 떨어져 지

취침 시 안전감과 포근함을 주는 특별 제작 베개.

침대 밑 청결 상태도 관리하는 성의 유령들.

내는 손님이 많다는 점을 감안하여 특별한 베개를 제작했는데 큰 인기를 끌었다(행복을 주는 서비스 및 관심을 보여주는 서비스, 〈그림 7-4〉 참고).

직원들은 고객의 필요를 알기 위해 일주일에 한 번 모여 서비스를 개선하기 위한 아이디어를 공유했다. 어느 날 한 직원이 불가리아에서 온 사업가가 종종 호텔에 묵는다는 것을 알게 되었다. 대형 기계 제조 회사의 불가리아 지사장이었던 이 투숙객은 한 번 방문할 때마다 몇 주 동안 숙박하곤 했다. 호텔 직원들은 이 투숙객이 완전히 낯선 환경에서도 편하게 머무를 수 있도록 방법을 고민했다. 그들의 아이디어는 이 투숙객이 머무는 객실에 불가리아 텔레비전 채널을 시청할 수 있도록 하는 것이었고, 실행에 옮겼다.

⑥ 신뢰할 수 있는 서비스 및 효율적 기능을 갖춘 서비스의 관점

지금까지의 예만 보면 이 호텔은 주로 '즐거움을 주는 서비스'와

'관심을 보여주는 서비스'에 중점을 둔 것처럼 보이지만 실제로는 그렇지 않다. 마인드니스 호텔은 '신뢰할 수 있는 서비스'와 '효율적 기능을 갖춘 서비스'의 관점에서도 훌륭한 서비스를 제공했다. 호텔 대부분은 눈에 보이는 곳만 청결하게 유지하고 침대 밑은 잘 관리하지 않는다. 객실 청소원이 몸을 구부려서까지 힘들게 청소하지 않기 때문에 먼지가 수북이 쌓여 있는 경우가 흔하다. 그러나 로이테만은 완벽주의자였다. 청결도를 매우 중요하게 생각했으며 투숙객에게도 이 사실을 은근히 알렸다. 호텔의 진짜 청결 상태를 확인하기 위해 침대 밑을 본 투숙객들은 완벽하게 관리된 깨끗한 바닥과 친근한 쪽지를 발견했다. "우리도 침대 밑을 확인한답니다 - 성의 유령"

투숙객은 호텔 곳곳에서 완벽한 청결함을 경험했다. 비결이 무엇이었을까? '서비스 지침서'와 제4장에서 설명한 '포스트잇 데이' 덕분이었다. 로이테만과 매니저들은 레스토랑, 주방, 창고 등을 돌며 청결하지 않은 부분에 포스트잇을 붙였다. 이후 각 부서 책임자는 팀원과 함께 해당 부분을 점검하고 문제를 처리했다.

⑦ 건강한 음식을 빠르게 제공하는 레스토랑

투숙객은 호텔 레스토랑 '문트아르트Mundart'에서 영감을 주는 특별한 메뉴를 경험할 수 있었다. 음식은 지역 특산품을 기반으로 창의적이며 건강하게 만들어졌다. 오직 제철 재료만 사용하는 것이 레스토랑의 기본 원칙이었고, 손님에게도 이 점을 분명하게 알렸다. 레스토랑 입구에 놓아둔 엽서 앞면에는 "겨울인데 토마토를 발견한다면 그것은 저희 음식이 아닙니다. 저희는 오로지 제철 재료

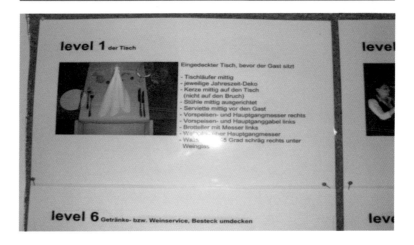

로만 요리합니다."라고 적혀 있었고, 뒷면에는 계절별 과일과 채소를 알려주는 달력이 그려져 있었다.

문트아르트에서는 미각적으로 훌륭한 경험을 제공할 뿐만 아니라 신속하고 완벽한 서비스까지 갖추었다. 손님이 자리에 앉으면 직원은 곧바로 빵이 담긴 작은 바구니와 애피타이저를 가져와 탁자에 놓으며 음료 주문을 받았다. 이후 음료를 서빙하면서 친절하게 특별 메뉴를 소개했다. 손님들은 단 한 순간도 기다리는 느낌을 받지 않았다(효율적 기능을 갖춘 서비스).

완벽한 서비스는 마지막 인사를 할 때까지 이어졌다. 이 레스토랑에서 특히 주목할 만한 점은 직원들이 서로 다른 손님을 응대하면서도 어떤 손님이 무엇을 물어보고 어떤 음식을 주문했는지 모두 파악하고 있었고, 레스토랑에 대한 만족도를 이미 물어봤는지도

회의 시작 전에는 모든 펜을 검사했다.

정확히 알고 있었다는 것이다. 어떻게 이런 서비스가 가능했을까?

⑧ 서비스 지침서의 위력

완벽한 서비스는 서비스 지침서 덕분에 가능했다. 서비스 지침서에는 주방, 룸서비스, 세미나실 준비 등 호텔 운영과 투숙객 접대의 모든 기본 절차가 구체적으로 적혀 있었고 투숙객이 다니지 않는 '무대 뒤', 즉 직원만 볼 수 있는 주요 위치마다 비치되어 있어서 직원들은 업무를 수행할 때 지침을 항상 숙지할 수 있었다. 지침서는 총 20부였으며, 그중 1부는 레스토랑 주방에 걸려 있었다.

직원들은 지침서를 숙지할 뿐만 아니라 별도의 교육을 받기도 했고, 서비스 절차를 지속적으로 검토하며 서비스를 개선했다. 로이테만은 완벽한 세부 사항들이 모여 전체 그림을 완성한다고 생

'아빠, 내 선물 사 왔어?' 서비스

각하여 각 세부 사항을 개선하기 위해 꾸준히 노력했다.

세미나실 준비 방식을 예로 들어 살펴보자. 회의 진행자나 초청 연사는 플립 차트나 화이트보드를 자주 사용한다. 하지만 내 경험 상 다 쓴 화이트보드 펜을 호텔에서 미리 교체해 놓지 않아 세미나 진행 중 시간을 낭비하는 일이 다반사였다. 번거롭게 새 펜을 찾아 다니느라 세미나는 시작부터 삐그덕거렸다. 로이테만은 호텔을 완 벽한 회의 장소로 만들고자 한 회의의 시작부터 마지막까지 관찰 하며 감정 강화 지점을 찾아냈다. 회의 참석자들은 당연히 플립 차트를 문제로 지적했다. 이후 '회의실 준비를 위한 서비스 지침서'에는 모든 펜의 상태를 미리 확인하는 절차가 포함되었다. 담당 직원은 펜이 잘 나오는 것을 확인한 후 플립 차트 모서리에 네 가지 색으로 웃는 얼굴을 작게 그려놓아야 했다.

⑨ 회의의 끝 무렵, 또 한 번의 작은 선물

며칠 동안 회의에 참석했다가 집에 가야 하는 아빠나 엄마에게는 곤란한 문제가 있다. 집에 도착했을 때 자녀들이 분명히 '아빠/엄마, 내 선물 사 왔어?'라고 질문할 것이기 때문이다. 이 질문은 부모와 자식 관계에서 아주 중요한 역할을 한다. 하지만 회의 참석 중 아이들이 좋아하면서도 비싸지 않고 유용한 선물을 어떻게 구할 수 있을까? '성의 유령'들은 이 문제에 대해서도 해결책을 찾았다. 회의의 마지막 쉬는 시간에 작은 선물로 채운 바구니를 들고 나타나 '아빠, 내 선물 사 왔어?' 서비스를 제공했다.

이제 남은 것은 늘 시간을 잡아먹는 체크아웃뿐이다. 대부분 호텔에서는 미니바에서 추가로 이용한 항목을 점검하거나,(출장에서 필수적인) 영수증 필요 여부를 확인하느라 체크아웃 과정이 오래 걸린다. 호텔은 마지막 순간에 영수증을 작성하기 시작하고, 영수증이 필요한 투숙객과 그 뒤에 기다리는 이들의 시간을 뺏곤 한다. 그런데 마인드니스 호텔에서는 이런 문제가 전혀 없었다. 객실 가격을 조금 올리는 대신 미니바의 모든 제품을 무료로 제공했다. 투숙객의 보상 체계는 처음 미니바를 이용할 때 기뻐했고(즐거움을 주는 서비스), 지배 체계는 체크아웃이 빠르고 원활하게 진행되어 매우 만족했다.

제8장

Emotional Boosting

고객 맞춤 전략,
목표 고객의 마음을 사로잡는 법

제2장 '감정적인 뇌가 기능하는 방식'에서 고객의 감정 시스템이 개인별로 다르다는 사실을 살펴보았다. 이 장에서는 목표 고객층 간의 차이점을 자세히 다룰 예정이다. 판매, 유통 및 고객 관리를 위해 신경심리학적 차이를 논하는 것이 얼마나 중요한지 알게 될 것이며, 은행이라는 실제 사례를 살펴봄으로써 포괄적이고 일관적인 목표 고객층을 정해야 하는 이유를 살펴볼 것이다. 목표 고객의 마음을 사로잡는 방법과 원리는 다른 업계에도 쉽게 적용할 수 있다.

독일의 한 은행 전략 책임자는 고객을 소득과 재산에 따라 분류하는 일반적인 방식이 적절하지 않다고 판단했다. 그는 Limbic® 접근법에 대한 내 강의를 듣고 이를 고객 세분화와 목표 고객층 접근 전략에 활용할 수 있는지 질문했다. 내 대답은 '충분히 가능하다'였다. 나는 오랜 시간 재무 심리학을 집중적으로 연구했고 돈을 대하는 내적 감정의 논리와 재무 상품을 매우 자세히 파악하고 있었다. Limbic® 접근법을 기반으로 돈을 다루는 방식을 설명하는 몇 가지

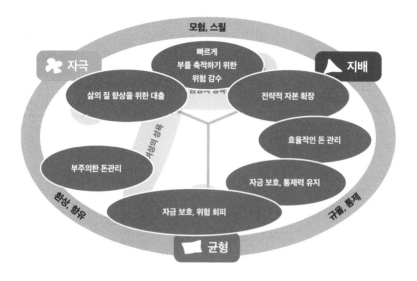

<그림 8-1> 서비스의 감정 유형

유형이 있다. 함께 살펴보자(〈그림 8-1〉 참고).

　일반적으로 '안정적 저축'은 균형 체계에 속하고, '철저한 돈 관리(흔히 '인색함'이라고도 한다)'는 통제 체계에 포함되며, '전략적 자산 확장'은 지배 체계에서 뿌리를 찾을 수 있다. 큰 위험을 감수하면서도 빠르게 부를 축적하려는 욕구는 모험 영역에 속하고, 부주의하고 흥청망청 돈을 다루는 방식은 예상할 수 있는 대로 자극 체계에서 비롯한다. 투자 방식에도 명확한 감정적 논리가 있다. 이 감정적 논리는 투자 상품의 위험도에 따라 달라진다. 저축 예금과 국고 증권은 균형 영역에 위치한 반면 위험도가 높은 헤지 펀드와 옵션 증권은 모험 영역에 속한다. 이 양극 사이에 주식 펀드, 부동산 펀드 등이 있다.

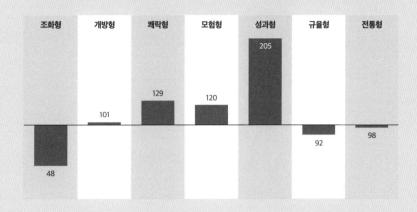

〈그림 8-2〉 Limbic® 유형별 주식 펀드에 대한 관심

조화형	개방형	쾌락형	모험형	성과형	규율형	전통형
48	101	129	120	205	92	98

주식 펀드와 같은 복잡한 금융 상품에 대한 관심도는 Limbic® 유형에 따라 큰 차이가 난다

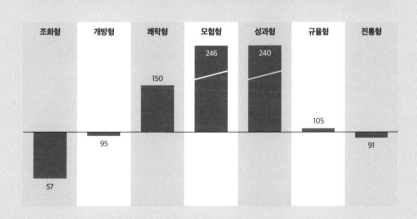

〈그림 8-3〉 "나는 리스크를 감수하는 투자자"

조화형	개방형	쾌락형	모험형	성과형	규율형	전통형
57	95	150	246	240	105	91

고객을 세분화하고 목표 고객층에 더욱 정확하게 접근하는 방식을 본격적으로 논의해 보자. 이 은행의 전략 책임자는 각 개인이 돈을 다루는 방식이 감정적 요소에 기인한다면, Limbic® 유형에 따라 은행 제품에 대해 서로 다른 관심도와 위험 수용도를 보일 것이라고 올바르게 추측했다. 예를 들어 주식 펀드와 같은 복잡한 금융 상품은 성과형 소비자 사이에서 큰 주목을 받는 반면 조화형 소비자의 관심은 받지 못한다. 조화형 소비자는 복잡성에 오히려 겁을 먹기도 한다. 위험에 대한 반응도 Limbic® 유형에 따라 매우 다양하다. 〈그림 8-2, 8-3〉은 이러한 다양성을 보여준다.

전략 책임자는 고객과 감정적으로 효과적이고 비용 측면에서도 효율적으로 소통하는 핵심이 Limbic® 접근법임을 빨리 깨달았다. 단 은행은 고객이 어떤 Limbic® 유형인지 알 수 없다는 문제가 있었다. 고객 수백만 명의 Limbic® 유형을 파악하는 것은 불가능에 가까웠다. 하지만 이 문제를 해결할 방법을 찾았다. 우선 고객 천여 명을 대상으로 설문 조사를 진행하여 Limbic® 유형을 검사했다. 은행의 편지를 받은 고객들은 놀랍게도 조사에 기꺼이 참여했다. 조사의 목적이 명확히 전달되었기 때문이다.

다음으로 은행 내부의 기존 데이터를 활용하여 Limbic® 유형에 따라 금융 거래 패턴이 어떻게 달라지는지 조사했다. 통계학자들은 조사 결과를 바탕으로 군집 분석을 통해 모든 고객의 Limbic® 유형을 예측했고, 검증을 위해 고객 백여 명에게 편지를 보내 확인했다. 그 결과 통계적 추정과 실제 결과가 상당히 일치했다. 이제 은행은 모든 고객의 Limbic® 유형을 파악하게 되었고 이 정보는 고객 파일에 저장되었다.

Limbic® 유형에 따른 금융 상담

　설문 조사 결과 Limbic® 유형마다 상담·자산 투자 전략·금융 상품에 대한 관심이 크게 다르다는 사실이 명확하게 드러났다. 예를 들어 복잡하고 교묘한 투자는 성과형의 주목을 받지만 조화형의 관심을 끌지는 못하고, 성과형은 재무와 세금에 관해 상세히 알고 싶어 하지만 조화형은 부담스러워한다. 물론 은행 상담에서 중점적으로 다루는 주제가 돈뿐만은 아니다. 모든 금융 상담은 은행원과 고객 간 신뢰에 기반하며, 신뢰는 장기간의 경험과 더불어 종교, 사회 문제, 취미, 가족 기타 관심사 등을 통해 형성된다. 스몰토크도 Limbic® 유형에 따라 주제를 다르게 해야 한다. 쾌락형은 최근에 열린 록 콘서트에 대해 열정적으로 이야기하겠지만, 규율형은 집과 정원에 관한 이야기를 선호한다. 또 조화형이 느긋한 자전거 여행을 열심히 설명하는 동안 성과형은 자신의 향상된 골프 실력에 대해 이야기하고 싶어 한다.

　스몰토크와 투자 상담 내용을 Limbic® 유형에 맞추는 것 외에 또 어떤 전략이 있을까? 상담실의 인테리어에도 Limbic® 유형 간의 차이를 반영할 수 있다. 저렴한 플라스틱 볼펜과 인조 꽃이 놓인 상담실은 조화형에게 아늑함과 신뢰감을 주며 은행에 대한 진입 장벽을 낮추지만 성과형에게는 '거실 분위기'가 나는 상담실이 볼품없게 느껴진다. 상담사의 옷차림 역시 중요하다. 만약 상담사가 금박 커프스 단추를 달거나 행커치프를 꽂고 등장한다면 쾌락형 고객의 호감을 얻기 어렵겠지만 성과형은 그를 바로 파트너로 받아들일 것이다. 지금까지 금융업계에서 Limbic® 접근법을 활용하는 방법을 간략히 살펴보았다. 이제 이 내용을 바탕으로 세 가지 Limbic® 유형, '조화형', '성과형', '쾌락형'을 예로 들어 가입 및 판매 상담에서 감정 강화 전략을 활용하는 방법을 자세히 알아볼 것이다.

조화형 고객

① 금융에 대한 관심과 상담에 갖는 기대

금융 분야에서 조화형 고객은 위험을 가장 피하려는 그룹이다. 복잡하거나 낯설고 위험성이 높은 금융 상품을 기피하고, 국채, 주택 저축 계약, 정기 예금, 고정 이자율 증권, 잘 알려진 기업의 회사채와 같이 간단하고 위험성이 낮은 상품을 선호한다. 조화형 고객과 상담할 때는 그들의 재무 상황을 명확하게 이해시키고, 단순한 결정을 내릴 수 있도록 도와야 한다. 이때 복잡한 금융 전문 용어는 피하는 것이 좋다.

② 스몰토크

조화형 고객은 은행을 방문할 때마다 미묘한 두려움과 불안을 느낀다. 따라서 신뢰를 형성하는 스몰토크가 매우 중요하다. 상담사가 많은 시간을 할애하여 그들의 걱정과 어려움에 귀 기울여 줄 때 편안함을 느낀다. 그들은 가족, 집과 정원, 일상생활에 큰 관심을 두며, 상담사와 고향이 같거나 비슷한 사투리를 사용하는 것도 조화형 고객에게는 긍정적으로 작용한다.

③ 환경 연출

고객이 은행에서 느끼는 위압감을 낮추는 작업은 필수다. 딱딱한 최첨단 인테리어나 값비싼 명품 가구는 불편함을 유발한다. 조화형 고객은 편안한 거실 같은 아늑한 분위기를 가장 선호한다. 따라서 따뜻한 느낌의 목재와 부드러운 카펫으로 조화형의 마음을 사로잡을 수 있다. 상담사는 단정하게 입되 지나치게 유행을 따르기보다는 보수적인 스타일이 신뢰감을 높이는 데 도움이 된다.

쾌락형 고객

① 금융에 대한 관심과 상담에 갖는 기대

쾌락형 고객은 새롭고 익숙하지 않은 금융 상품에도 좀 더 개방적이며, 위험 감수를 두려워하지 않는다. 그래서 투자 펀드, 주식, 주식 펀드는 물론 외국 기업이나 잘 알려지지 않은 회사의 회사채를 선택하는 경우가 많다. 쾌락형 고객은 자금 투자와 주식 거래를 흥미진진한 게임처럼 여기며 짧은 기간 내에 큰 보상을 기대하기 때문에 해지 옵션이 없는 장기간 투자는 피하는 편이다. 언제든지 자금에 접근할 수 있는 조건이 중요하다.

② 스몰토크

여유롭고 즐거운 삶이 중요한 쾌락형 고객은 은행을 방문할 때 지배적인 관료 문화를 지루해하거나 제한적인 분위기를 부담스러워한다. 따라서 상담은 지역의 최신 소식이나 현재 유행에 관한 이야기로 시작하는 것이 좋다. 또, 라테나 유기농 에이드와 같은 음료를 제공하면서 효율적이고도 빠르게 상담을 진행해야 한다. 은행

밖에는 흥미진진한 삶이 기다리고 있기 때문이다.

③ 환경 연출

쾌락형 고객은 현대 미술과 현대 디자인을 좋아한다. 은행 상담사는 단정하게 입지만 지나치게 형식적인 재킷은 벗어도 괜찮다.

성과형 고객

① 금융에 대한 관심과 상담에 갖는 기대

성과형 고객은 실제로 금융 분야의 전문가이거나, 자기 자신을 전문가로 여기는 경우가 많다. 파생 상품과 헤지 펀드에 이르기까지 복잡하고 위험성이 높은 상품을 선호한다. 전략적 재산 증식과 세금 최적화가 목표이기 때문에 단순히 수익률이 높은 상품을 제안하는 것만으로는 성과형 고객을 만족시킬 수 없다. 세금 문제도 함께 고려해야 한다. 따라서 금융 상담사는 상담을 철저히 준비해야 한다. 분석 결과를 빠르게 보여줄 수 있는 노트북을 활용하면 상담의 전문성을 중시하는 성과형 고객의 호감을 살 수 있다. 또, 새로운 전문가의 등장을 꺼리는 조화형 고객과 달리 특정 주제를 논의할 때 해당 분야의 전문가가 참여하는 것을 환영한다.

② 스몰토크

성과형 고객과 상담할 때는 스몰토크를 짧게 하는 것이 좋다. 그들은 시간을 매우 소중하게 생각하여 효율적으로 활용하고자 한다. 그래도 칭찬에 약하기 때문에 직업이나 취미 활동에서 이룬 성취에 대해 언급하도록 자연스럽게 유도한다.

③ 환경 연출

성과형 고객은 스스로 완벽을 추구하고, 자신이 거래하는 은행 역시 완벽하길 기대한다. 쾌락형 고객과 조화형 고객은 작은 실수를 관대하게 넘어갈 수 있지만 성과형 고객은 세세한 부분에서도 완벽함을 원한다. 저렴한 플라스틱 볼펜을 든 은행 상담사, 구겨진 양복, 관리하지 않은 무성의한 신발은 성과형 고객의 무의식에 무능하다는 인상을 남기고, 성과형 고객은 상담에 만족할 수 없다.

은행 상담사 교육 과정

은행의 이사회는 Limbic® 접근법을 도입하려면 자사 직원들의 반발이 큰 장애가 될 것으로 예상했다. 그래서 'VIP 고객' 영역에 먼저 시범적으로 적용해 보기로 결정했다. 경영진과 일부 상담사를 선별하고 그중에서 신청을 받아 Limbic® 접근법을 교육했다. 이사회는 프로젝트의 성공을 확신했기 때문에 회사 내부의 교육 담당자도 초대했다. 복장 규정은 정장이었다.

교육은 큰 기대와 함께 시작되었다. 첫날에는 간단한 Limbic® 자가 테스트를 실시하고, 결과는 본인에게만 공개했다. 다음으로 Limbic® 접근법과 배경에 대한 과학적 지식을 소개한 후 실전에 돌입했다. 참가자들은 다양한 유형의 사고방식을 학습하고 잡지에서 오린 사진으로 각 Limbic® 유형에 적절한 콜라주를 만들어 유형별 고객의 직업과 여가, 소망과 욕구, 두려움 등을 주제로 토론하고 함께 보완했다.

이후 실제로 판매 중인 금융 상품들을 예로 들어 해당 상품에 맞는 Limbic® 유형을 고르고, 고객 맞춤 상담법을 연구하며 '마법의 단어', 즉 목표 고객의 마음에 들 만한 감정적 단어를 찾아내는 훈련을 했다.

자기 점검의 거울

역할을 나누어 실전에 대비하는 연습을 하던 중 성과형 고객 역할을 맡은 한 상담사가 저렴한 플라스틱 볼펜을 내려놓으며 갑자기 연습을 중단하고는 말했다.

"지금까지 우리의 주장 방식을 개선하긴 했지만 자기 자신을 좀 더 비판적인 눈으로 돌아보는 시간이 필요합니다. 우리는 고객의 눈에 어떻게 보일까요? 상담실은 또 어떤가요?"

이 질문들은 교육 과정의 핵심이었다. 참가자들은 무언가를 수정하고 개선해야 한다는 사실을 새삼 깨달았다. 시범 적용 지점의 상담 센터에는 특히 성과형 고객의 비율이 매우 높았다. 모두가 진지하게 서로의 '업무 복장'을 점검했다. 상담 센터의 일부 보조 직원들은 조금 당황했다. 그들은 은행 업무에서 자신의 역할이 크지 않다고 여겨 고객을 맞이하고 상담실로 안내한 후 커피를 제공하는 일을 할 때는 '편한' 옷을 입어도 된다고 생각했기 때문이다. 하지만 교육을 통해 그들 역시 팀의 성공을 위해 매우 중요하다는 사실과 지금까지의 옷차림이 바람직하지 않았음을 깨달았다.

고객과의 보이지 않는 갈등

교육이 마무리되던 시점에 예상치 못한 흥미로운 주제로 토론이 시작되었다. 한 참가자가 자신의 Limbic® 유형을 공개했기 때문이다. 그는 은행 직원 사이에서 매우 흔한 규율형이었다. 사람은 무의식적으로 자신에게 맞는 직업을 선택한다. 심리학에서는 이 현상을 '자기 선택'이라고 한다. 이 직원은 자신이 쾌락형이나 모험형과 같은 고객과 가치관이나 생각이 항상 부딪혔었다고 이야기하며, 그들과 쉽게 소통하지 못한 이유를 이제 깨달았다고 말했다. 상담사와 고객의 성격 차이에서 비롯한 갈등은 해결할 수 없다고 여겨져 왔고 늘 간과됐었는데 자기 인식을 통해 수면 위로 드러나게 되었다.

조화형 상담사는 성과형 고객의 태도를 거만하게 느낄 때가 있고, 성과형 상담사는 조화형 고객을 답답하게 느끼는 경우가 있다. 이제는 상담사들이 감정적 갈등 뒤에 숨겨진 원인을 깨달았기 때문에 문제가 되는 고객을 응대하기 전에 상담 전략을 더욱 철저히 준비할 수 있게 되었다. 감정 유형이 일치하는 상담사와 고객을 연결하는 것에 대한 논의도 있었지만, 조직적·노동법적 문제가 매우 복잡하다고 판단되어 실제로 시행하지는 않았다.

조직 내 성공의 물결

시범 교육이 끝난 후 참가자들의 반응은 굉장했다. 고객을 깊이 이해하게 되었으며 자신의 업무적·사적 특성도 깨달았다고 이야기했다. Limbic® 접근법 교육 프로그램은 며칠 만에 전체 은행 내에서 화제가 되었다. 동료들의 열정적인 추천으로 거의 모든 지점에서 교육에 참여하고 싶다는 문의가 쇄도했다. 하지만 이사회는 더욱 안전한 접근법을 원했기 때문에 우선 시범 지점의 모든 직원을 교육받게 하고 경제적 효과를 확인하려 했다. 1년 뒤 결과를 확인했을 때 시범 지점은 수치적 성과 지표 및 고객 만족도 모두에서 다른 지점보다 월등히 높은 성과를 보였다. 이후 Limbic® 접근법은 은행 설립 이후 처음으로 외부의 강요나 압박 없이 새로운 교육 방식으로 도입되었고 아무런 문제 없이 원활하게 진행되었다.

Limbic® 유형에 따른 전화 상담

전화상으로 금융 상품을 판매하는 것은 은행 직원들에게 큰 어려움이었다. '고객들이 귀찮아한다'라고 변명하며 자신들의 소극적인 태도를 합리화했다. 하지만 Limbic® 방법론을 통해 고객을 이해하게 되자 '통화를 원하는 고객은 없다'라는 생각은 잘못되었음을 깨달았다. 특히 성과형 고객은 정말로 유익한 투자 제안이 있다면 정기적인 연락을 기대하기도 하고, 빠르게 상담이 이루어지며 불필요한 대화로 시간을 낭비하지 않아도 된다면 기쁘게 전화를 받는다. 반면 조화형 고객과 전통형 고객도 가끔 은행 전화를 기꺼이 받기는 하지만 큰 금액의 투자나 복잡한 상품에 대한 내용은 전화 상담을 꺼린다. 또, 성과형 고객과는 달리 재무 관리를 성가시고 괴로운 일로 보기 때문에 너무 자주 전화한다면 부담스러워할 것이다.

고객 맞춤형 이벤트

고객을 유치하고 유지하는 데는 특히 고객 행사가 중요한 역할을 한다. 이 은행은 같은 행사에 참석한 고객들의 평가가 종종 극단적으로 나뉜다는 문제를 겪었다. 행사가 좋았다는 고객도 있었지만 만족하지 못했다는 고객도 있었다. 행사 담당 직원들은 '모두가 원하는 행사를 준비하기는 어렵다'라고 말하면서도 실망했다. 마케팅 부서는 Limbic® 교육을 받은 후 문제의 본질을 깨달았다.

"고객의 Limbic® 유형을 파악하지 않고 모든 행사에 모든 고객을 초청한 것이 문제였네요"라고 행사 담당 직원들이 말했다.

Limbic® 접근법에 따르면 전통형 고객과 조화형 고객은 성과형 고객과는 완전히 다른 것을 기대한다는 사실을 알게 되었고, 이후로는 이러한 인식을 바탕으로 은행 행사를 준비했다. 먼저 기존 행사의 주제를 분석하여 Limbic® 맵에 알맞게 배치했다. 그 결과, 은행은 쾌락형 고객과 모험형 고객을 위한 행사가 없다는 사실을 발견하고 트렌디한 클럽에서 투자자를 위한 화려한 파티를 열었으며 초대 절차도 개선했다. 국제 금융 시장 전문가와 투자 전략가 모임에는 주로 성과형 고객을 초대하고, 아늑한 크루즈 행사나 크리스마스 쿠키 굽기 행사에는 조화형·전통형·규율형 고객을 초대했다.

물론 모든 고객에게 똑같이 중요한 행사들도 있었지만, 이제는 전체 행사 중 50% 이상은 특정 고객층을 대상으로 진행하고 있다. 흥미로운 점은 Limbic® 유형에 따른 실제 참석률의 차이였다. 전통형 고객과 규율형 고객 중 참여 의사를 밝힌 고객은 거의 90%가 실제로 행사에 참석했지만 쾌락형 고객과 모험형 고객은 전체 신청자 중 약 50~60%만 실제로 행사에 참석했다. 그들의 임기응변 능력은 신뢰도에도 영향을 미치는 모양이다.

Limbic® 유형에 따른 다이렉트 마케팅

얼마 지나지 않아 은행의 다이렉트 마케팅에도 Limbic® 접근법이 도입되었다. 모든 고객을 대상으로 한 일관적 전략은 모두에게 조금씩 통할 수는 있지만 누구에게도 완벽하게 통할 수는 없다. 은행에서는 노후 준비 상품이 특히 중요하다. 모든 고객을 대상으로 '지금 가입하면 퇴직 후에도 안심할 수 있습니다'라는 홍보 문구를 주로 사용한다.

먼저 노후 대비 상품 담당자들과 짧게 워크숍을 진행하며 연금 상품의 내적 감정 구조를 파악했다. 연금은 본질적으로 균형을 추구하는 상품이지만 이것만으로는 상품에 내재된 감정 구조를 완전히 이해하기 어렵다. 고객들이 연금에 가입하는 동기는 다양하다. '노후를 즐기기 위해' 상품을 알아보거나, '병간호가 필요할지도 모른다고' 생각하기도 하고, '세금 혜택이 있고 좋은 투자 기회이기 때문에" 관심을 보일 수도 있다.

다양한 동기 외에도 Limbic® 유형에 따른 저축 및 투자 습관도 함께 분석했다. 쾌락형과 모험형 고객은 인생에 어떤 유혹이 있을지 모른다는 이유로 장기 계약을 꺼리지만, 전통형·규율형·성과형 고객은 장기 계약에 더 개방적이다. 이러한 동기와 저축 및 투자 습관을 바탕으로 기본적인 상품 홍보 방향을 설정하고 네 종류의 홍보물을 제작하여 우편으로 부쳤다. 각 홍보물은 매우 다른 이미지와 문구로 제작되었다.

- 성과형 고객을 대상으로 한 홍보물에서는 상품의 기본 기능을 바탕으

로 전략적 측면을 제시했으며 동시에 노후에도 수준 높은 삶을 영위
할 수 있음을 강조했다.

- 개방형·쾌락형·모험형 고객을 대상으로 한 홍보물에서는 저축한 돈을
언제든지 사용할 수 있으며 해당 상품을 통해 금융적 제약이 없는 노
후를 준비할 수 있다는 점을 강조했다.
- 조화형·전통형·규율형 고객을 대상으로 한 홍보물에서는 안정적이고
안락한 노후를 집중적으로 강조했다.

은행가들은 숫자에 강하고, 이 능력으로 상황을 통제하는 데 능
숙한 사람들이다. 그래서 고객을 '유형화'하는 노력이 경제적으로
이득인지 알고 싶어 했다. 의문을 풀기 위해 일부 고객에게는 기존
방식대로 상품 홍보물을 발송했다. 그 결과, 유형에 맞춘 홍보물을
받은 고객들의 반응률이 일괄적으로 발송된 홍보물을 받은 고객들
보다 30% 높았다.

생애 주기의 관점

재정 관련 결정은 Limbic® 유형과 동시에 생애 주기와도 깊은
관련이 있다. 우리는 대개 어린 시절에는 부모와 함께 살다가 독립
하여 직업 교육이나 대학 공부를 시작한다. 이후 취업을 하고 대부
분 결혼을 하고 자녀를 갖는다. 시간이 흘러 언젠가 자녀들이 성장
해 독립하면 자신은 은퇴를 맞이한다.

생애 단계는 고객의 재무 활동에 큰 영향을 미친다. 성장 단계

인 20대에서 40대까지는 큰 꿈을 꾸지만 꿈을 실현하기 위한 수입은 종종 부족하여 대출이 필요하다. 이후 자녀가 태어나고 '내 집'을 갖고자 다시 대출이 필요해진다. 자녀가 장성할 때까지는 저축을 하고, 노후와 장기적인 자금 관리에 대한 고민이 커지며, 대출은 점점 줄어든다.

Limbic® 접근법은 뇌의 관점에서 사회적 변화를 이해하려는 노력을 포함한다. 특히 생애 주기는 나이가 들면서 뇌에서 발생하는 인지 및 감정 영역의 변화와 매우 밀접하게 연결되어 있다. 나이에 따른 Limbic® 유형 분포의 변화를 통해서도 알 수 있다(제2장 참조). 청소년기에는 위험을 감수하는 고객이 많지만, 노년층에는 편안함과 기존 상태를 유지하려는 목표 고객이 대다수를 차지한다. 성과형 고객 사이에서도 나이에 따라 차이가 있다. 젊은 성과형 고객은 권력을 위해 끊임없이 도전하는 반면 연령대가 높은 성과형 고객은 자신의 지위를 유지하고자 한다. 결혼을 하고 아이가 생겨 가정을 이루면 뇌에서는 신경 생물학적 변화가 일어난다(은행의 관점에서는 주택 금융의 가능성 증가). 여성의 뇌에서는 신뢰와 조화를 추구하는 호르몬인 옥시토신이 증가하고, 남성의 뇌에서도 남성 호르몬인 테스토스테론 수치가 약간 떨어지고 옥시토신이 증가하는 변화가 일어난다. 결과적으로 둥지를 틀고 새끼를 보살피는 행동, 즉 아이를 보호하고 돌보는 일이 더욱 중요해진다. 아이가 없는 35세 부부의 상담과 두 아이를 둔 35세 부부의 상담은 대체로 완전히 다른 감정적 맥락을 가진다.

젊은 성과형 고객의 잠재력

은행은 보통 자산을 많이 예치한 고객에게 우수한 서비스와 효율적인 자산 관리를 제공한다. 특별한 대우에는 추가 비용이 발생하지만 부유한 고객들의 높은 투자 금액으로 인한 수익이 이 비용을 상쇄한다. 이 방식은 비용과 수익을 직접 연결할 수 있다는 장점을 가지지만, 잠재력 있는 미래의 고객을 놓칠 수 있다는 큰 단점도 가지고 있다.

금융 중개 기업 AWD와 종합 금융 그룹 MLP의 전략은 이런 단점을 극복한 성공적인 사례로 꼽힌다. 두 기업은 의학, 경영학, 법학 전공 학생에게 특별히 주목했다. 이 학과 학생들은 성과형 비율이 평균보다 높고, 졸업 후 높은 수입을 기대할 수 있다. 전통적인 은행들은 잠재력을 가졌어도 아직 돈이 없는 학생들을 무시했지만 두 기업은 미래의 성과형 고객에게 집중하여 금전적으로 지원하고, 때로는 창업을 도와주기도 했다. 젊은 성과형 고객들의 열정과 목표 지향적 성향 덕분에 그들의 계좌에는 곧 돈이 유입되기 시작했다. 다른 은행들도 이 전략에 관심을 보이기 시작했지만 대부분은 너무 늦어버렸다. 잠재력을 가진 젊은 성과형 고객들은 이미 AWD와 MLP의 손에 있었기 때문이다.

비용 대비 이익을 고려할 때 모든 젊은 사람을 선제적으로 VIP 관리 대상에 포함하는 것은 불가능하므로 나는 가능한 한 젊은 '성과형' 고객을 모두 조기에 특별 관리하여 고객으로 유치하는 것이 바람직하다고 조언했다. 미래의 성과형 고객군에는 학생뿐만 아니라 자격증을 가지고 자신만의 사업을 시작하려는 야망 있는 직업 교육생도 포함된다. 현재 이 은행에는 미래 성과형 고객 프로그램이 이미 성공적으로 자리를 잡았고, 젊은 성과형 고객층 비율도 크게 늘어났다.

다이렉트 마케팅을 통한 신규 고객 확보

지금까지 Limbic® 유형을 분류하여 기존 고객과 더 원활하게 소통하는 방법을 탐구했다. 금융 기관이 다양한 금융 상품 및 보험으로 기존 고객을 유지하는 것을 주요 목표로 삼기 때문이다. 하지만 신규 고객을 확보하는 일 역시 매우 중요하다. 그렇다면 아직 알 수 없는 잠재 고객에게 지금까지 배운 내용을 어떻게 적용할 수 있을까? 잠재 고객의 Limbic® 유형은 파악할 수 없기 때문에 'Limbic® 유형 전략'이라는 매우 성공적인 전략을 포기해야 할까?

그렇지 않다. 지오마케팅Geomarketing과 마이크로마케팅Micromarketing의 정교한 방식을 활용하면 잠재 고객의 감성에도 정확하게 접근할 수 있다. 성과형과 조화형은 각각 다른 라이프 스타일을 가지며, 저마다 다른 제품을 선호한다. 더 나아가 서로 다른 관심사를 가지고, 다른 환경에 거주하며 다른 자동차를 운전한다. 성별이나 연령대 역시 그들의 선택에 큰 영향을 준다. 물론 단편적인 정보만으로 사람을 정확히 분류하기는 어렵지만, 각각의 세부 사항마다 중요한 정보를 내포한다.

Limbic® 연구와 미디어 시장 연구인 '베스트 포 플래닝Best for Planning, b4p'을 통합해 각 Limbic® 유형의 소비 및 관심 구조에 대해 더 깊

〈그림 8-4〉 독일 내 규율형 소비자 분포

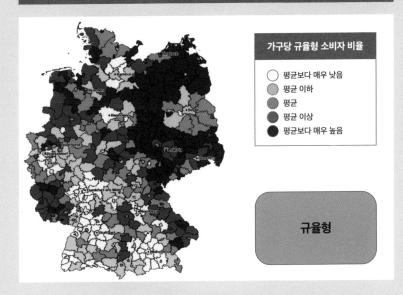

〈그림 8-5〉 독일 내 성과형 소비자 분포

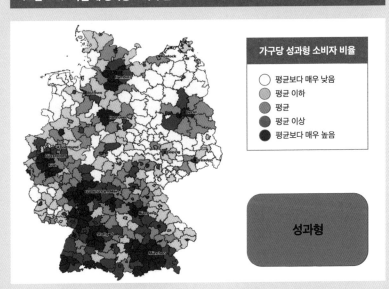

이 들여다볼 수 있었다. 이 정보를 실제 시장에서 수집한 다른 행동 데이터와 비교한 후 정교한 통계 프로그램에 입력하면 전체 인구를 비교적 정확하게 분류할 수 있다. 이 분석은 크레딧리폼Creditreform의 자회사인 마이크롬Microm의 협력을 통해 이루어졌다. 이로써 매우 구체적으로 다이렉트 마케팅 전략을 세울 수 있게 되었다.

예를 들면 젊은 여성 성과형 고객을 대상으로 한 캠페인을 진행할 수 있으며, 주택 및 정원 제품에 관심이 많은 규율형 고객을 위한 프로젝트를 기획할 수도 있다. 신경심리학을 기반으로 목표 고객의 이미지를 설정하면 판매 메시지, 단어 및 분위기를 정확하게 조절할 수 있다. 30세의 쾌락형 고객과 60세의 규율형 고객은 서로 완전히 다른 것을 기대한다. Limbic®과 마이크로마케팅을 종합하면 전체 지역의 심리적 구조에 대해 매우 흥미로운 사실을 알 수 있다. 예를 들어 〈그림 8-4, 8-5〉가 보여주는 독일 내 성과형 소비자와 규율형 소비자의 분포에는 극명한 차이가 있다. 동독에는 규율형이 주를 이루고, 서독에는 성과형이 훨씬 더 많다. 성과형의 의욕은 경제 발전의 동력이 되지만, 규율형의 주저하는 성격은 경제 성장을 방해한다. 동독과 서독의 역사적 배경과 Limbic® 유형의 관계에 대한 해석은 독자의 몫으로 남겨두겠다.

미디어를 통한 신규 고객 확보

신규 고객 확보에는 다이렉트 마케팅 외에도 신문 광고나 텔레비전 광고와 같은 전통 매체도 중요한 역할을 한다. 물론 Limbic®

유형에 따라 반응하는 광고나 매체는 매우 달라질 수 있다. 또 은행이 추구하는 사업 모델에 따라서 신규 고객 유치 전략이 달라질 수도 있다. 타르고방크Targobank나 아이엔지ING 은행같이 개인 대출에 중점을 두는 은행은 대출에 관심이 많고 대범한 쾌락형 고객 및 모험형 고객을 선호한다. 반면 복잡한 투자 상품을 주력으로 하는 은행의 경우 성과형 고객을 우대하고, 충성도가 높으며 자산 관리에 덜 까다로운 고객의 일상적인 업무를 관리하는 데 초점을 맞춘 은행은 조화형 고객과 전통형 고객을 주요 고객층으로 정한다.

　핵심 업무가 투자인 은행은 성과형 고객을 더 많이 확보하려는 전략을 짜고 경제 전문 잡지 《캐피탈Capital》이나 경제주간지 《비어트샤프트보헤Wirtschaftswoche》와 같은 매체에서 광고 활동을 활발히 진행한다. 개인 대출에 중점을 둔 은행은 조화형·개방형·쾌락형 고객을 대상으로 한다. Limbic® 유형을 '베스트 포 플래닝'에 통합함으로써 목표 고객층이 선호하는 잡지나 텔레비전 방송을 선별할 수 있다. 쾌락형 고객과 규율형 고객은 서로 전혀 다른 방송 프로그램을 선호하며, 조화형 고객과 성과형 고객도 각각 전혀 다른 방송을 즐겨 시청한다. 어떤 유형의 고객이 어떤 방송을 주로 시청하는지 파악하면 해당 방송에서 효율적으로 광고를 진행할 수 있다. 예를 들어 조화형 고객이 목표 대상이라면 의학 드라마에 광고를 넣는 것이 좋다. 반면 쾌락형 및 모험형 고객이 대상이라면 오디션 프로그램이나 시청할 프로그램이 많은 아마존 프라임과 같은 플랫폼에서 광고하는 것이 효과적이다. 더불어 페이스북과 구글의 세분화된 광고 방식을 활용하면 디지털 및 소셜 미디어에서도 목표 고객층에 매우 직접적으로 접근할 수 있다.

은행의 '브랜드 이미지'

모든 은행에는 역시나 그들만의 이미지, 정확히 말하자면 '브랜드 이미지'가 존재한다. 지역 은행인 슈파르카세Sparkasse와 폭스방크Volksbank는 Limbic® 맵에서 균형 영역에 속하고, 국제 대형 은행인 도이체 방크Deutsche Bank의 이미지는 지배 영역에 위치한다. 아이엔지 은행과 같은 신용 은행은 높은 개방성 및 자극 영역에 위치한다 (〈그림 8-6〉 참고).

각 은행의 독특한 이미지는 특정 Limbic® 유형 고객을 끌어들이는 동시에 다른 유형의 고객에게는 무의식중에 거부당한다. 고객은 무의식적으로 자신의 성격 구조와 일치하는 이미지를 가진 은행

〈그림 8-6〉 은행의 감정적 이미지

〈그림 8-7〉 슈파르카세의 고객 구조

조화형	개방형	쾌락형	모험형	성과형	규율형	전통형
108	93	86	80	90	100	107

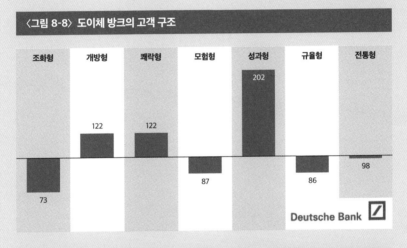

〈그림 8-8〉 도이체 방크의 고객 구조

조화형	개방형	쾌락형	모험형	성과형	규율형	전통형
73	122	122	87	202	86	98

〈그림 8-9〉 아이엔지 은행의 고객 구조

조화형	개방형	쾌락형	모험형	성과형	규율형	전통형
65	165	143	155	140	60	78

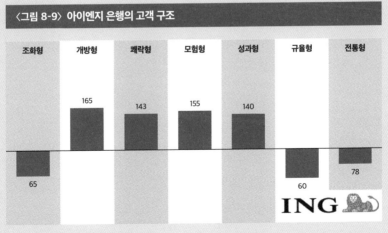

을 찾는다. 성과형 고객은 도이체 방크를 선호하지만, 조화형 고객은 도이체 방크의 당당함을 오만하게 느낄 수 있고 폭스방크나 슈파르카세를 편안하게 생각한다. 전통형 고객과 규율형 고객에게는 '아이엔지'와 같은 낯선 이름이 거부감을 주지만 쾌락형 고객과 모험형 고객에게는 매력으로 작용한다. 〈그림 8-7, 8-8, 8-9〉는 세 은행의 고객이 속한 Limbic® 유형 분포를 보여 준다.

이 장을 통해 표준화된 고객 맞춤 전략에서 벗어나 고객의 감정 세계에 초점을 맞춘 접근법의 중요성을 명확히 깨달았기를 바란다. 은행을 예로 들어 적용한 방법은 다른 업종에도 그대로 적용할 수 있다. 물론 업종과 판매하는 제품마다 구매 동기와 상담 필요성이 다르므로 Limbic® 접근법을 기반으로 고객의 감정적 요구 사항을 먼저 탐구하고 분석해야 한다.

제9장

Emotional Boosting

B2B,
엔지니어도 사람이다

기업과 기업 간의 거래Business-to-Business, B2B는 감정보다는 합리적 판단이 앞서는 분야라고 생각하는 사람이 많다. 그렇다면 감정 강화 전략은 일반 소비자를 대상으로 하는 분야에만 한정되는 것일까? 아니다, B2B 분야에도 감정 강화의 기회가 무수히 많다. 이를 설명하기 위해 최근에 진행한 Limbic® 컨설팅 프로젝트의 예를 소개하려고 한다.

어느 날 큰 기계 제조 회사의 마케팅 및 영업 책임자에게 전화가 왔다. 내 책 『뇌, 욕망의 비밀을 풀다』를 읽고 얻은 지식을 B2B 사업에도 적용할 수 있는지 궁금해했다. 그가 다니는 곳은 대규모 화학 설비 시설에 필요한 주요 부품을 제조하는 회사로 이 부품의 가격은 수십억 유로에 달하며 큰 거실만 한 크기였다. 영업 책임자는 국제 영업팀과 모든 엔지니어를 모아 연 1회, 1주일간 회의를 개최했는데 그중 2일을 '기존의 틀을 넘어서는 아이디어의 날'로 정하여 나에게 이 시간에 영업팀 및 경영진과 함께 감정 강화 전략을 세워달라고 요청했다. 나는 강연 초청을 수락했다. 제일 먼저 Limbic® 접근법을 소개하고 본격적으로 교육 시작했다. 이날 연수에서 나온 아이디어 대부분은 현재 영업 전략으로 활용되고 있다.

Limbic® B2B 맵

교육을 시작하면서 참가자들에게 한 대형 제조 시설의 사진을 보여주고 구매자를 설득하기 위한 일반적인 판매 논리를 나열해 보라고 요청했다. 이 작업은 상대적으로 빠르게 진행되었다. 참가자들이 제시한 판매 논리는 다음과 같았다.

"우리 설비는 매우 효율적이며 생산적입니다."

"우리 설비는 에너지를 매우 조금만 소비하기 때문에 경제적입니다."

"우리 설비는 매우 오래 사용할 수 있습니다."

"우리 설비는 매우 간단하며 인체 공학적으로 설계되었습니다."

"우리 설비는 가변성이 좋아 부품을 쉽게 교체할 수 있습니다."

"우리 설비는 혁신적입니다."

엔지니어들은 자신들의 논리가 매우 합리적이라고 확신했지만 Limbic® 관점으로 다시 살펴본 후 매우 놀란 눈치를 보였다. Limbic® 맵과 B2B 사업 간의 연관성을 설명하기 위해 Limbic® 맵 용어를 B2B 전문 용어에 맞게 바꾸었다. '지배'는 '실적'으로, '자극'은 '혁신'으로, '균형'은 '확신'으로 바꿔 표현했다. 그래도 감정

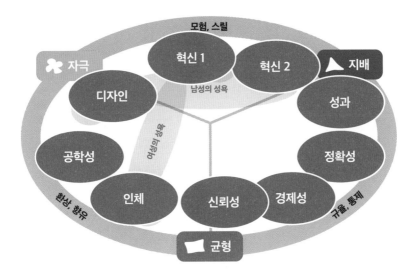

〈그림 9-1〉 기술 설비 마케팅의 판매 논리를 보여주는 B2B 맵

모험, 스릴

혁신 1   혁신 2

자극   남성의 성욕   지배

디자인   성과

공학성   정확성

인체   신뢰성   경제성

현상, 향유   균형   규율, 통제

의 기본적인 요소는 변하지 않았다. 엔지니어들이 발표한 판매 논리의 핵심 개념을 Limbic® 맵에 배치하고 다시 살펴보니 이성적이고 합리적이라고 여겼던 논리도 감정적 가치를 지니고 있음을 확인할 수 있었다. 〈그림 9-1〉에서 자세히 살펴보자.

제품에 대한 주장 감정화하기

제품에 대한 주장을 더 심도 있게 다루기 위해 상담 및 판매 상황을 역할극으로 재연했다. 참가자들은 이미 전문 지식을 갖춘 전문가였기 때문에 소비자의 필요를 파악하는 방법, 너무 많은 대안은 줄이고 고객이 얻는 실질적인 장점을 설명하는 방식 등 판매 및 상담의 전통적 도구를 잘 알고 있었다. 하지만 문제는 그들이 사용하는 언어에 있었다. 너무 기술 중심의 언어를 사용했기 때문에 대화는 대략 이렇게 들렸다.

"이 설비의 성능은 Akw이며 생산율은 B%입니다. C만큼 사용한다고 가정하면 투자 회수 기간은 D년입니다."

교육을 시작하면서 가장 먼저 뇌가 언어를 처리하는 방식을 간략하게 소개하고, 감정이 담긴 언어의 이미지와 감각적이며 은유적인 표현(제4장 참고) 및 동작을 표현하는 언어의 뛰어난 효과를 설명했다. 강연이 끝나고 엔지니어들은 이전에 제시한 판매 논리를 감각적인 언어와 은유적 표현으로 바꾸는 과제를 받았다. 이 과정에서 나온 몇 가지 예시들이 두 언어의 차이를 잘 보여준다.

이 과제를 마친 후 마케팅 부서는 새롭게 배운 내용을 바탕으로 전체 판매 자료 재검토했다.

교육 전	교육 후
우리 설비는 매우 효율적이며 생산적입니다.	우리 설비는 곰처럼 튼튼하며 밤낮으로 쉬지 않고 일할 수 있습니다.
우리 설비는 에너지를 매우 조금만 소비하기 때문에 경제적입니다.	우리 설비는 한 시간에 100유로를 아끼는 에너지 절약의 기적을 보여줄 것입니다.
우리 설비는 매우 간단하며 인체 공학적으로 조작할 수 있습니다.	우리 설비에는 초등학생도 조작할 수 있을 정도로 간단한 고지능 자동 조절 시스템이 탑재되어 있습니다.
우리 설비는 혁신적입니다.	우리의 기술은 말을 타던 시절에 지금의 벤츠 S 클래스 자동차를 발명한 듯한 혁신을 가져왔습니다.

제품 생산 담당자와 구매 담당자의 생각 차이

교육 참가자들의 다음 과제는 제품에 관한 주장이 거래 결정에 참여하는 모든 사람에게 동일한 중요성을 갖는지 고민하는 것이었다. 큰 투자 금액이 오가는 결정에는 회사의 다양한 부서가 참여한다. 과제를 위해 제일 먼저 각 부서가 지닌 기본적인 감정 시스템에 관해 물었다. 처음에 엔지니어들은 이 질문을 이해하지 못했다. 그래서 질문을 바꾸어 "한 기업의 CEO는 어떤 목표를 쫓습니까?"라고 묻자 '수익을 내는 성장'이라고 답했다. 이 목표는 Limbic® 맵의 어느 영역에 위치할까? '실적(지배)' 영역일 것이다. 인간의 감정 시스템에서 지배 체계가 힘과 성장을 담당하기 때문이다. 따라서 CEO는 '지배(실적)' 영역에 속한다.

이런 방식의 질문 게임을 통해 판매 결정에 참여하는 다양한 사람들의 역할을 탐색했다. '기술 혁신 및 개발 책임자'의 목표는 무엇일까? 혁신적이고 미래 지향적인 제조와 제품일 것이다. 따라서 기술 개발 책임자는 '지배'와 '자극' 영역 사이에 배치했다. 이어서 '기술 구매 및 관리 부서'의 목표는 무엇일까? 경제적인 공급과 운영이다. 그렇다면 '생산 책임자'의 목표는 무엇일까? 설비의 완벽성, 신뢰성, 안전성이다. 마지막으로 중요한 그룹은 설비를 직접 조작하는 '작업자'들이다. 그들은 간단하고 편리한 조작 및 간편한 유지와 보수를 원한다. 이렇게 각 부서의 Limbic® 맵 위치를 결정하고 이후 Limbic® 유형으로 전환했다(〈그림 9-2〉 참고).

이 작업을 통해 생산 책임자와 기술 혁신 책임자는 새로운 설비의 도입에 대해 다른 시각을 가지고 있다는 사실을 알 수 있었다.

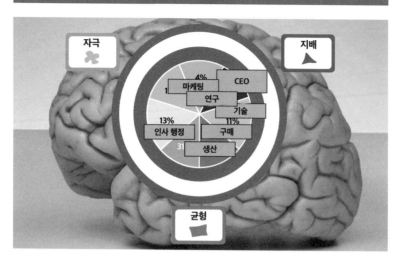

〈그림 9-2〉 각 부서별 감정 구조

기업 내 각 부서가 맡은 역할에 따라 감정적 기본 구조가 명확히 다르게 나타난다.

기술 혁신 책임자에게는 새로운 설비의 도입이 보상과 같은 즐거움을 가져다주지만, 생산 책임자는 새로운 설비가 정말로 원활하게 작동할지에 대한 불확실성과 변화에 대한 두려움을 느낀다. 한 참가자가 흥미로운 질문을 했다.

"만약 생산 책임자가 모험형이라면 어떻게 결정할까요?"

이 질문에 대한 답을 찾기 위해서는 제8장에서 언급한 '자기 선별'을 생각해 보면 된다. 대체로 사람들은 자신의 성격에 부합하는 직업을 무의식적으로 선택한다. 모험형이 생산 책임자로서 만족과 안정을 느낄 확률은 매우 낮다.

그렇지만 소비자 시장과는 달리 B2B 사업의 목표 고객층은 개인의 성격과 업무, 직업 역할이 상호 작용하며 혼재한다.

B2B의 4가지 Limbic® 유형

소비자 시장에서는 세부 사항이 중요하므로 Limbic® 유형을 일곱 가지로 나누어 분석했지만 B2B 영역에서 일곱 가지 유형은 과도하게 복잡할 뿐이다.

그렇다면 Limbic® 맵을 어떻게 나눠야 할까? 아주 간단하다. 케이크를 일곱 조각으로 나누는 대신 네 조각으로 나누면 된다. 즉 목표 고객 일곱 유형을 네 유형으로 요약하는 것이다. 결과는 〈그림 9-3〉에서 확인할 수 있다.

교육 참가자들에게 B2B 목표 그룹의 기본 논리를 강의한 후, 첫 질문으로 돌아가 "네 가지 유형의 목표 그룹이 같은 논리에 똑같이 반응할까요?"라고 다시 물었다. 답은 분명한 "아니요"였다. B2B 사

〈그림 9-3〉 판매 상담에서 확인할 수 있는 Limbic® 유형

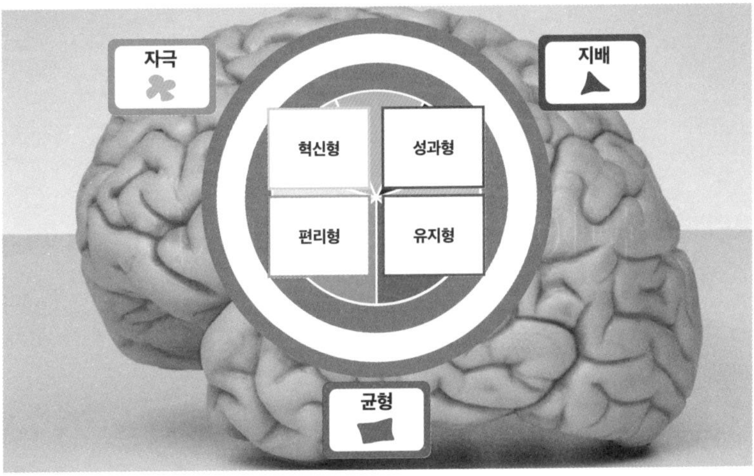

B2B 영역에서는 목표 고객을 네 가지 유형으로 분류하는 것이 적절하다.

업의 네 가지 목표 고객 유형과 각 유형의 욕구 및 필요를 자세히 살펴보자.

편리형

편리형 고객층의 주요 목표는 안정적이고 무난한 직장 생활이다. 기술적인 세부 사항에 별 관심이 없으며 사실 깊게 신경 쓰고 싶어 하지도 않는다. 그래서 전체적으로 '걱정 없이 이용할 수 있는' 서비스 패키지를 선호한다. 강력한 협상을 꺼리는 이들은 '좋은 게 좋은 거다'라는 신념을 가지고 공급업체와 장기적으로 좋은 관계를 유지하는 의리를 보여준다. 공급업체를 새롭게 선정하면 처음에는 업무가 늘어나고 복잡해지기 때문에 편리형 직장인은 이 과정을 피하려고 한다. 관계를 중요하게 여기며 처음 파트너십을 맺는 데에 시간이 걸리지만, 한번 맺은 관계는 오래 유지된다. 인터넷 검색 등을 통해 공급업체를 적극적으로 비교하는 일을 어려워하고 지역 내 개인적으로 친분이 있는 공급업체를 선호한다. 편리형 책임자의 마음을 얻는 요소는 다음과 같다.

"우리가 해드리겠습니다."
"아무것도 신경 쓸 필요 없습니다."
"문제가 생기면 언제든지 연락주십시오."
"우리는 가족 같은 분위기의 회사로 거래처와의 관계를 중요하게 생각합니다."

편리형 책임자를 어떻게 알아볼 수 있을까? 책상을 비롯한 개인

공간에서는 '거실 분위기'가 난다. 직장에서도 가능한 한 '편안하게' 지내려고 노력하기 때문이다. 옷도 특별히 유행하는 옷보다 편안한 옷을 선호한다. 넥타이 착용이 의무인 회사라면 몇 년 전에 구매한 넥타이를 착용할 가능성이 높고, 정장이나 다른 옷가지에서도 세월의 흔적이 보인다.

혁신형

혁신형 직장인은 새로움을 추구하며 혁신을 매우 중요하게 생각한다. 새로운 기술의 가능성을 체험하고 응용하기를 원한다. 혁신적 기술에 비하면 비용은 부차적이며 공급업체와의 관계에서도 신의는 별로 중요하지 않다. 시장에 새로운 것이 나타나면 기존 업체를 쉽게 바꿀 준비가 되어 있다. 거래 관계를 유지하려면 지속적으로 혁신을 강조하고 관련 세미나에 초대해야 한다. 호기심이 아주 많고 인터넷도 광범위하게 활용하기 때문에 이미 새로운 기술에 대한 전문가인 경우가 많다. 회사는 혁신형 담당자를 통해 새롭고 혁신적인 공급업체와 교류하는 기회를 얻는다. 그들을 설득하는 주요 논리는 아래와 같다.

"완전히 새로운 기술."
"새로운 가능성의 향연."
"우리는 전 세계의 혁신 기업과 협력하고 있습니다."
"우리는 세계 곳곳에 연구소를 둔 국제 기업입니다."

그렇다면 어떤 방법으로 혁신형 담당자를 알아볼 수 있을까? 그들의 책상과 개인 업무 공간은 대체로 잘 정리되어 있지 않은 편이다. 자극 체계가 활발한 그들의 뇌는 이러한 무질서 형태의 복잡성을 감내할 수 있기 때문이다. 그들은 독특하면서 개성이 확실히 드러나는 옷을 선호하며 대화 중에 영어를 자주 섞어 쓴다. 간혹 내면의 불안과 조급함이 몸짓으로 나타나기도 한다.

성과형

성과형 직장인들은 자신의 성공뿐 아니라 회사의 성공을 위해서 일한다. 직장인으로서 부지런하게 일하고 좋은 성과를 내는 것을 합리적이라고 여긴다. 그들에게는 모든 것이 효율적이어야 하며 측정할 수 있어야 한다. 다시 말해 숫자로 표현할 수 있는 것만 중요하다고 생각한다. 자신의 이익을 위해 일을 처리할 때 보상 체계의 중심부가 매우 활성화되는 이 유형은 비용 협상에서도 강력한 태도를 보인다. 낮은 가격으로 협상하는 것에 성공하면 경제적 효율성과 경쟁력이 높아지고, 이는 개인적인 성공 경험으로 쌓이기 때문이다. 공급업체와의 관계에서 신의는 공급업체가 그들에게 유용할 때까지만 유효하다. 상황을 항상 최적화하려고 노력하기 때문에 대개 현 상황에 대한 이해가 높은 편이다. 성과형 담당자의 호감을 사는 논리는 다음과 같다.

"전 세계에서 가장 효율적인 기술."
"귀사의 경쟁력을 크게 높일 수 있는 기술."
"업무 부담이 줄어들어 더 중요한 일에 집중할 시간이 생깁니다."
"우리는 전 세계의 크고 성공한 기업들과 협력하고 있습니다."

"우리는 이 분야의 절대적 선두 주자입니다."

성과형 담당자는 행동으로 알아볼 수 있다. 민감한 사람에게는 성과형의 태도가 종종 오만하다고 느껴질 수 있다. 성과형은 완벽하게 차려입는 것을 좋아하고, 신발에도 신경을 많이 쓴다. 신발이 주는 이미지의 중요성을 알기 때문이다. 또, 업무 공간도 깔끔하게 정돈되어 있으며, 책상에는 정리된 파일과 일정표가 놓여 있다. 사용하는 필기도구도 성과형의 지위와 개성을 확실하게 드러낸다.

유지형

유지형 직장인은 변화를 두려워한다. 편리형 직장인이 귀찮은 업무가 추가로 생기지 않는 한 변화를 받아들이는 한편 유지형 직장인은 변화 자체를 거부한다. 그래서 아주 사소한 세부 사항까지 매우 꼼꼼히 점검하다가 작은 문제점을 발견하면 전체를 거부하는 경향이 있다. 그들의 균형 체계가 위험을 회피하는 것에 초점을 맞추기 때문에 모든 종류의 금융 위험을 피하려 하고 혁신을 위한 지출은 낭비라고 여긴다. 새로운 공급업체, 새로운 제품, 새로운 기술에 대한 불안을 느껴 공급업체를 바꾸는 일도 꺼린다. 유지형 담당자를 설득하는 요소는 다음과 같다.

"우리 기술은 여러 번 검증되었고 시장에서 가장 많이 사용되는 기술입니다."
"문제가 발생하면 고객 서비스팀에서 신속히 현장에 도착하여 문제를 처리합니다."

"제품 보증 기간 10년."

"우리는 이 분야에서 100년 이상 전통을 가지고 있습니다."

무엇을 보고 유지형 담당자를 알아낼 수 있을까? 그들은 대체로 소극적이고 조심스럽게 행동한다. 또, 단정하면서도 유행을 타지 않는 옷을 주로 입는다. 그들의 정장이나 넥타이는 종종 저렴한 가게에서 구매한 티가 난다. 책상은 깔끔하게 정리되어 있고 각 물건은 정해진 위치에 놓여 있다. 외모나 유행보다는 기능을 중요시하는 성향으로 그들의 라이프 스타일은 겉으로 드러나지 않는다.

4가지 유형이 한자리에 모였을 때

네 가지 유형을 모두 살펴본 후 '네 가지 유형의 담당자가 한자리에 모이면 어떤 일이 벌어질까?'라는 의문이 생길 수 있다. 한 유형에게 효과적인 주장이 다른 유형에게는 부정적으로 작용할 수도 있지 않을까? 매우 극단적으로 주장한다면 그럴 수 있지만, 특정 유형만을 목표로 하지 않는 이상 실제 판매 상황에서 지나치게 과장하는 회사는 없을 것이다.

"경영자인 귀하(=성과형)에게는 혁신과 효율적인 비용 관리로 회사의 경쟁력을 높이고 유지하는 일이 중요할 것입니다. 우리 회사의 설비는 기술적으로 큰 도약을 이루었고 매우 긴 작동 시간과 동시에 낮은 에너지 소비를 자랑합니다. 우리 설비를 도입하시면 매일 100유로를 절약할 수 있습니다."

"생산 담당자로서 귀하는 원활하고 신뢰할 수 있는 생산 과정을 책임지고 있습니다. 우리 설비는 전체적으로 견고한 강철로 제작되었고, 조종 시스템은 항공법의 안전 원칙에 따라 설계되었기 때문에 매우 신뢰할 수 있습니다."

위 예시에서 볼 수 있듯 각 유형을 설득하기 위한 주장은 다른 유형에 부정적인 영향을 주지 않고, 오히려 더 효과적일 때가 많다. 우리의 성격에는 다양한 유형의 특징이 조금씩 포함되어 있다는 사실을 잊어서는 안 된다. 예를 들어 성과형도 균형 체계의 지배를 받고, 유지형도 때때로 지배 체계의 영향을 더 크게 받을 수 있다. 성과형이 유지형을 위한 '안전 지향적 주장'을 들으면, 무의식은 이 주장을 제품의 부수적 가치로 인식한다.

여기서 주의해야 할 점이 있다. 너무 단순한 주장은 금물이며 유형별로 맞춤화한 주장을 제공해야 한다. 그렇다면 성과형은 '성과형 맞춤 주장' 중 약 60%를 받아들이고, 나머지 40%는 다른 감정 시스템을 통해 받아들인다. 마찬가지로 편리형도 '편리형 맞춤 주장' 중 60%를 받아들이고, 40%는 나머지 감정 시스템을 통해 인식한다. 여러 주장을 제시할 때 첫 번째 주장이 가장 큰 영향을 주기 때문에 성과형을 대상으로 할 때는 성과형 맞춤 주장으로 시작하여 다른 감정 시스템을 위한 주장을 추가하는 것이 좋다.

감정적 매출 주기

워크숍에서 논의한 또 다른 핵심 관점을 소개하려고 한다. 다양한 유형의 책임자가 참여하는 중요한 투자 결정은 때로 몇 달 동안 진행되고 이 과정에서 개별 참여자 및 그와 관련된 감정적 영역의 중요도가 달라진다. 이러한 전체 과정을 전문 용어로 '매출 주기Sales Cycle'라고 한다. 전형적인 매출 주기를 한번 살펴보자.

보통 한 기업의 혁신형 담당자가 전시회나 전문 학술지에서 제일 먼저 새로운 기술을 발견한다. 새로운 기술은 혁명적일 수도 있고 기존 기술을 단순히 개선한 것일 수도 있다. 이렇듯 매출 주기는 기업에서 자극 영역의 역할을 맡은 담당자로부터 시작된다. 이 단계에서는 분명하게 혁신적인 경쟁력을 갖춘 기술이 중요하다. 이후 혁신형 담당자는 CEO와 다른 부서의 책임자들이 참석한 회의에서 새로운 기술에 대해 발표한다. 최종 결정권은 CEO에게 있다. CEO는 경쟁력과 효율성을 모두 고려해 해당 기술을 더 자세히 조사할 것인지 결정한다. 이렇게 매출 주기는 지배·성과 영역에 접어들었다. CEO가 투자의 경제성 검토를 지시하면 업무는 관리 부서로 넘어가며 '통제'라는 감정 영역으로 옮겨 간다. 이 과정에서 관리 부서는 구매·전환·실행 및 후속 비용을 계산한다. 숫자를 통해 경제성 확인되면 '진행' 단계로 넘어간다. 계속해서 관리 부서는 엔지니어링, 즉 설비의 사양 및 무탈한 운영을 위한 계획을 세우기 시작한다. 이 업무에는 균형 영역에 위치한 기업의 생산 기술 및 관리 부서가 중추적인 역할을 한다. 이제 필요한 모든 자료와 계획이 준비되었으므로 결정을 내리는 일만 남았다. 새 설비가 설치되고 성공적으로 작동한 후에도 모든 과정이 계획대로 순탄히 진행되어야 한다. 최종적으로 매출 주기는 균형·편리 영역에서 마무리된다.

제품을 감정화해서 전시하기

머리로 아는 지식을 실제 현장에 적용하는 것은 쉽지 않다. 참가 자들은 꾸준히 노력하면서 서로 도와나가기로 약속했다. 목표 고객을 분석하고 고객 맞춤형 논리를 논의한 후에 제품 전시에 대한 강연을 시작했다. 이 회사가 판매하는 제품은 방만큼 크고 겉에서 볼 수 없는 밀폐된 부품이라 직접 전시하기 어렵기 때문에 주로 모형으로 설명했다. 그렇다면 이 제품을 어떻게 감정화해서 선보일 수 있을까? 한 참가자가 탁월한 제안을 했다. 디지털 3D 미디어로 부품의 내부를 시각화하고, 중요한 특징을 경쟁 업체의 부품과 비교하며 설명하는 것이었다. 이 디지털 투어는 '다중 감각 체험'을 통해 더욱 감정화할 수 있다. 제품의 특성을 오감으로 체험할 방법에 대해 참가자들이 직접 아이디어를 모색했다. 예를 들어 소음을 최소화한 기어 절삭기의 실제 소음을 경쟁 제품과 비교하여 청각적으로 체험할 수 있게 하는 등, 참가자들은 총 일곱 가지의 다중 감각 체험 코스를 개발했다.

기업의 감정 강화 전략

이 기업에서 판매하는 제품은 화학 설비의 핵심 부품으로서 가치는 수천만 유로에 달하고, 수명은 15년에서 20년 사이이다. 따라서 이 부품을 구매하는 기업은 기술의 성능뿐만 아니라 거래 업체의 안전성과 지속 가능성도 고려해야 한다. 즉 부품을 판매하는 회사가 20년 동안 서비스를 보장할 수 있는지 확인해야 한다. 이러한 부품을 구매하는 것은 거래 업체와 수년간 뗄 수 없는 관계를 맺게 되는 중대한 결정이다. 그래서 잠재 고객은 회사의 안전성과 역량을 직접 확인하기 위해 본사를 방문한다. 이 기업의 본사 건물은 미학을 중시하는 CEO의 취향이 반영되었고, 회사가 지향하는 첨단 기술과 견고함이 건물과 내부 인테리어에서도 느껴졌다. 회사의 높은 수익과 CEO의 뛰어난 예술 감각 덕분에 건물 전체가 현대 미술 작품으로 장식되어 있었다.

세계 각지에서 본사를 방문한 고객의 관점에서 회사를 살펴보자. 교육 참가자들에게 회사를 직접 소개해 보라고 요청했다. 한 참가자는 노트북을 꺼내 흔히 볼 수 있는 파워포인트를 보여주었다. 전형적인 그래픽과 패턴으로 이루어진 프레젠테이션이었다. 많은 정보가 담겨 있기는 했지만 감정적인 영향은 거의 없었다.

나는 참가자들에게 잠재 고객에게 어떤 감정을 불러일으키고 싶은지 물었다. 그들은 과거 경험에서 오는 안정감과 미래에도 안전하리라는 확신을 주고 싶다고 대답했다. 장기간의 관계를 맺게 되는 구매인 만큼 구매 회사는 판매 회사를 완전히 신뢰할 수 있어야 한다. 그래서 참가자들에게 구매 회사에 신뢰를 주는 방법을 고민해 보는 과제를 주었다.

한 참가자가 제품 전시 방식을 참고해 '과거와 현재 그리고 미래 전망'이라는 주제로 정거장을 만들고 고객이 관람할 수 있게 연출하자고 제안했다. 첫 정거장은 연구 및 기술 개발 부서로 40년 전 기업 창업자가 오늘날까지 유효한 기술의 근본 아이디어를 개발한 방법을 전시했다. 현재와 미래를 설명하는 정거장에서는 개발팀의 리더나 책임자가 직접 소개하여 잠재 고객이 회사의 일원과 가까워지고, 가장 중요한 요소인 신뢰를 형성할 수 있게 했다. 다음 정거장에서는 같은 원칙으로 제품 조립에 대해 전시했다. 과거의 제품 조립 과정은 사진과 전시품을 통해 볼 수 있었고, 현재와 미래의 과정은 생산 관리자가 직접 설명하기로 했다. 전체 다섯 정거장 중 한 곳에는 실제 제품을 전시할 계획을 세우고 이를 위해 유명 박물관 디자이너의 도움을 받고자 했다. 이 모든 계획은 연수가 끝나고 실제로 진행되었다.

서비스 과정 점검

기업 소개에 대한 교육을 마친 후 "서비스 과정에서도 감정을 강화할 수 있을까?"라는 질문을 함께 논의하는 시간을 가졌다. 서비스는 잠재 고객과 처음으로 접촉하거나 고객이 회사를 방문하는 과정, 일명 '프리세일즈Pre-sales 과정'으로 시작된다. 이 과정에서 중요한 것 중 하나는 기업을 소개하는 일이다. 이후 고객이 설비를 구매하기로 결정하면 다음 단계인 '엔지니어링 과정'이 시작된다. 이 과정에서는 고객의 정확한 요구 사항에 맞추어 설비의 구성을 조정하기 위해 엔지니어와 논의해야 한다. 제품을 설치하고 난 후에는 고객의 공장에서 시운전을 해보고 담당자를 교육한다. 서비스 과정은 고객 서비스 및 후속 지원인 '애프터세일즈After-sales 과정'으로 마무리된다.

각 단계를 제8장에서 다룬 '서비스의 감정 유형' 관점으로 꼼꼼히 검토한 결과 큰 어려움 없이 개선할 부분, 즉 감정 강화 전략을 적용할 수 있는 부분이 50군데 이상 있었다. 예를 들어 프리세일즈 과정에서 외국인 고객이 기념품 쇼핑을 하거나 유명 브랜드 쇼핑을 한다면 동행하며 좋은 가게를 추천해 줄 수 있다. 고객에게 직접적인 선물을 주는 것은 금지했다. 이 기업의 소유주가 "부패한 사람은 믿을 수 없다. 절대적 신뢰가 바로 우리 회사의 근간이다"라는 신조로 항상 엄격한 반부패 정책을 펼쳐왔기 때문이다. 미리 말하자면 회사의 가치를 엄격하게 준수하는 것도 감정 강화 전략 중 하나라고 볼 수 있다. 이에 대해서는 마지막 장에서 다룰 예정이다.

기업의 '브랜드 이미지'

B2B 사업에 적용할 수 있는 감정 강화 전략에 대해 함께 논의하는 시간이 끝나갈 때쯤 교육에서 다룬 모든 주제에 기업의 브랜드 이미지가 어떤 영향을 미치는지에 관한 질문이 나왔다. 답은 명확했다. 교과서적으로 접근하면 기업의 브랜드 이미지를 가장 먼저 탐색한 후 범위를 점점 좁혀 브랜드 이미지에 맞는 고객과의 접점

을 살펴봤어야 했다. 하지만 이번 교육의 목표는 브랜드 이미지를 전략적으로 설정하는 것이 아니라 판매 성과를 높이기 위해 실용적인 감정 강화 전략을 개발하는 것이었다. 물론 지금까지 탐구하고 논의한 내용은 기업의 기존 브랜드 이미지와 일치해야 한다.

그렇다면 이 기업의 브랜드 이미지는 어땠을까? 이 기업에는 경쟁사와 비교했을 때 뚜렷하게 구분되는 기능적·기술적 주요 특징이 있었다. 혁신적인 발명은 고객 회사의 전체 생산 과정을 변화시키는 데 큰 역할을 했으며, 이것이 이 기업의 경쟁력과 독창성의 기반이었다. 이 기술은 생산성을 크게 높였지만 앞서 언급했듯이 엄청난 투자 비용과 장기간의 고객 관리가 필요했다. 그렇다면 이 기업은 주로 어떤 감정적 요소에 초점을 맞춰야 할까? 정답은 다음과 같다.

- 성능: 경쟁력 있는 성능
- 신뢰: 회사의 안정성과 미래에 대한 확신
- 고객 관리: 장기간 지속적인 고객 지원
- 혁신: 기술 발명 이후에도 계속해서 세부 기술 개선

이로써 기업의 감정적 이미지도 명확해졌다. 이제 〈그림 9-4〉에서 이 기업의 감정적 브랜드 이미지 구조를 살펴보자.

이 기업의 핵심 브랜드 이미지는 '성능'이지만, '신뢰'와 '관리'라는 감정적 영역으로 브랜드의 개성이 크게 풍부해졌다. '혁신'은 부수적인 역할을 했다. 이러한 감정적 브랜드 이미지 구조를 기반으로 교육 내용을 모두 재검토하고 브랜드 이미지에 맞추어 조정

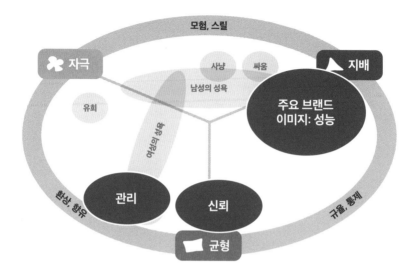

했다. 교육이 거의 끝나갈 때 교육에서 받은 인상과 새로 배운 내용에 대한 피드백을 참가자들에게 요청했다. 엔지니어들은 연수를 통해 자기 자신과 자신의 업무, 고객을 완전히 새로운 시각으로 볼 수 있게 되었고 연수가 벌써 끝나가는 것이 아쉽다고 이구동성으로 말했다.

제10장

Emotional Boosting

고객과 직원을 활용한
감정 강화 전략

감정 강화는 두 가지 방법으로 구현할 수 있다. 첫 번째는 실용적인 방법으로 상황에 따라 필요한 인적 네트워크를 구축하는 것이다. 두 번째는 전략적인 방법으로 각 인적 네트워크를 브랜드의 대리인으로 활용하는 것이다. 브랜드의 대리인이 된다는 것은 소비자가 브랜드의 핵심 가치를 브랜드에 대한 주요 감정으로 느낄 수 있도록 중요한 역할을 맡게 된다는 의미이다. 직원 역시 브랜드의 대리인으로서 브랜드의 철학을 공감하고 실현할 수 있다.

지금까지 기업·제품·서비스의 가치를 높이는 핵심 요소는 감정이라는 사실을 배웠다. 간략하게 주요 내용을 정리해 보면 다음과 같다.

1. 감정 강화 전략을 실행하기 위해서는 마법 같은 공식이나 우리 뇌에 누르기만 하면 성공하는 신통한 구매 버튼이 있다는 희망을 버려야 한다. 감정 강화 전략은 뇌의 관점으로 마케팅에 접근하는 방식이다. 즉, 고객과의 모든 접점을 감정의 측면에서 다루어야 함을 의미한다.

2. 가치는 긍정적 감정을 극대화하는 것뿐만 아니라 부정적 감정을 최소
   화하고 방지하는 데서 창출된다.
3. 각 사람은 감정적 신호에 대해 다르게 반응한다. 예를 들어 모험형은
   위험과 연결된 신호나 메시지에 반응하는 반면, 조화형과 전통형은
   대체로 안전을 중시한다.
4. 제품과 기업은 그들만의 감정 영역을 구축하고, 이를 경쟁 회사보다
   더 깊고 일관되게 유지함으로써 시장에서 우위를 차지할 수 있다.

감정 강화 전략의 핵심은 브랜드

감정 강화는 크게 두 가지 방법으로 실현할 수 있다. 첫 번째는
실용적 방법으로 다양한 인적 네트워크를 검토하고 이 책에서 배
운 모든 내용을 적용하는 것이다. 이 방법만으로도 기업 및 제품의
가치를 크게 높일 수 있으며 더불어 새로운 고객을 얻을 수 있다.

첫 번째 방법보다 더 고급 기술이 필요한 두 번째 방법은 전략적
방법이다. 이 방법은 '브랜드 포지셔닝'에서 시작한다. 기본적인 내
용은 이미 제3장에서 다루었다. 전략적 방법을 활용하기 위해 검토
해야 하는 주요 질문은 다음과 같다.

- 브랜드를 통해 특별히 드러내고자 하는 실용적이고 독창적인 동기는
  무엇인가?
- 브랜드에는 어떤 스토리가 담겨 있는가?
- 브랜드가 보장하는 마법 같은 약속은 무엇인가?

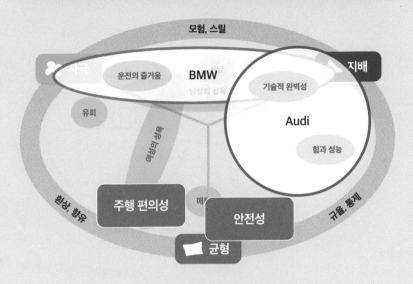

〈그림 10-1〉 서로 다른 주요 동기를 가진 BMW와 아우디

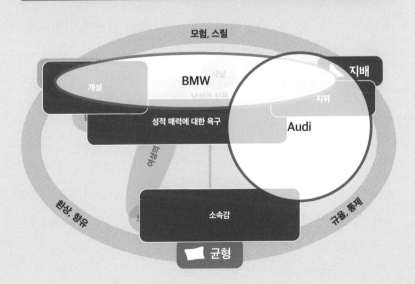

〈그림 10-2〉 사회적 차별화 동기 관점에서 BMW와 아우디의 차이

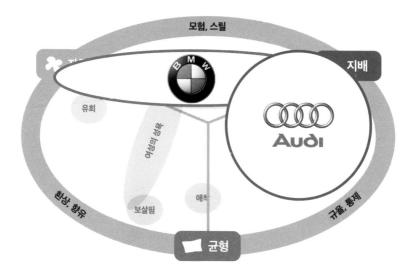

세 질문의 답을 종합하면 브랜드의 전체 이미지를 파악할 수 있
다. 자동차 브랜드 BMW와 아우디를 예로 들어 간단히 살펴보자.
BMW는 주요 동기로 주로 '운전의 즐거움'을 강조하는 반면 아
우디는 '기술적 성능'을 부각한다. 독창성 동기의 관점에서 보면
BMW는 '개성과 지위'를 중시하고, 아우디는 '지위'에 초점을 맞춘
다. 각 브랜드의 두 가지 동기를 연결하면 두 브랜드가 전달하려는
핵심 감정 영역을 이해할 수 있다. BMW는 '자극 영역'과 '지배 영
역' 사이에 위치하고, 아우디는 '완벽과 통제' 영역에 가까운 '지배
영역'에 위치한다. 이는 〈그림 10-1, 10-2, 10-3〉에서 더욱 명확하
게 확인할 수 있다.

'브랜드 감정'은 감정 강화 전략의 핵심 DNA

브랜드 경영에서 고급 기술은 '브랜드 감정'과 브랜드의 포지셔닝이 일치할 때 발휘된다. '브랜드 감정'이란 고객이 브랜드를 접하거나 떠올릴 때 느끼는 감정을 말한다. 감정이라는 개념에 담긴 여러 의미를 언어로 표현하기 어렵기 때문에 노력이 필요하다.

자동차 예시로 돌아가 보자. BMW의 브랜드 감정은 '세련된 주행의 즐거움'이고 아우디의 브랜드 감정은 '통제된 우월성'이다.

브랜드를 핵심 감정 하나로 집약하는 일이 왜 중요할까? 그 이유는 수천 명의 직원이 함께 하나의 브랜드를 구현하기 때문이다. 자동차 산업이라면 차량 개발부터 디자인, 판매 서비스, 커뮤니케이션에 이르기까지 다양한 부서의 직원들이 참여한다. 직원 모두가 브랜드의 메시지인 핵심 감정을 이해하고, 더 나아가 직접 느낄 수

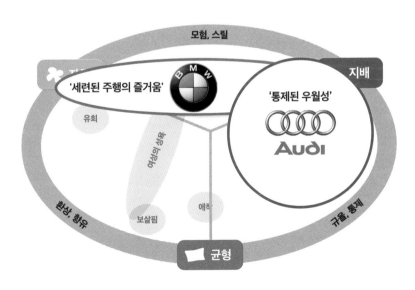

있다면 각자의 역할을 통해 브랜드 감정을 전달하는 데 크게 기여할 수 있다.

때로는 핵심 브랜드 감정을 한 단어로 정의하는 일이 어렵게 느껴지기도 한다. 그럴 때는 핵심 브랜드 감정을 은유적으로 표현하는 것이 효과적이다. 이 방법을 실무에 활용한 사례를 간단히 살펴보자. 나는 브랜드 이미지를 탈바꿈하려는 한 대형 식품 업체의 프로젝트에 참여한 적이 있다. 기존의 브랜드 이미지는 '신선함'이었지만 브랜드 전체를 표현하기에는 부족했다. 그래서 나는 '신선함'이라는 이미지에 '맑고, 풍부하게 솟아나는 샘물'의 느낌을 전달해야 한다고 생각하여 '봄'이란 은유적 한 단어를 생각해냈다.

주요 브랜드 감정, 즉 감정적 은유는 브랜드의 DNA와 같다. 이 핵심 요소는 브랜드가 추구하는 중심 가치나 목적에서 출발한다. 중심 가치가 정해지면 이에 맞는 감정 강화 전략을 세워야 한다. 먼저 핵심 브랜드 감정을 시각, 청각, 촉각, 후각으로 전환하고, 모든 인적 네트워크를 꼼꼼하게 검토한 후 브랜드 포지셔닝에 부합하게 감정을 강화한다. BMW가 '세련된 주행의 즐거움'이라는 브랜드 감정을 활성화하고자 한다면 자동차 디자인부터 주행 동력학, 엔진의 특성, 판매 환경, 광고까지 모든 요소를 중심 브랜드 감정에 부합하게 만들어야 한다. 이미 시장에는 정보가 넘쳐나기 때문에 기업은 소비자가 방향을 잃지 않도록 핵심 메시지에서 벗어나지 않아야 한다. 오늘날에는 중심 브랜드 감정에 집중하여 이를 일관되게 반복하는 것이 중요하다.

'바이어 페르소나'를 통해 목표 고객 이해하기

브랜드 포지셔닝은 브랜드의 모든 방향과 전략의 목표가 되는 목표 고객과 밀접하게 연결되어 있다. 소통의 대상인 핵심 목표 그룹을 '바이어 페르소나Buyer Personas'라고 한다. 기업의 메시지는 바이어 페르소나에게 가장 큰 반향을 일으킨다. 그렇다면 핵심 그룹, 즉 바이어 페르소나는 어떻게 정하는 것일까?

우리는 고객의 감정적 성격 구조가 구매 결정에 어떤 영향을 미치는지 분석했다. 성격 구조는 나이와 성별의 영향도 받는다. 이 원리로 고객의 구매 행동을 대부분 설명할 수 있지만 여전히 명확하지 않은 부분이 있다. 그 이유는 고객의 구매 결정에 여러 가지 다른 요인들이 작용하기 때문이다.

- 사회문화: 어떤 사회적 환경에서 살고 있는가?
- 생애 주기/생활 환경: 독신인가? 가족과 함께 사는가? 곧 은퇴할 예정인가?
- 사회 경제: 고객의 교육 수준은 어떠한가? 어떤 직업에 종사하는가? 수입은 어느 정도인가?
- 문화: 고객은 어떤 문화권에 속하는가?
- 역할과 기능: 고객은 회사에서 어떤 업무를 맡았으며, 어떤 책임을 지고 있는가?
- 해당 제품의 카테고리와 관련된 가치관과 경험: 고객은 관련 제품 카테고리에 대해 얼마나 알고 있는가? 특별한 관심이나 취향은 무엇인가?

이러한 요인들은 구매 결정에 부가적으로 중요한 영향을 끼칠 수 있다. 그래서 바이어 페르소나를 분석하는 기업들이 점점 더 많아지고 있다. 바이어 페르소나는 한 브랜드의 핵심 고객층을 대표하는 이미지를 제공한다. 바이어 페르소나를 설정할 때 가장 중요한 것은 그들의 'Limbic® 인격'을 파악하는 것이다. 예를 들어 한 여성 잡지의 바이어 페르소나인 '지젤라'를 살펴보자. 이 잡지의 편집실 곳곳에는 지젤라에 대한 설명과 그녀의 라이프 스타일을 보여 주는 콜라주가 걸려 있다.

- 지젤라는 55세 여성이다.
- 전형적인 조화형 소비자다.
- 기혼이며 장성한 세 자녀와 손주가 둘 있다.
- 교외에 정원이 딸린 주택에 거주한다. 그녀의 삶은 자녀, 손주, 남편, 집과 허브 정원을 중심으로 돌아간다.

"지젤라는 실업계 학교를 졸업하고 직업 훈련을 받았다. 현재는 수공업체에서 시간제 비서로 근무하고 있다. 그녀는 조화와 안정을 추구한다. 요리를 즐겨 하는데 특히 어머니에게 전수 받은 조리법대로 조리하는 것을 선호한다. 아플 때도 집에서 민간요법을 쓴다. 교회에서 성가대로 봉사하고 있으며, 교인들과 1년에 두 번 가는 소풍에 꼭 참석한다. 여름에는 하이킹과 휴양을 위해 남부 티롤 지방으로 휴가를 떠난다. 텔레비전 방송 중에서는 〈백만장자 퀴즈쇼〉를 가장 좋아하고. 책은 이니 로렌츠의 소설을 즐겨 읽는다. 인터넷은 정보를 검색하거나 주문할 때만 가끔 사용한다."

기업이 정의한 바이어 페르소나는 기업의 제품, 서비스, 마케팅 전략 등 기업의 전체 활동에 막대한 영향을 미친다. 제품 개발 부서는 바이어 페르소나의 필요를 파악하고 이에 맞는 제품과 서비스를 개발한다. 마케팅 부서에서는 바이어 페르소나와의 소통법을 찾고 그들의 취향에 정확히 맞춘 광고 전략을 세운다. 이후 판매 부서에서는 판매원들이 바이어 페르소나에 대한 교육을 받고 이들을 설득할 방법과 접근법을 배운다.

바이어 페르소나를 정하기 위해서는 브랜드의 핵심 감정을 가장 먼저 고려해야 한다. 그러면 브랜드에 끌리거나 반대로 거부감을 느끼는 Limbic® 유형을 파악할 수 있다. 만약 브랜드의 핵심 감정이 '지배' 영역에 있다면 기본 특성이 특별히 '지배' 영역 위치한 고객 사이에서 시간이 갈수록 높은 수익을 창출할 것이다. 물론 지배 영역 주변에 속한 모험형·규율형 소비자에게도 통할 것이다. 다만 조화형 소비자와 같이 지배 영역에서 멀리 떨어진 고객층에게는 큰 반응을 얻기 어려울 것이다.

포르쉐의 예

마케팅에서 바이어 페르소나가 활용되는 방식을 살펴보자. 예를 들어 포르쉐는 브랜드 포지셔닝에 있어 지배 영역에 위치하며, 모델로는 911, 파나메라, 카이엔, 박스터, 마칸 등이 있다. 모든 모델은 '지배'라는 핵심 브랜드 감정을 내포하고 있지만, 각 모델은 서로 다른 감정 유형과 고객층을 대상으로 개발되었다는 사실을 어렵지 않게 느낄 수 있다. 911은 포르쉐의 정체성을 대표하며 모든 모델 중에서 가장 날렵한 외관을 가졌다. 특히 911 터보 라인은 그중에서도 더욱 호기롭다. 반면 파나메라는 여전히 날렵한 모양새의 '포르쉐 DNA'를 지녔지만 동시에 세단의 외관과 승차감을 제공한다. 즉 포르쉐는 모델마다 다양한 바이어 페르소나를 설정하여 다양한 목표 고객의 감정 시스템을 활성화한다. 날렵하고 독특한 디자인을 선호하는 고객은 포르쉐에서 '탑건Top Gun'으로 분류되며, 편안하고 고급스러운 디자인을 추구하는 고객은 '프라우드 패트론Proud Patron'으로 구분된다.

바이어 페르소나를 체험하고 느껴보기

목표 고객층과 진정으로 소통하려면 그들의 감정에 공감하고 그들의 삶을 이해해야 한다. 단순히 시장조사로 얻은 행동 데이터 몇 가지를 벽에 붙이는 것으로는 부족하다. 이러한 데이터는 검색해서 얻을 수 있는 정보를 제공할 수는 있지만 고객의 감정이 담긴 생생한 체험은 담아내지 못한다. 연극계에 보고 배울 만한 모범 사례가 있다. 1936년, 러시아의 유명 배우이자 연출가인 콘스탄틴 세르게예비치 스타니슬랍스키Konstantin Sergeyevich Stanislavski가 저서 『배우 수업An Actor Prepares』으로 혁명을 일으켰다. 그는 진정한 배우라면 자신이 맡은 역할에 깊이 몰입하고 해당 역할의 감정에 완전히 공감해야 한다고 주장했다.

나는 기업에 강의를 나가면 이러한 논리를 바탕으로 마케팅 부서와 함께 브랜드 개발 및 감정 강화 프로젝트를 진행한다. 이 아이디어는 기업 컨설턴트인 안드레아스 마이어Andreas Meyer 박사와 아른트 로진스키-테르융Arnd Roszinsky-Terjung이 고안했으며, 두 사람 모두 출판 및 서점 분야에서 Limbic® 접근법을 활용하고 있다. 이들이 고안한 훈련에서 참가자들은 역할극을 하고, 콜라주를 만들고, 편지를 쓰면서 핵심 목표 고객의 시각과 감정으로 세상을 바라보고 느끼는 방법을 배운다.

이 경험은 그 자체로도 매우 소중하며, 특히 자신과 목표 고객의 유형이 '정반대'일 때 더 유용하다. 한 패션 회사의 마케팅 담당자가 쾌락형이었는데 이 훈련을 통해 자신의 홍보 전략이 자주 실패한 이유를 깨달았다. 그 회사의 핵심 목표 고객은 감정의 조화를 중요하게 여기는 여성이었기 때문이다. 이 담당자는 자신만의 관점으로 세상을 바라보았기 때문에 자신의 취향에 맞춘 홍보 전략을 세웠고, 이 메시지는 핵심 목표 고객에게 전달될 수 없었다.

고객 중심 마케팅이 감정 강화 마케팅보다 미흡한 이유

기업 경영에서 리더십, 혁신, 비용 효율성, 품질은 중추 역할을 하며 핵심 경영 요소로 간주된다. 이러한 요소에서 실질적인 가치가 창출된다고 보기 때문이다. 직원들은 기업의 '리더십·혁신·효율성·품질' 트레이닝을 통해 회사의 가치와 방향성을 이해하고 개선하는 데 필요한 지식과 노하우를 얻는다. 이 모든 과정은 의심의 여지 없이 중요하지만, 여기에 빠진 또 다른 중요한 요소가 있다. 바로 고객의 감정적 뇌를 고려하는 일관된 사고방식과 태도다.

이미 살펴보았듯 감정 강화 마케팅은 고객 중심 마케팅보다 한 단계 더 진화되었다. '고객 중심' 마케팅은 대체로 고객이 뚜렷하게 표현한 소망을 기반으로 한다. 그러나 고객의 구매 결정은 대부분 무의식적으로 이루어지기 때문에 전통적 고객 중심 마케팅만으로는 완벽할 수 없다. 따라서 고객에게 '품질', '가격', '다양성', '서비스'를 제공하는 것뿐만 아니라 브랜드의 시작부터 제품 품질, 판매, 서비스, 매장에 이르기까지 고객과 만나는 모든 접점을 뇌의 감정적 관점에서 꼼꼼하게 개선해야 한다.

직원의 참여 없이는 성과도 없다

모든 직원은 자신의 자리에서 직·간접적으로 감정적 부가가치를 창출한다. 그러므로 직원들도 '감정적인 뇌'라는 새로운 개념에 대한 교육을 받아야 한다. 자신의 업무가 수천 개의 무의식적인 '구매 버튼'에 어떻게 직·간접적으로 영향을 미치는지 경험하고 배워야 하며, 감정 강화 전략에 직접 기여하는 방법 또한 익혀야 한다.

그렇다고 해서 직원들이 단순히 감정 강화 업무의 수행자 역할만 하는 것은 아니다. 더 나아가 고객에게 감정적 가치를 전달하고 증폭하는 매우 중요한 역할을 하며 특히 서비스 분야에서는 직원들이 가장 중요한 '감정 강화제'가 된다. 고객의 뇌에서 감정을 불러일으키는 직원의 행동은 회사 이미지와 기능에 대한 평가에 있어 다른 어떤 신호보다도 큰 영향을 준다.

최근 한 실험을 통해 직원의 중요성이 명확하게 증명되었다. 대학 도서관에서 진행한 이 실험은 서비스 과정에서 직원의 감정적 태도의 차이에 주목했다. 첫 번째 단계에서 직원들은 이용자를 '무관심'하고 '냉담'한 태도로 대하며 도서관을 방문한 학생, 조교, 교수의 눈을 피했다. 이후 도서관에 관한 일반적인 설문 조사를 시행했고, 설문에서는 직원에 대한 만족도뿐만 아니라 책의 가용성, 도서관의 규칙, 소음 수준 등도 함께 평가되었다. 이어서 이루어진 두 번째 실험에서 직원들은 이용자에게 '친절하고', '도움을 주려는' 태도를 보이고, 이용자들과 적극적으로 눈도 맞추었다. 이후 첫 번째 단계와 동일한 설문 조사를 다시 진행했다.

도서관 직원의 태도에 대한 평가에는 차이가 있으리라 쉽게 예상할 수 있었지만 놀랍게도 직원의 서비스 태도가 다른 만족도 요소에도 지대한 영향을 미쳤다! 불친절한 직원을 만난 이용자들은 도서관의 정리 상태가 미흡하고, 규칙은 엉망이며, 도서관이 너무 어둡고 시끄럽다고 느꼈다. 친절한 직원을 만난 이용자들은 모든 면에서 만족했다. 즉, 직원의 태도는 객관적으로 아무런 관련이 없어야 할 다른 요소에 대한 평가에도 크게 작용했다. 하지만 마케팅을 뇌과학적 관점으로 분석하는 우리는 그러한 객관성에 관심이 없다. 고객의 뇌에서는 도서관의 다른 모든 요소가 직원의 태도를 기반으로 평가되기 때문이다.

직원의 얼굴은 최고의 감정 강화제

도서관 실험에서 직원의 표정과 눈맞춤은 결정적인 역할을 했다. 인간 뇌에 인간의 얼굴 및 표정과 연결된 감정적인 몸짓 언어만큼 중요한 신호는 없다. 인간은 개미와 벌처럼 매우 사회적인 생물이다. 여기서 '사회적'이란 공동체에서 함께 살아간다는 의미이다.

예를 들어 우리의 대뇌는 상대성 이론을 개발하기 위해서가 아니라 대규모 집단 내에서 복잡한 사회적 관계를 이해하고 생존하기 위해 발달했다. 이 목적을 위해서 얼굴은 감정을 전달하는 최고의 도구로 작용한다. 따라서 직원의 표정에서 아주 작은 변화조차 이용자에게 엄청난 영향을 미칠 수 있다.

이를 증명하는 또 다른 실험이 최근 미국에서 진행되었다. 참가자를 두 그룹으로 나누고 실험 전부터 목마른 상태를 유지하게 했다. 본격적인 실험이 시작되고 참가자들은 화면 앞에 앉아 화면에 나타나는 음료의 가격을 직접 정했다. 동시에 두 그룹 모두에게 인지 임계점 이하인 50밀리초 동안 특정 표정을 보여주었지만 아무도 눈치채지 못했다. 첫 번째 그룹에는 화가 난 공격적인 표정을 한 얼굴을 보여주었고 두 번째 그룹에는 웃는 얼굴을 보여주었다.

결과는 명확하게 차이가 났다. 화난 얼굴을 본 첫 번째 그룹은 음료 가격으로 10센트를 제시했고, 웃는 얼굴을 본 두 번째 그룹은 38센트를 제안했다. 찰나였지만 참가자들이 본 표정은 그들의 구매 의향에 큰 차이를 가져왔다. 참가자들은 인지하지 못했지만 그들의 뇌는 알고 있었다. 뇌에서는 무슨 일이 일어난 것일까? 화난 얼굴은 뇌에서 두려움과 스트레스를 활성화한다. 이런 상태에서는 우리 뇌와 몸이 생존하기 위해 싸우거나 도망칠 준비를 하기 때문에 구매 의향이 떨어진다. 반면 웃는 얼굴에는 뇌도 기쁘게 반응하고, 기분이 좋으면 구매 의향이 눈에 띄게 상승한다. 긴장이 풀리고 기쁜 마음으로 세상을 바라보는 휴가 중에 지출이 증가하는 것을 떠올리면 이 현상을 쉽게 이해할 수 있다!

거울 신경의 힘

얼굴이 우리에게 무의식중에 큰 영향을 미치는 이유 중 하나는 소위 말하는 '거울 뉴런' 때문이다. 거울 뉴런은 뇌 전체에 분산되어 있으며 오로지 '타인에게 배우거나(운동 거울 뉴런), 타인의 감정에 반응한다(감정 거울 뉴런)'라는 목적만을 가진다. 누군가가 다정하게 웃으면서 우리에게 다가온다면 우리도 곧바로 비슷한 감정을 느낄 확률이 높다. 반대의 경우도 마찬가지다. 누군가 공격적으로 다가온다면 우리 역시 금방 비슷한 감정 상태에 빠질 것이다. 이는 생존과 관련된 본능적인 반응이다.

표정과 몸짓뿐만 아니라 목소리도 무의식에 매우 강력한 신호를 전달한다. 상업, 서비스, B2B 분야에서는 브랜드와 고객 사이의 중요한 상호작용이 대부분 사람 간의 접촉을 통해 일어나기 때문에 기업 문화와 직원 상황을 고려하지 않고는 감정 강화 전략을 활용할 수 없다. 직원이 회사와 회사의 목표 및 가치에 진심으로 공감하고, 핵심 이념을 내재화할 때 브랜드의 진정한 '대리인'이 된다. 따라서 회사는 회사와 직원이 감정적으로 연결되도록 힘써야 한다. 이를 '문화 강화'라고 한다.

역사상 가장 성공한 브랜드와 기업에서 배울 수 있는 문화 강화

역사상 가장 성공한 기업을 이야기하면 보통 마이크로소프트나 애플, 아마존을 먼저 떠오르겠지만 틀렸다. 역사상 가장 성공한 기업은 바로 로마 가톨릭교회다. 독일이나 그 외 '계몽된' 유럽 국가들의 교인 탈퇴율을 근거로 들며 가톨릭교회의 성공을 의심하는 독자가 있을 수 있다. 하지만 이는 오해다. 전체 통계에 따르면 교인 탈퇴율은 사실상 미미한 수준이다.

1980년부터 지금까지 가톨릭교인(고객)은 대략 2억 명이 늘어 현재 10억 명이 넘는다. 가톨릭교회라는 기업의 역사는 놀랍다. 2000년 넘게 이어온 그들의 역사를 생각해 보면 마이크로소프트와 같은 기업들은 아직 어린아이에 불과하다. 재무적 측면에서도 가톨릭교회의 기초 자산과 투자 자산은 마이크로소프트 자산의 약 200배나 된다(이 수치에 문화유산은 포함되지 않았다). 그렇다면 가톨릭교회의 성공 비결은 무엇일까? 답은 아주 간단하다. 가톨릭교회는 브랜드 이미지와 조직 문화를 일관적으로 강화해 왔다! 내부적으로는 직원들이 공감할 수 있는 감성적이고 의미 있는 가치 구조를 만들고, 외부적으로는 '희망'이라는 브랜드 감정을 꾸준히 구현하고 있다. 이 관점으로 가톨릭교회의 성공을 더 자세히 살펴보자.

핵심 브랜드 감정: 희망

자신의 미래는 많은 사람이 심각하게 고민하는 주제 중 하나다. 미래에 대한 불확실성은 두려움을 불러일으키지만, 철학자 에른스트 블로흐Ernst Bloch의 말처럼 두려움에 맞서는 힘이 있다. 바로 '희망'이다. 그렇다면 가톨릭교회가 약속하는 희망은 무엇일까? 더 행복하고 만족스러운 지상의 삶과 죽음 이후의 영생이다. 희망이라는 핵심 브랜드 감정은 모든 미사에서 중심적인 역할을 하며, 교인들은 최후 심판 때 신의 오른편에 앉을 수 있다는 희망, 교회 공동체 내에서 신을 기쁘게 함으로써 천국에 자리를 미리 확보한다는 희망을 얻는다.

임무를 명확히 정의하고 정당화하는 사명

핵심 브랜드 감정은 브랜드의 사명, 즉 임무와 밀접한 연관이 있다. 핵심 브랜드 감정이나 브랜드 특성을 표현하는 상징적 요소들은 회사가 수행하고자 하는 임무를 감정적으로 보여준다. 여기서 임무란 회사나 브랜드의 철학이나 활동을 의미하며, 이를 통해 다른 회사와 명확하게 구분된다. 가톨릭교회의 임무도 명확하다. 가능한 한 많은 사람을 가톨릭 신앙으로 인도하고, 그들에게 깊은 믿음을 바탕으로 한 희망을 제공하는 것이다.

'악마'라는 공공의 적

영향력 있는 브랜드는 많은 사람에게 깊은 의미를 전달할 수 있다. '무엇을 위해' 브랜드를 찾는지에 대한 대답뿐만 아니라 '무엇을 피하기 위해' 브랜드를 이용하는지에 대한 대답도 분명하다. 한 집단의 철학에 공감하게 되면 사람들은 그 안에서 소속감을 느낀다. 이를 공동체라고 한다. 공동체 안의 구성원은 자신을 외부와 구분하고 상상 속 적과 싸워 안정감을 얻기도 한다. 상상의 적은 정치적 입장일 수도 있고, 유전자 조작이나 동물 실험을 하는 기업일 수도 있다.

가톨릭교회에서는 기본 형태인 '악마'가 공공의 적이다. 이 단어는 그리스어 '디아볼로스Diabolos'에서 파생되었으며 독일어로는 '적

Feind' 또는 '비방하는 사람Verleumder'으로 번역된다. 성경에 등장하는 '사탄Satan'은 히브리어에서 왔다. 악마의 기원은 기독교도 유대교도 아니며 그리스도의 탄생 이전 유대인의 바빌론 포로 시기로 거슬러 올라간다. 집단 심리학에서 타인과 악은 매우 중요한 역할을 하기 때문에 오늘날까지도 악마의 개념은 여전히 중요한 위치를 차지하고 있다.

브랜드와 기업 문화가 '대립'하는 대상을 명확하게 정의하면 직원과 고객 모두 소속감을 더 강하게 느낄 수 있다. 기업은 동물 실험을 반대하거나, 무관용과 대립하거나, 유전 공학을 거부할 수도 있다.

특별하다는 자부심

사람은 지배 체계의 영향을 받아 중요한 존재가 되고 싶은 욕구를 느낀다. 이 욕구는 무리에 속해 있을 때도 나타난다. 따라서 구성원에게 소속감을 주기 위해서는 우월감과 자부심도 함께 느끼게 하는 것이 중요하다. 종교뿐만 아니라 FC 바이에른 뮌헨과 같은 스포츠팀도 팬들에게 특별한 집단에 속해 있다는 우월감을 느끼게 해준다. 물론 직원들이 먼저 자부심을 느껴야 고객에게도 이 느낌을 전달할 수 있다.

과거의 신비로운 힘을 떠올리게 하는 신화

신화는 아주 오랜 시간 전해져 오는 이야기로 공동체의 이념과 중요한 가치를 상기시킨다. 성인과 순교자들의 이야기나 예수가 펼친 수많은 기적을 기록한 성경은 강한 집단 정체성을 형성하는 동시에 삶에 대한 더 깊고 넓은 의미를 부여하는 역할을 한다.

함께 따르는 가치

지금까지 살펴본 핵심 브랜드 감정, 임무, 적개심, 특별하다는 자부심, 신화라는 요소의 의미는 서로서로 연결되어 있다. 심리학자 에리히 프롬Erich Fromm은 이를 '매혹적인 이념'이라고 정의했다. 성장 중인 기업의 목표는 기업의 이념(또는 제품)을 전 세계에 가능한 한 널리 퍼뜨리는 것이다. 그러나 '본사'에서 멀어질수록 자율성을 추구하는 경향이 생기고, 기업의 이념과 기업 자체에서 점점 멀어질 위험이 커진다. 또, 훌륭한 이념은 공동의 길과 목표를 제시하긴 하지만 일상에서는 이 이념을 가지고 무엇을 해야 할지, 어떻게 행동해야 할지 정확히 알 수 없는 상황이 너무나 많다.

강력한 공동체와 조직은 항상 내부의 공통 가치 체계를 따른다. 같은 가치를 공유하는 구성원은 충돌과 모호함을 피하고 공동의 뜻을 이루기 위한 활동을 찾는다. 이러한 가치 체계는 대체로 단순해서 누구나 쉽게 기억할 수 있다. 가톨릭교회 역시 수천 년 동안 '십계명'이라는 단순한 가치 체계를 유지해 왔다. 공동의 가치와 가치 체계가 지닌 결속력에 대해서는 미국의 사회학자 아미타이 에치오니Amitai Etzioni가 여러 연구를 통해 오래전에 증명했다. 강력한 가치 체계를 공유하는 기업은 내부적으로 훨씬 적게 충돌하고 공동의 가치가 없는 기업보다 서로 훨씬 더 협력적이다. 효과적인 가치 체계 안에서는 공동의 규칙을 어길 시 엄격한 처벌을 받는다.

감정 강화의 원형인 의식과 상징

공동의 이념과 가치는 브랜드의 내부 구조를 형성한다. 제3장에서는 이런 내부 구조를 '인벤티오'로 설명했다. 이제 이를 직접 경험할 수 있는 단계인 '디세뇨'에 대해 알아보자. 여기서도 가톨릭 교회의 사례를 들어 설명하면 쉽게 이해할 수 있을 것이다. 교회가 '활용하는' 모든 상징과 의식을 일일이 나열하며 잠재된 감정 강화 전략을 분석하는 것은 이 책의 범위를 벗어난다. 핵심만 간단히 살펴보자.

- 십자가는 소속감을 나타내는 상징이며 외부와의 차별성을 드러낸다.
- 세례, 성찬식, 견진성사, 신학교, 신부 서품은 내부의 헌신과 조직력을 강화한다(신비성 강화).
- 매일 하는 기도 또한 의식의 한 종류이다(의식 강화).
- 성찬식을 통해 신의 힘과 능력을 전달받는다(신비성 강화).
- 가톨릭교회의 모든 상징 체계와 미사 연출, 음악, 향은 최상의 다감각적 경험을 제공한다(다중 감각 강화).

가톨릭교회의 예를 통해 알 수 있듯, 감정 문화 및 브랜드 강화 전략은 원칙적으로 새로운 아이디어가 아니다. 뇌과학 연구를 통해 이 전략이 어떻게 그리고 왜 효과적인지 명확하게 설명할 수 있게 되었을 뿐이다. 강력한 브랜드와 종교가 활성화하는 뇌의 구조가 거의 같다는 사실은 놀랍지만 불가능한 일은 아니다. 강력한 브랜드가 종교를 대체하기도 하고 종교 역시 강력한 브랜드와 비슷한 전략을 세우기 때문이다. 완성도 높은 감정 강화 전략은 브랜드를 일관되게 연출하여 감정적 의미 구조를 만들고 이를 모든 고객 접점에 적용하는 것이다.

부록

Emotional Boosting

감정 강화 전략 체크리스트

우리 여행의 종착점에 다다랐다. 마지막으로 감정 강화 전략을 실행하는 방법과 이를 위한 체크리스트를 간단히 살펴보자.

1. 기업의 경영진부터 감정 강화를 시작하라

고객의 뇌 관점으로 기업 전체를 감정화하는 것의 중요성을 직원에게 인식시켜라.

2. 핵심 브랜드 감정과 이를 효과적으로 표현하는 방법을 명확하게 하라

많은 브랜드가 철학을 가지고 있지만 너무 추상적이어서 일부 고위 경영진만 이해할 수 있는 경우가 많다. 브랜드의 목표는 미화원에서 경비원, 계산원까지 직원 모두가 브랜드의 철학을 이해할 때 비로소 달성할 수 있다. 그래야만 브랜드가 추구하는 철학이 실제로 실현될 수 있기 때문이다.

3. 모든 부서마다 감정 강화 전략을 확립하라

브랜드 이미지부터 시작하여 마케팅 영역에서는 어떤 부분에서 감정 강화 전략이 효과적일 수 있는지 고민하고, 제품 개발, 서비스, 판매, 고객 관리, 매장 관리 부서에서도 감정 강화 전략을 세워라.

4. 감정 강화 전략을 기업의 핵심 역량 활동에 포함시켜라

즉, 감정 강화 전략을 연수 및 워크숍을 통해 교육하고, 고객 만족도 조사와 같은 관리 도구를 감정 강화 전략에 맞게 수정하라.

5. 감정적 두뇌의 관점으로 세상을 바라보는 법을 배워라

감정 강화 전략이 성공하기 위해서는 우리의 관점을 바꾸는 것이 특히 중요하다. 고객과 소통하고 더 나아가 세상을 바라볼 때 감정적 두뇌의 관점으로 일관되게 생각하는 습관을 들여야 한다.

6. 모든 세부 사항을 차별화의 기회로 보아라

실무에서 가장 자주 듣는 말 중 하나는 "어차피 고객은 알아채지 못할 거예요"이다. 치명적인 오해다. 의식하지 못할 뿐 고객의 뇌는 분명히 인지하고 있다. 고객이 당신의 회사와 경쟁 회사의 제품 사이에서 선택해야 할 때 고객의 뇌는 대부분 세부 사항에서 더 큰 보상을 제공하고 불쾌감을 줄여주는 회사를 무의식중에 선택한다.

7. 사전에 생각하고 행동하라

"이 부분에 대해 불평한 고객은 지금까지 한 명도 없었어요"라는 말도 고객의 뇌에서 실제로 무슨 일이 일어나고 있는지 전혀 이해하지 못하는 현실을 보여준다. 고객이 부정적인 감정을 표현하기 전에 미리 대응하지 않는다면, 큰 기회를 놓칠 수 있다(체크리스트 6번 참고). 감정 강화 전략을 성공적으로 적용하기 위해서는 미리 대비해야 한다. 즉, 고객이 부정적으로 반응하기 전에 제품, 서비스, 판매 과정에서 어떻게 체계적으로 감정을 강화할 수 있을지 미리 분석해야 한다. 하지만 이러한 '부정적인' 상황뿐만 아니라 '긍정적인' 상황에 대해서도 미리 준비해야 한다. 고객은 자신의 회피 욕구와 더불어 보상 욕구도 명확하게 표현하지 못할 때가 많기 때문이다.

"고객의 이런 요구는 고객 설문 조사에서 한 번도 들어본 적이 없어요"라고 말하는 실무 관계자들이 많다. 만약 고객 설문 조사에만 의존했다면 오늘날 자동차, 휴대전화, 컴퓨터, 인터넷 등은 세상에 존재하지 않았을 것이다. 다르게 접근해야 한다. 고객의 뇌에 있는 감정 시스템을 깊이 이해하고 감정 시스템의 요구 사항을 파악해야 한다. 이제 이 책에서 배운 내용을 혁신 과정에서 꼼꼼하게 활용하는 일만 남았다!

추천 도서

Nachfolgend eine kleine Liste guter und empfehlenswerter Vertiefungsliteratur:

Ariely, D. (2008): Denken hilft zwar, nutzt aber nichts: Warum wir immer wieder unvernunftige Entscheidungen treffen, Droemer

Assmann, J. (2007): Das kulturelle Gedachtnis: Schrift, Erinnerung und politische Identitat in fruhen Hochkulturen, Beck

Bischof, N. (1996): Das Kraftfeld der Mythen. Signale aus der Zeit, in der wir die Welt erschaffen haben, Piper

Bohme, H. (2006): Fetischismus und Kultur. Eine andere Theorie der Moderne, Rowohlt

Bauer, J. (2008): Warum ich fuhle, was du fuhlst: Intuitive Kommunikation und das Geheimnis der Spiegelneurone, Heyne

Elger, C. (2009): Neurofinance. Wie Vertrauen, Angst und Gier Entscheidungen treffen, Haufe

Fuchs, W. (2007): Tausend und eine Macht. Marketing und moderne Hirnforschung, Orell Fussli

Fuchs, W. (2014): Warum das Gehirn Geschichten liebt, Haufe

Fuchs, W. (2018): Crashkurs Storytelling, Haufe

Gigerenzer, G. (2008): Bauchentscheidungen: Die Intelligenz des Unbewussten und die

Macht der Intuition, Goldmann

Hausel, H. G. (2019): Think Limbic! Die Macht des Unbewussten verstehen und nutzen fur Motivation, Marketing, Management, Haufe

Hausel, H. G. (Hrsg.) (2014): Neuromarketing. Erkenntnisse der Hirnforschung fur Markenfuhrung, Werbung und Verkauf, Haufe

Hausel, H. G. (2016): Brain View – Warum Kunden kaufen, Haufe

Hausel, H.G. (2018): Buyer Personas – Wie man seine Zielgruppen begeistert, Haufe

Hausel, H.G. (2019): Top Seller – Was Spitzenverkaufer von der Hirnforschung lernen konnen, Haufe

Hausel, H.G. (2011): Die wissenschaftliche Fundierung des Limbic¢ç Ansatzes

Schuller, A. M. (2016): Touch Point Sieg, GABAL

Schuller, A. M. (2014): Das Touchpoint Unternehmen, GABAL